Weihnachten 1992

Sissy – Im Schloß der Träume

MARIELUISE VON INGENHEIM

Sissy
Im Schloß der Träume

Tosa Verlag

Im Auftrag hergestellte Sonderausgabe
© 1991 by hpt-Verlagsgesellschaft mbH & Co. KG, Wien
Gesamtherstellung: G&G Buchbinderei, Hollabrunn

Erster Teil

1. Das Geheimnis von Mayerling

Die Stadt war voller Gerüchte. Die Zeitungen erschienen schwarz umrandet und brachten Extraausgaben; ausländische Blätter wurden massenweise konfisziert. Doch einige hundert Exemplare entgingen fast immer dem Zugriff der Polizei. Sie wurden heimlich weitergereicht. Ihre Berichte wurden heißhungrig verschlungen, und deren Inhalt verbreitete sich durch Tratsch wie ein Lauffeuer. In Wirtshäusern, Cafés oder sogar von einzelnen Fiakern konnte man solche Blätter auch für gutes Geld leihen. „Unter der Pudel" – das heißt aus ihrem Versteck hinterm Schanktisch – wurden sie hervorgeholt, und man las sie im Hinterstübchen oder im geschlossenen Fiaker bei halb zugezogenen Vorhängen, zahlte und gab sie dann wieder zurück.

Was da drin stand, war zwar nicht alles wahr, doch auf jeden Fall war es sensationell. Der geheimnisvolle Tod des Kronprinzen Rudolf erregte naturgemäß die Gemüter. War er nun einem Jagdunfall oder einem Herzschlag zum Opfer gefallen? So hatte es zumindest in den ersten Zeitungsmeldungen geheißen. Doch diese „Extraausgaben" bezogen ihre Informationen vom k. u. k. Hof-Pressebüro. Konnte man ihnen trauen?

Bald hörte und las man vieles anders. War es ein Giftmord? Loschek, der Kammerdiener des Kronprinzen, der die Leiche zuerst entdeckt hatte, gab an, daß wahrscheinlich Zyankali in einem auf dem Nachttisch des Todeszimmers stehenden Glas gewesen sei. Was war nun wirklich geschehen im Jagdschloß Mayerling? Hatte sich der Kronprinz erschossen, oder war er mit einer Sektflasche erschlagen worden? Diese Vermutung äußerten

Leute, die den Leichnam mit einem umwickelten Kopf gesehen hatten. War es eine Liebestragödie oder ein politischer Mord, verübt durch ein ausländisches Killerkommando? Was wußte, was verschwieg der Hof?! – Denn allmählich sickerte durch, daß außer dem toten Kronprinzen in Mayerling noch eine zweite Leiche gefunden worden sei. Es handle sich um die junge Baronesse Vetsera, hieß es, kaum siebzehn oder achtzehn Jahre alt, aus dem dritten Wiener Gemeindebezirk. Bei Nacht und Nebel hätte man das arme Mädel heimlich aus dem Jagdschloß geschafft und in nicht minder verdächtiger Eile auf dem Friedhof von Heiligenkreuz begraben. Die Mutter sei halb wahnsinnig darüber geworden, hätte Redeverbot und habe Wien verlassen müssen.

Was hatte es mit dieser geheimnisvollen zweiten Toten auf sich? Wie war sie nach Mayerling gekommen, und wie war die Baronesse gestorben? War sie etwa Zeugin eines grauenhaften Mordes am Sohn des Kaisers gewesen, und mußte sie deshalb sterben?

Das Rätsel lastete wie ein Alp auf der im düsteren Schneetreiben eines eiskalten Februars in schwarzem Fahnenschmuck trauernden Stadt. Die Theater- und Vergnügungslokale hielten geschlossen, Bälle waren abgesagt. In den Schaufenstern an den eleganten Boulevards erblickte man hinter spiegelblanken Scheiben umflorte Bilder des toten, jungen Kronprinzen. Es war ein Foto, das ihn bei seiner Aufbahrung in der Hofburg zeigte. Der Schädel war tatsächlich einbandagiert, die Augen waren geschlossen, und die Lippen leicht verkniffen.

In anderen Geschäften wieder sah man den Kronprinzen auf Fotos, die ihn noch lebend zeigten; ein hoffnungsvoller, junger Mann, auf dessen Schultern einst die Geschicke der Monarchie ruhen sollten. Und wieder andere Fotos zeigten ihn gemeinsam mit seiner Gemahlin Stephanie, einer Tochter des belgischen Königs Leopold. Diese hatte man übrigens seit der Nachricht von der Katastrophe nirgendwo mehr zu Gesicht bekommen.

Und auch die Kaiserin nicht, wohl aber den Kaiser, den tief unglücklichen Vater. Er arbeitete weiter, ja, wie manche Leute aus Schönbrunn und der Hofburg zu erzählen wußten, nun geradezu mit Verbissenheit; so, als suche er, sich durch seine emsige Tätigkeit für das Reich und seine Völker selbst zu betäuben. Als suche er in seiner Arbeit Stütze und Trost für den unfaßlichen Verlust seines einzigen Sohnes, dem er die Geschicke der Monarchie einst anzuvertrauen gehofft hatte.

Tatsächlich war die Haltung des Kaisers – wie ausländische Diplomaten über ihre Botschaften berichteten – bewundernswert. Franz Joseph sagte keine einzige Audienz ab, keinen Vortrag seiner Minister, keine Sitzung, keine Konferenz. Er erschien pünktlich in der Reichskanzlei und nahm sich abends noch einen Berg unerledigter Akten mit „nach Hause“, in sein Zimmer, wo er noch bis in die Nachtstunden weiterarbeitete. Er sagte, er habe drei Stützen in dieser schweren Zeit, die seine Hilfe wären: „Mein Herrgott – der hilft mir im Gebet; meine Arbeit, die lenkt mich ab – und meine Frau.“

Er hatte noch eine vierte Stütze, die er nicht erwähnte, und die ihm Sissy verschafft hatte, die ihn oft genug während ihrer weiten Reisen allein ließ: die Schauspielerin Katharina Schratt. Und Kathi half mit ihrer Fürsorge auch Sissy über diese schreckliche Zeit hinweg.

Tatsächlich hatte Sissy nach Rudolfs Tod in einer Nacht inneren Grauens die düsteren, unterirdischen Gewölbe der Kapuzinergruft aufgesucht. Sie hatte die Hofburg durch einen Seitenausgang zu nächtlicher Stunde verlassen; niemand wußte davon, nur der Wachtposten, dem sie zu schweigen befahl. Vor der Augustinerkirche hatte sie einen Fiaker angehalten, doch da sie niemals selbst bezahlte, sondern dies ihrer begleitenden Hofdame, der Gräfin Festetics, Frau von Majlrath oder Ida von Ferenczy überließ, hatte sie vergessen, Geld mitzunehmen. Der Fiaker nahm also „die Fuhre nicht an", sondern ließ seine Kaiserin im Schneetreiben stehen.

Zu Fuß trippelte Sissy durch die nächtlichen Straßen mühsam und frierend bis zum Neuen Markt, wo sie den Pater Guardian vor die Pforte läutete. Der Pater traute seinen Augen und Ohren kaum, wie sie da vor ihm stand und, ihrer Worte kaum mächtig, verlangte: „Ich will zu meinem Sohn… lassen Sie mich zu ihm, Pater!"

„Majestät", erwiderte der Pater entsetzt, „jetzt? Es ist Mitternacht, die Gruft ist unbeleuchtet; Majestät, doch nicht zu dieser Stunde!"

Doch da war es, als raffe Sissy all ihre noch verbliebene Energie zusammen. Ihre schlanke Gestalt straffte sich zu hoheitsvoller Würde, und unter dem dichten schwarzen Schleier, der ihr immer noch so schönes, mädchenhaftes Gesicht völlig verdeckte, erklang der Befehl: „Machen Sie Licht und treten Sie zur Seite. Ich will da unten allein sein. Verstehen Sie? Lassen Sie mich mit meinem Sohn allein…"

Dem Kapuziner lief bei diesen Worten ein kalter Schauer über den Rücken. Doch er hatte den Befehl seiner Kaiserin gehört und mußte gehorchen. Was hatte sie vor? Sie kam gewiß nicht nur, um zu beten…

Nur Kerzen oder Fackeln konnten die steile Wendeltreppe und die Gruft erhellen. Der in einem schwachen Luftzug schwelende Fackelbrand leuchtete der Kaiserin und dem Pater Guardian über abgetretene Stufen in die Tiefe. Sissy sprach kein Wort. Sie wartete, bis der Pater am Sarg die Kerzen entzündet hatte, die noch von der Beisetzung hier standen, – auf Kandelabern aufgesteckt, die in mattem Golde schimmernd aus dem Düster des Gewölbes hervortraten. Es roch nach Staub, Wachs, verbrannten Dochten und vor allem nach welken Blumen. Man hatte auch den Prunk der Kränze und Bukette noch nicht entfernt, die sich rund um den Sarg des Kronprinzen auftürmten.

Sissy blickte den Pater Guardian herausfordernd an; dieser nickte verstehend und entfernte sich mit einer Verbeugung und heimlichem Achselzucken. Er nahm seine Fackel wieder mit und ließ Sissy allein. Sie hörte seinen schlurfenden Schritt, mit dem er unter leisem Ächzen die steile Treppe nach oben wieder erklomm.

Doch Sissy täuschte sich, wenn sie glaubte, er wäre tatsächlich verschwunden. Auf halber Höhe blieb er stehen und lauschte. Und er hatte sich nicht geirrt. Schaudernd hörte er die Stimme der Kaiserin, die in dem weiten Gruftgewölbe widerhallte, in dem seit sechshundert Jahren die Särge der toten Habsburger bestattet wurden.

„Rudolf – Rudi… sprich! Was ist geschehen? Zeig' dich mir!!!"

Eiseskälte durchfuhr den Pater. Was sie da tat, war Frevel in seinen Augen – sie suchte, den Toten zu beschwören. Doch eines begriff er, während er, von Grauen gejagt, nach oben flüchtete: auch sie wußte nichts… Auch für sie war die Todesnacht von Mayerling ein Rätsel, das sie offenbar auf diese Weise zu lösen hoffte.

Es war fast ein Uhr morgens, als Sissy an die Pförtnerstube klopfte und den Pater bat, sie wieder auf die Straße hinauszulassen. Der Pater hatte die ganze Zeit über versucht, in seinem Brevier zu lesen, doch er war nicht imstande gewesen, sich zu konzentrieren.

„Ich möchte wieder gehen", hörte er sie sagen. Ihre Stimme klang müde, enttäuscht, wie zerbrochen.

Der Pater hingegen fühlte sich erleichtert. Was auch immer da unten in der Gruft vor sich gegangen sein mochte – nun war es vorbei, und sie stand vor ihm, bereit, das Haus zu verlassen. Er hatte gefürchtet, daß etwas geschehen könnte, wie etwa ein Selbstmord der Mutter, die am Sarg ihres Sohnes vom Schmerz übermannt wurde. Sogar der Kaiser war am Sarg weinend zusammengebrochen. Dies war das einzige Mal gewesen, daß er die Beherrschung verloren hatte.

„Sofort Majestät, sofort – soll ich einen Wagen rufen? Majestät können unmöglich zu dieser Stunde und zu Fuß –", meinte der Pater, und das Gefühl der Erleichterung war in seiner Stimme nicht zu überhören.

„Ich bin ja auch so hierher gekommen", wehrte Sissy lakonisch ab und hörte gleich darauf, wie sich der Schlüssel des Eingangs zur Kaisergruft knirschend hinter ihr im Schlosse drehte.

Wie betäubt atmete sie die kalte Schneeluft ein. Sie war vergebens hierher gekommen…

Ihre Jugendfreundin Irene von Paumgarten war ein begabtes Medium. Daß sie sensitiv veranlagt war, hatte Sissy nicht ahnen können, als sie noch am Ufer des Starnberger Sees in Possenhofen gemeinsam herumgetollt hatten. Irene war ein Nachbarskind gewesen. Nun lebte sie unverheiratet in München, doch noch immer stand sie mit Sissy in Briefverkehr, und wenn Sissy in Bayern war und sie es beide einrichten konnten, dann trafen sie sich.

Und manchmal setzte sich Irene mit einem Bleistift in der Hand an den Tisch und fiel in Trance.

Eine fremde, unsichtbare Hand bemächtigte sich der ihren, und es entstanden Schriftzüge auf dem Papier, die sich von Irenes Handschrift deutlich unterschieden. Es waren, so behauptete sie, Botschaften aus dem Jenseits, aus einer anderen Welt…

Sissy zumindest glaubte fest daran. Und sie war sehr verärgert, daß Franz Joseph, ihr Franzl, die Abhaltung spiritistischer Seancen am Wiener Hof glattweg verbot.

„Das ist abergläubischer Unsinn", sagte er. „Alles Humbug, mit dem sich ein vernünftiger Christenmensch nicht abgibt. Laß' das sein, Sissy, du ruinierst nur deine Nerven damit!"

Alles nur Humbug? Oh, es gab mehr als jene schriftlichen Botschaften. Hatte sie nicht eines Nachts Heinrich Heine an ihrem Bett sitzen gesehen? Und war nicht wenige Wochen vor Rudolfs geheimnisvollem Tod die „Weiße Dame" – das Hausgespenst der Habsburger – in der Hofburg von mehreren Leuten gesehen worden?

Dies alles ging Sissy durch den Kopf, als sie hastig heimwärts in die Hofburg strebte, wo sie und Franzl in diesen Wochen auch über Nacht blieben. Ja, sie hatte geglaubt, daß es ihr möglich sein würde, Rudolf sprechen zu hören – und sei es auch nur in Form einer Antwort, die aus ihrem eigenen Innern kam.

„Gib Antwort, Rudi – was ist passiert?!" hörte sie sich wieder und wieder rufen.

2. Der Hexenkessel

Der Tod ihres Sohnes, der einst das Reich regieren sollte, hatte Sissy und Franzl wie ein Keulenschlag getroffen. Sissy schloß sich in ihren Gemächern ein und wollte niemanden sehen und sprechen. Sie quälte sich tagelang mit Selbstvorwürfen.

Ja, sie hatte sich viel zu wenig um Rudolf gekümmert. Sie waren einander entfremdet. Doch das war nicht ihr Verschulden. Schon im Babyalter hatte man ihr den Knaben einfach weggenommen. Er war nicht ihr Kind – er galt als Eigentum der Monarchie. Rudolf war der Kronprinz und somit kein Knabe wie jeder andere, der seine Mutter und ihre Liebe braucht. Und sie hätte ihn ja geliebt – oh, wie sehr, wenn man es ihr nur ermöglicht hätte!

Und sie dachte zurück an Laxenburg, an damals... Und als sie über jene schmerzvollen Stunden seiner Geburt grübelte, erinnerte sie sich, daß sich das Unheil schon damals angekündigt hatte. Niemand hatte darauf geachtet – man hatte es für einen dummen, unliebsamen Zufall gehalten. Doch Sissy glaubte längst nicht mehr an Zufälle. Es war kein Zufall, sagte sie sich jetzt, nun ist es gewiß. Rudolfs Schicksal hat sich schon damals offen-

14

bart, doch niemand wußte das Zeichen zu deuten.

Nun, vielleicht hätte es ihr und ihrem Verhältnis zu Rudolf gut getan, wenn sie ein bißchen mehr Sinn für die Wirklichkeit aufgebracht hätte. Doch war das keine Realität gewesen, daß der große Luster im Schönbrunner Zeremoniensaal unter lautem Krachen auf dem Parkettboden zersplittert war, während draußen in Laxenburg der kleine Kronprinz erwartet wurde? Wer hatte den Riesenluster von der Decke gestürzt? Die ‚Weiße Dame'?!

Die Geburt war wirklich schwer. Um zehn Uhr abends wand sich Sissy in unsäglichen Schmerzen, während Schwiegermama Sophie und die Obersthofmeisterin Eszterhazy auf den Knien liegend beteten und sich die Hebamme um Sissy kümmerte. Fünfzehn Minuten später, in der Nacht des 21. August des Jahres 1858, stieß der kleine Kronprinz seinen ersten, heiseren Schrei aus.

Doch das Glück einer jungen Mutter, die ihr Kind stillen und an ihr Herz drücken, die es Wärme und Liebe fühlen lassen kann, wurde Sissy verwehrt. Der kleine Knabe, der so selten die dunklen Augen seiner Mutter auf sich gerichtet fühlte, kannte bald seine Aja – seine Kindsamme – besser als die Frau, die ihn geboren hatte! Da half kein Aufbegehren gegen die Schwiegermama, Tante Sophie, die auch die Schwester von Sissys eigener Mutter war und sie doch als Tante voll und ganz verstehen hätte müssen…

Oh, welche Bitternis fühlte sie, wenn sie an jene Wochen, Monate, Jahre der Entfremdung dachte… Nur ihr jüngstes Kind, ihre Tochter Marie-Valerie, das ‚Nesthäkchen', hatte sie sich nicht nehmen lassen. Um dieses Kind hatte sie gekämpft wie eine Löwin, und sie hatte gesiegt. Marie-Valerie stand ihrem Herzen nahe und auch Gisela, die ältere Tochter, doch Rudolf wurde ihr unverständlich und fremd...

Und war nun tot. Ebenso unbegreiflich gestorben, wie er in ihren Augen gelebt hatte. Sie fühlte aus den Blicken ihrer Schwiegertochter Stephanie deren Vorwürfe. Und auch Rudolfs Schwiegereltern, der König und die Königin der Belgier, die zur Beisetzung des Toten nach Wien gekommen waren, meinten, Rudolfs Tod wäre zu verhindern gewesen, wenn...

Wenn was?! Ja, das fragte sich Sissy in selbstquälerischer Weise unentwegt. Unterdessen glich die Hofburg einem brodelnden Hexenkessel. Das Pressebüro wurde von in- und ausländischen Journalisten förmlich belagert. Trotz ihrer Trauer sah Sissy die Ironie dieser Situation: Rudi, der heimliche Finanzier der „Neuen Freien Presse" und Journalist unter Pseudonymen, der so sehr um gute Pressekontakte bemüht war und in der Presse das künftige Sprachrohr des Kaiserhauses sah, hatte nun eine Publicity, die er sich wohl kaum gewünscht hätte. Rund um das hermetisch abgeriegelte Jagdschloß Mayerling, in dem noch immer eine Hofkommission die Vorgänge um den Tod des Kronprinzen zu klären suchte, machten die Journalisten Jagd auf alle und jeden, von dem sie vermuteten, daß er mehr gehört und gesehen habe, als den offiziellen Verlautbarungen zu entnehmen war.

Der einzige, der in diesen schrecklichen Tagen bewundernswerte Haltung bewahrte, war wirklich Franzl, mußte sich Sissy eingestehen. Zum Tod seines Sohnes nahm er nur ein einziges Mal offiziell Stellung, und inoffiziell ließ er sich keine Silbe entlocken. Nicht einmal von ihr.

16

Irrte sie sich, oder ging er ihr wirklich aus dem Weg? Ihr und sogar Frau Schratt, die in geradezu rührender Weise bemüht war, die unglücklichen Eltern durch kleine Aufmerksamkeiten zu trösten und ihnen beizustehen? Die Audienzwerber, die in der Reichskanzlei darauf warteten, zum Kaiser vorgelassen zu werden, hatten es offenbar leichter, in sein Zimmer zu kommen und mit ihm zu reden als sie.

Denn trat sie bei Franzl ein und schaute sie in seine stahlblauen Augen, in das wie zu Stein erstarrte Gesicht, wenn er von seinen Akten wortlos und fragend aufblickte, dann fühlte sie ihre Kehle wie zugeschnürt.

„Sissy, sei mir nicht bös' – du siehst, ich habe zu arbeiten", pflegte er zu murmeln.

Und bei Kathi Schratt ließ er sich sogar durch seinen Kammerdiener Ketterl entschuldigen...

Ja, er ging seiner Arbeit nach, mit gefurchter Stirn und trotziger Miene, wie es Sissy schien. Was ging in diesen Tagen hinter seiner hohen Stirn vor? Was wußte er, was erfuhr er und was verschwieg er ihr über den Tod von Rudolf und den der armen, kleinen Baronesse? Welche Rolle hatte diese überhaupt in dem Drama gespielt? – Denn daß sie Rudolf vergiftet hatte, wie man im ersten Moment, dem Bericht des Kammerdieners Loschek zufolge, geglaubt hatte, das stand ja nun nicht mehr zur Debatte.

Wenn sie zu den Mahlzeiten zusammenkamen – Sissy, Franzl und die beiden Töchter Gisela und Marie-Valerie –, blieb jetzt Rudolfs Stuhl an der Familientafel leer. Und auch die Schwiegertochter Stephanie kam erst nach einigen Tagen, nachdem sie der Kaiser ausdrücklich dazu auffordern ließ, wieder an den gemeinsamen Tisch.

17

Stephanie blieb bei den Mahlzeiten schweigsam. Sie gab nur einsilbige Antworten, wenn man das Wort an sie richtete und ließ erkennen, daß es ihr lieber wäre, ganz in Ruhe gelassen zu werden. Am allerliebsten wäre sie wohl wieder zu ihren Eltern nach Belgien heimgekehrt. Auch ihr gegenüber fühlte sich Sissy schuldig. Sie hatte am Zustandekommen dieser Ehe mitgewirkt, die so wenig glücklich verlaufen war.

„Der einzige Lichtblick in all den Jahren", gestand ihr Stephanie erst vor wenigen Tagen, „ist für mich die Nähe von Louise."

Tatsächlich war Stephanies ältere Schwester Louise gleichfalls in Wien verheiratet, und zwar mit dem Prinzen Philipp von Sachsen Coburg–Gotha. Rudis Schwager gehörte mit zu den Entdeckern der grausigen Tragödie.

Rudi hatte ihn und den Grafen Hoyos für den 30. Jänner 1889 zur Jagd nach Mayerling eingeladen. An jenem Unglücksmorgen hatten Philipp, von Rudi stets scherzhaft „der Dicke" genannt, und der Graf vergeblich auf den Aufbruch zur Jagd gewartet. Es war mittlerweile schon neun Uhr morgens, als endlich der Kammerdiener Loschek ganz aufgeregt erschien und verlauten ließ, er versuche nun schon die längste Zeit vergeblich, seinen Herrn zu wecken. Alles Trommeln gegen die Schlafzimmertür nütze nichts – da drin bliebe es still...

„Da stimmt was nicht!" hatte ‚der Dicke' gemeint, und voll Besorgnis waren daraufhin er und Graf Hoyos dem Diener hinüber ins Jagdschloß gefolgt.

Vor Rudolfs Schlafzimmer angelangt, versuchten die drei Männer nochmals vergeblich, sich bemerkbar zu machen.

„Können Sie was durchs Schlüsselloch sehen?" fragte Philipp den Diener.

Der drückte sein rechtes, dann sein linkes Auge gegen die kleine Öffnung und meinte dann bedauernd: „Es ist alles dunkel; die Vorhänge und die Fensterladen sind zu. Ich kann nichts erkennen, doch es kommt mir so vor, als ob seine Hoheit am Bettrand sitzt."

„Sitzt?" rief Graf Hoyos. „Das ist doch ganz unmöglich – dann müßte er uns doch hören!"

„Aber er bewegt sich nicht", ergänzte der Diener, wieder durch das Schlüsselloch spähend.

„Brechen Sie die Tür auf", verlangte Prinz Philipp.

Loschek nickte, entfernte sich hastig und kehrte bald darauf mit einer Hacke zurück, mit der er die eichene Türfüllung einzuschlagen begann.

Die solide Tür gab lange nicht nach. Loschek und Hoyos versuchten auch, sich dagegenzustemmen, vergeblich. Endlich splitterte das Holz, und Loschek stieg durch die entstandene Öffnung in das dunkle Zimmer, in dem man nur die Konturen der Möbel und der gewölbten Decke halbwegs wahrnehmen konnte. Loschek tastete sich zu einem Fenster und stieß die Läden auf. Im Morgenlicht bot sich ihnen ein schreckliches Bild.

Im blutdurchtränkten Bett lagen der Kronprinz und die mit Blumen überstreute, leblose Baronesse…

Sissy sah das grauenvolle Bild vor sich und schloß wie immer die Augen, wenn sie daran dachte. Sie mußte auch an ihre kleine Enkelin denken, an Rudis Tochter Elisabeth; sie war erst vier Jahre alt und schon Halbwaise. Stephanie hatte sie an das Bett in der Hofburg geführt, in welches man den toten Vater gelegt hatte, und mit dem Finger ein Kreuzeszeichen auf die kleine Stirn gemacht; das Kind begriff noch nichts. Auch Stephanie selbst sah zum ersten Mal in ihrem Leben einen Toten, ihren Mann, an dessen Seite sie acht Jahre ihres Lebens, wie sie sagte, vergeudet hatte...

Sissy blickte durch das Fenster ihres Zimmers hinab ins Freie und sah den Platz voller Menschen. Noch immer kamen und drängten sich Neugierige. Die Nachricht von Rudolfs Tod war während eines Militärkonzerts in die Hofburg gelangt, zu dem sich trotz der eisigen Kälte die schau- und vergnügungslustigen Wiener drängten. Man hatte eben ein Potpourri aus der Oper „Die Hugenotten" von Meyerbeer gespielt, als der Dirigent plötzlich abklopfte und die Musik zu spielen aufhörte. Unter dem Kopfschütteln der Zuhörer, die nicht begreifen konnten, weshalb dies geschah, hatten die Musiker ihre Instrumente eingepackt. Man hatte nur bemerkt, daß eine Ordonnanz aus der Reichskanzlei gekommen war und dem Dirigenten etwas zugeflüstert hatte...

Nun wußten die Wiener, und nicht nur sie, weshalb die Musik abgebrochen worden war; ja, weshalb überall die Musik in der Musikstadt Wien verstummte.

Graf Hoyos hatte die Nachricht vom Tod des Kronprinzen nach Wien gebracht. Zu seinem Erstaunen traf er in Mayerling den Fiaker Bratfisch und forderte ihn auf, so schnell wie möglich mit ihm nach Baden zu fahren. Bratfisch weigerte sich vorerst; er sei „für eine Fuhre" bestellt, von Seiner Hoheit, dem Kronprinzen persönlich. Doch Hoyos sagte nur kurz: „Der Kronprinz ist tot – fahren Sie los, nach Baden, zum Bahnhof!"

Im Bahnhof befahl der Graf dem Stationsvorstand, den sonst durchfahrenden Schnellzug Triest-Wien anzuhalten, sodaß Hoyos zusteigen konnte.

20

„Wer soll es Seiner Majestät beibringen?" fragte Hoyos den Grafen Paar, als er in der Hofburg angekommen war und von der Katastrophe berichtet hatte.

„Am besten wohl die Kaiserin", entschied Paar.

Und dann kam einer der schlimmsten Augenblicke ihres Lebens. Ahnungslos war Sissy beim Griechischunterricht gesessen, als Hoyos und Paar erschienen und sie baten. Thermojannis, den Griechischlehrer, fortzuschicken.

„Fassen Sie sich, Majestät", leitete Graf Paar das Kommende ein, „Graf Hoyos bringt aus Mayerling schlimme Nachricht..."

Sie war noch starr vor Schmerz, als Franzl eintrat – ahnungslos und in bester Laune; denn Frau Schratt hatte sich zu einem Plausch mit ihm und Sissy angesagt.

Guter Gott, hilf mir, daß ich es ihm sagen kann... so hatte sie um Kraft gefleht und dann gesprochen.

„Franzl, nimm dich zusammen. Rudi – – ist tot..."

„Ein Jagdunfall?" rief Franzl erschrocken.

„Oh nein, der Kammerdiener glaubt, daß ihn eine fremde Frauensperson vergiftet hat..."

Jetzt erst sahen sie, daß Marie-Valerie und Frau Schratt im Türrahmen standen. Sie hatten alles gehört.

„Mein Gott - Mama, Papa!" rief Marie-Valerie und lief erschrocken zu ihren Eltern.

Sissy aber starrte nur in Franzls eben noch so fröhliches Gesicht; er schien in wenigen Augenblicken um Jahre zu altern. Als drücke plötzlich eine schwere Last auf seine Schultern, so beugte er sich unter dem Keulenschlag des Schicksals.

Wortlos eilte Frau Schratt herbei und schob ihm einen Stuhl hin.

21

„Setzen Sie sich doch, Majestät".

Immer wieder ließ Sissy jene Bilder vor ihren Augen Revue passieren. Zu immer neuen Mustern fügte sie das Mosaik. Und immer neue Einzelheiten traten plastisch vor ihr inneres Auge, ohne daß sie deswegen Klarheit erlangte.

Was war wirklich geschehen in Mayerling?!

Hartnäckige Fragen machten manches noch verworrener: So erklärte Franzl, der Schlüssel im Todeszimmer sei innen gesteckt. Loschek habe infolgedessen gar nichts durchs Schlüsselloch sehen können. Er habe die Tür neben dem Schloß eingeschlagen, nach innen gegriffen und den Schlüssel umgedreht; er sei nie durch die eingeschlagene Tür gestiegen, sondern habe einfach die Klinke niedergedrückt und aufgemacht.

Auch hätte Coburg nicht in Mayerling übernachtet. Er sei eben erst angekommen, als Hoyos vom Schloßwart Zwerger und nicht, wie ursprünglich berichtet wurde, von Loschek ins Schloß geholt worden sei.

Und Rudolf sei auch nicht durch Gift gestorben. Das kleine Mädchen habe niemanden umgebracht. Rudi und Mary Vetsera seien erschossen worden...

Es gab immer neue Versionen; die Gänge der Hofburg schwirrten davon, und die absurdesten Gerüchte tauchten auf.

Ob an manchen etwas Wahres war? Oder an den Berichten der Reporter in den konfiszierten ausländischen Zeitungen?

Der Baronin Vetsera, der Mutter des Mädchens, gelang es, zu allem Unglück auch noch an jenem Schreckensmorgen bei Sissy vorgelassen zu werden. Sie war schon beim Polizeipräsidenten gewesen, ja sogar bei

22

Graf Taaffe, dem Ministerpräsidenten. Sie suchte ihre Tochter, die seit Tagen spurlos verschwunden war. Doch überall hatte man sie bloß abgewimmelt, als sie von ihrem Verdacht erzählte, daß Mary und der Kronprinz...

Und das ging nun schon fast über Sissys Kraft, ihr sagen zu müssen, daß Mary nicht mehr lebte.

Zwei Mütter, die beide in einer Nacht ihre Kinder verloren hatten, so standen sie sich gegenüber, von der gleichen Frage gequält:

Wieso?!

3. Hoftrauer

Baronin Helene Vetsera, Marys Mutter, war Witwe. Ihr Mann – im Kreise des österreichischen Adels als „neureich" eingestuft – hatte seinerzeit ein Palais im dritten Wiener Gemeindebezirk in der Salesianergasse Nr. 8 gemietet, das dank der Aktivitäten der Brüder der Baronin – sie war eine geborene Baltazzi – nun immer mehr Leute „von Stand" in seinen Räumen sah, darunter auch die Nichte Sissys, die Gräfin Larisch-Wallersee. Einer von Sissys Brüdern hatte trotz des Protestes von Mama Ludovica – aber mit Zustimmung des weit weniger strengen Papas – eine Münchner Schauspielerin geheiratet; aus dieser „Mißehe" stammte diese Nichte.

Sie wurde eine Freundin der Baronin und ihrer beiden Töchter. Besonders Mary trat zu ihr in ein enges Vertrauensverhältnis. Die Mädchen waren wie alle „Höheren Töchter" unter strenger Aufsicht. Spazierengehen durften sie nur in Begleitung einer eigens dafür engagierten „Promeneuse". Nur wenn Marie Larisch Mary gelegentlich zu einer Ausfahrt oder einem Einkaufsbummel mitnahm, genoß diese heimliche Freiheiten. Oder auf dem Rennplatz, wo die hübsche junge Mary bald die Blicke der jungen Herren auf sich zog und den Spitznamen „Turfengel" bekam, weil sie bei fast keinem Rennen fehlte.

Doch das war kein Wunder. Denn ihr Onkel ließ bei diesen Rennen meist seine besten Pferde laufen, die auch manchen Preis gewannen. Und da mußte Mary natürlich mit dabei sein. Beim Rennen aber zeigte sich gelegentlich auch der Kronprinz. Ihre Blicke trafen sich und ließen bald gegenseitiges Interesse erkennen. Die Gräfin Larisch, nicht nur Marys Vertraute, sondern auch Rudolfs Cousine, glaubte, beiden gefällig zu sein, als sie Mary und Rudolf miteinander bekannt machte.

Sie konnte nicht ahnen, wie diese Bekanntschaft enden und in welch schiefes Licht sie selbst nach dem unbegreiflichen Tod des Kronprinzen und Mary Vetseras geraten würde.

Mary hatte die Gräfin Larisch auch am 27. Jänner zu einem Einkaufsbummel in die Innenstadt begleitet. Doch schon bald kam die Gräfin ganz aufgeregt ins Palais Vetsera zurück und eröffnete der erschrockenen Baronin, daß sie Mary unterwegs, auf dem Kohlmarkt nahe dem Graben, „verloren" habe. Während sie, die Gräfin, sich in einem Juweliergeschäft aufgehalten hätte, wäre Mary aus dem Fiaker ausgestiegen und im Gewühl der Passanten verschwunden.

Daß Mary für den Kronprinzen schwärmte, war der Baronin nicht verborgen geblieben. Und als man Marys

24

Sachen durchsuchte, fand man ein Foto mit einer Widmung von ihm. Außerdem zeigte zwei Tage zuvor der Kronprinz beim Ball in der Deutschen Botschaft ein allzu auffallendes Interesse für Mary; und zuletzt gestand die Larisch auch noch, Mary beim Kauf eines Geschenks für Rudolf – eines Zigarettenetuis – behilflich gewesen zu sein.

„Sie ist bei ihm!" rief die Baronin. „Gräfin, Mary ist so gut wie verlobt; wo ist sie? In der Hofburg? In Schönbrunn, oder einem seiner Schlösser?"

Die Gräfin beteuerte, keine Ahnung zu haben. Marys Mutter, in höchster Sorge um den Ruf ihrer Tochter, verlor die Fassung noch mehr, als die Gräfin einen Zettel hervorkramte, den sie im Fiaker gefunden haben wollte:

SUCHT NICHT NACH MIR.
ICH GEHE IN DIE DONAU.

MARY

Doch die Larisch meinte, das sei wohl absurd; ein so lebenslustiges junges Ding trage sich doch nicht ernstlich mit Selbstmordgedanken!

Die Baronin aber ließ sich nicht davon abhalten, ins Polizeipräsidium zu fahren. – Zwei Tage qualvollen Wartens vergingen, ohne daß Mary heimkehrte. Alles, alles hätte ihr die Mutter verziehen, wenn sie nur wiedergekommen wäre! Doch es kam weder sie selbst noch irgendeine Nachricht von Mary.

In ihrer Sorge und Not drang die Baronin selbst bis zum Ministerpräsidenten vor. Doch überall bekam sie nur zu hören, daß man kein Recht besäße, in den Privatgebäuden der Kaiserlichen Familie Nachforschungen anzustellen und dort nach Mary zu suchen.

Erst an jenem schrecklichen 30. Jänner fand ihr Suchen ein Ende, als es ihr gelungen war, zu Sissy vorzudringen...

Noch glaubte man an die Version des Kammerdieners Loschek und nahm allen Ernstes an, daß Mary sich und den Kronprinzen aus unglücklicher Liebe vergiftet habe.

Franzl schwieg düster und überließ es Sissy, der Baronin zu antworten.

„Sie verlangen Unmögliches von mir", sagte sie. „Wir beide, Sie und ich, haben in der vergangenen Nacht unsere Kinder verloren – Sie die Tochter und ich den Sohn, Baronin. Sie sind tot. Doch nun gilt es, jeden Skandal zu vermeiden. Niemand darf erfahren, daß Ihre Tochter bei Rudolf in Mayerling war – Sie müssen schweigen!"

Die Baronin wurde bleich, begann am ganzen Leib zu zittern und fragte fassungslos: „Wie – Mary ist tot?"

Jetzt endlich ergriff Franzl das Wort.

„Sie hören es ja. Und möglicherweise ist sie sogar schuldig an Rudolfs Tod, verstehen Sie?"

„Nein, nein, das kann nicht sein!" stammelte die Baronin entsetzt, während die letzte Farbe aus ihren Wangen wich.

„Es muß dabei bleiben: Rudolf ist an einem Herzschlag gestorben", erklärte Sissy beschwörend.

„Und jetzt gehen Sie, lassen Sie uns allein", verlangte Franzl hart. „Sie werden weitere Weisungen erhalten..."

26

Wie betäubt wankte Baronin Vetsera zur Tür. In diesem Augenblick tat die Frau Sissy leid; doch der Schmerz der Mutter überwog in ihr, und sie konnte Franzls schroffe Art verstehen.

Und die „Maßnahmen"?

In der darauffolgenden Nacht ließ man Marys Verwandte, Aristide Baltazzi und den Grafen Stockau – ein Onkel väterlicherseits – in das Jagdschloß ein. Sie fanden Marys Leiche versteckt in einer Wäschekammer. Sie wuschen und bekleideten sie mit den Sachen, in denen sie nach Mayerling gekommen war, um mit dem Kronprinzen ein paar Stunden des Glücks zu verleben. Dann setzten sie das tote Mädchen aufrecht zwischen sich in die Kutsche, mit der sie gekommen waren.

Heimlich schaffte man sie aus dem Haus und wollte sie ebenso heimlich in Heiligenkreuz begraben. Doch die Kunde von der zweiten Leiche in Mayerling hatte sich schon herumgesprochen, und es gab Neugierige auf dem Friedhof, mit denen man nicht gerechnet hatte...

Diese Details aber erfuhr Sissy erst später, nach und nach, von Franzl. Er wich all ihren Fragen aus. Er redete sich auf die Untersuchungskommission aus, deren Bericht man erst abwarten müsse.

Als Marie-Valerie, ‚das Nesthäckchen', – an diesem Morgen nach Mama fragte, hörte sie von der Hofdame Sarolta von Majlrath, Ihre Majestät befände sich im Garderobezimmer. Tatsächlich stand Sissy vor ihrem Kleiderschrank und musterte deprimiert seinen Inhalt.

„Ach, du bist es, Kind", sagte sie, kaum aufblickend. „Siehst du, dies alles werde ich nun nicht mehr tragen dürfen."

„Aber Mama, in drei Monaten ist die Hoftrauer ja vorbei."

„Für mich nicht, Kind. Ich denke,daß es sich für mich von nun an schickt, schwarz gekleidet zu gehen."

„Das ist doch nicht dein Ernst, Mama!"

„Doch, das ist es. Im übrigen ahne ich, weshalb du kommst. Es geht um deine Heirat, nicht wahr?"

Denn Marie-Valerie war seit dem vergangenen Weihnachtsfest offiziell mit dem jungen Erzherzog Franz von Toskana verlobt.

Verlegen senkte sie den Kopf. Spontan wandte sich Sissy jetzt zu ihrer Tochter um und drückte sie an sich.

„Du weißt nicht, wie sehr ich dich jetzt nötig habe, da Rudi tot ist", preßte sie hervor. „Ja, es ist richtig, wir waren einander fast fremd, doch nun, da er tot ist, fehlt er mir entsetzlich! Ich glaube stets, er kommt durch irgendeine Türe herein…"

Marie-Valerie löste sich von Sissy.

„Was sagt denn nun Papa?" forschte sie, bei ihrem Thema bleibend.

„Wegen der Heirat? – Ich glaube, er hat jetzt ganz andere Dinge im Kopf, Kind. Doch wahrscheinlich ist während des Trauerjahres eine Hochzeit ganz unmöglich."

Dem Mädchen traten fast die Tränen in die Augen; Sissy sah es, und es tat ihr weh.

„So gern möchtest du mich verlassen?" fragte sie traurig.

„Dich verlassen? Aber nicht doch, Mama. Wir werden einander doch sehen, sooft wir nur wollen! Du fährst doch auch nach Possi, zu Oma, wenn du magst!"

„Aber ich lebe nicht mehr in Possenhofen, Kind. Das

ist ein großer Unterschied. – Nein, ich kann dir keine Hoffnungen machen, daß ihr bald heiraten könnt. Ein Jahr werdet ihr euch schon noch gedulden müssen."

Marie-Valerie war unglücklich darüber, doch sie sah ein, daß sie sich wohl fügen müsse.

„Wie geht es Stephanie?" fragte Sissy.

„Sie kümmert sich um die kleine Elisabeth."

„Ich werde auch nach dem Kind sehen", sagte Sissy mit einem plötzlichen Entschluß.

Marie-Valerie ging nicht mit ihr, wie sie gehofft hatte. Sissy fand Stephanie im Kinderzimmer des Kronprinzenapartments. Die kleine Elisabeth, Sissys Enkelkind, schlief. Stephanie deckte sie eben sorgsam zu. Gemeinsam verließen die beiden Frauen den Raum, in dem nur das Kindermädchen blieb.

„Sie ist verkühlt", erklärte Stephanie. „Sie hat eben heiße Milch bekommen, und nun schläft sie. Sie fragt immer wieder nach ihrem Papa. Sie scheint nicht verstehen zu können, daß sie ihn nie mehr wiedersehen wird."

In ihrem Arbeitszimmer angekommen zog Stephanie einen Briefumschlag aus ihrem kleinen Schreibtisch und legte ihn vor Sissy hin.

„Das ist von ihm", sagte sie bitter. „Alles, was er für mich hinterlassen hat. Nun, ich werde seinen letzten Wunsch erfüllen."

Sissy öffnete den Brief und las:

Liebe Stephanie!

Du bist von meiner Gegenwart und Plage befreit. Werde glücklich auf deine Art. Sei gut zu der armen Kleinen, die das einzige ist, was von mir übrig bleibt.

Ich gehe ruhig in den Tod, der allein meinen guten Namen retten kann.

Dich herzlich umarmend,
dein dich liebender

Rudolf

„Das ist sein Abschiedsbrief an mich", erklärte Stephanie.

„Nun, darin schreibt er, daß er dich liebt", meinte Sissy tröstend.

„In letzter Zeit hat er mir keine Veranlassung gegeben, das zu glauben", versetzte Stephanie. „Jedes Wort in diesem Brief empfinde ich als einen Dolchstich. Ich habe versucht, dieses Ende abzuwenden. Ich war beim Kaiser, habe gewarnt, vergebens. Papa wollte nichts wissen und nichts glauben."

„Gewarnt, wovor?" horchte Sissy auf.

„Vor Rudolfs Plänen – oh, er hatte Absichten, die…."

„Welche Pläne?", drängte Sissy, da die Kronprinzessin abbrach. Forschend schaute sie ihre Schwiegertochter an, suchte ihren Blick, doch Stephanie wandte sich ab.

„Ich weiß es nicht", behauptete sie, „er weihte mich ja in gar nichts ein. Doch ich ahnte, daß da etwas im Gange war – etwas durch ihn, und etwas gegen ihn."

„Und was vermutest du?"

Stephanie nahm Sissy den Abschiedsbrief aus der Hand, steckte ihn wieder in sein Kuvert und legte ihn in

30

die Schreibtischlade zurück. Sie kehrte Sissy dabei den Rücken zu und verbarg so ihr Gesicht.

„Du willst mir nichts sagen", erkannte Sissy.

„Wozu auch", murmelte Stephanie, „es ist ja nun ohnehin schon zu spät…"

Eine harte Falte erschien auf Sissys Stirn. Sie murmelte einen Gruß und verließ den Raum.

„Schweigen, schweigen!" rief es in ihr. „Alle schweigen – und sollen wohl auch schweigen, als ob Rudis Tod dadurch aus der Welt zu schaffen wäre!"

An diesem Abend lehnte sich Sissy auf. Sie hielt diesen Zustand nicht länger aus. Zu drückend war die Ungewißheit über die Hintergründe von Rudolfs Tod. Der Besuch bei Stephanie und ihre geheimnisvollen Andeutungen hatten diese Krise ausgelöst.

Sie verließ ihre Gemächer und lief in das Arbeitszimmer des Kaisers, in die Reichskanzlei.

Die Garde stand im Korridor und grüßte stramm, während sie an den Posten vorüberlief. Es war schon fast zehn Uhr abends, der Audienzsaal längst leer. Doch am Schreibtisch des Kaiserlichen Adjutanten brannte noch immer Licht; Franzl arbeitete also noch.

Sie klopfte kurz an und trat bei ihm ein. Der Kaiser saß an seinem Schreibtisch und studierte einen Akt. Er hatte vor sich ein Glas Milch und eine Buttersemmel stehen, eine Einführung von Frau Schratt, deren fürsorgliches Wirken für den Kaiser sich auf diese Dinge erstreckte.

Als er Sissys Kleid rascheln und das leise Schließen der Tür hinter sich hörte, schaute er von seiner Arbeit auf und wandte sich um.

„Du? Was hast du auf dem Herzen, mein Engel?"

fragte er. Doch es war nicht die gütige, liebevolle Stimme, die sie sonst zu hören gewohnt war.

„Franzl", sagte sie besorgt, trat näher und ergriff seine Hand. Doch er entzog sie ihr.

„Was kann ich für dich tun?" fragte er.

Es klang ablehnend, als fühlte er sich durch ihr Erscheinen gestört.

Doch sie ließ sich nicht abweisen, zog einen Stuhl an seinen Schreibtisch heran und sagte einfach: „Ich will mit dir reden, Franzl. So geht das nicht weiter!"

„Was geht nicht weiter?" fragte er ein wenig schroff.

Sie suchte seinen Blick festzuhalten. Während sie ihn prüfend betrachtete, entdeckte sie die graue Strähne in seinem noch immer dichten Haar und die Kummerfalten auf seiner Stirn. Sie spürte, daß er sich einsam und verlassen fühlte in seinen Sorgen und seinem Schmerz. Nun senkte er seinen Blick, heftete ihn auf den Akt, als ob er dort Hilfe suche. Doch das ließ sie nicht zu. Was sie beide vor allem jetzt brauchten, war Aufrichtigkeit.

„Franzl", begann sie, „ich will endlich wissen, was wirklich in Mayerling geschehen ist. Wie unser Rudolf starb. Ich kenne all die Gerüchte, die durch Wien schwirren und von denen, wie ich glaube, kein einziges stimmt." ·

Er nickte. Irrte sie sich, oder spielte tatsächlich ein Lächeln um seine Lippen…?

„Ich will endlich die Wahrheit wissen", forderte sie. „Es ist mein Recht als Mutter!"

Sie legte ihre schmale Frauenhand auf seinen Akt. Als er nun aufsah, blickte er in ihr erregtes, schönes Antlitz, das ihn nach all den Jahren ihrer Ehe noch immer faszinierte.

32

„Ich habe ein Recht darauf, alles zu wissen", beharrte sie. „Man verheimlicht mir etwas. Heute erst machte Stephanie so seltsame Andeutungen."

„Stephanie?" Er horchte auf.

„Ja, unsere Schwiegertochter. Sie war schließlich Rudolfs Frau. Doch sie sagt nicht, was sie weiß."

„Das ist sehr klug von ihr", fand Franzl, offensichtlich erleichtert.

„Aber ich habe ein Recht auf Wahrheit! Nicht nur ich, ganz Österreich, ja die ganze Welt wird in diesen Tagen belogen. Ich fühle das... Es war nicht die kleine Vetsera, um derentwillen er starb. Sie kannte ihn ja kaum! Was also ist der wahre Grund, was geschah wirklich?!"

4.   Das Staatsgeheimnis

Der Kaiser wirkte plötzlich müde. Er stützte seine Stirn auf die Rechte und blickte Sissy nicht an. Er starrte vielmehr wieder auf seinen Akt, den er gerade bearbeitete. Doch Sissy wußte, daß er in Wirklichkeit dieses Schriftstück gar nicht sah; er war in Gedanken woanders, bei dem Geheimnis, das Sissy ergründen wollte, und dessen Schleier immer dichter zu werden schienen.

„Es war nicht die kleine Baronesse, nicht wahr, Franzl?" drängte sie. „Das kann es doch gar nicht gewesen sein. Da stand doch ganz anderes auf dem Spiel!"

Franzl schwieg. Um ihn herum wuchs eine unsichtbare Mauer, die sich zwischen ihn und Sissy schob, die zwei Menschen voneinander trennte, die einander liebten, einander geliebt hatten vom ersten Augenblick an.

Sie vergaß ihren Kummer und fühlte wieder Mitleid mit ihm. Sie rückte eng an seine Seite und legte ihre Rechte auf seine Hände, die sich scheinbar unbeabsichtigt wie zu einem Gebet ineinandergefügt hatten – oder war es eine doppelt geballte Faust, eine Abwehrhaltung gegen einen Feind, den sie nicht sah?

Wie zur Bestätigung dieser überraschenden Vermutung kam es jetzt schwer von seinen Lippen:

„Mein armer Engel, – erinnere dich, wie oft ich Rudi zur Vorsicht gemahnt habe. Er hat nie auf mich hören wollen. Er konnte und wollte die Gefahr nicht erkennen, in die er sich begab. Sissy, nun bist du es, die ich warnen muß! Rudi ist tot, wir können nichts daran ändern, nur noch Schlimmeres verhüten…"

„Aber, Franzl…!"

„Glaube mir, Sissy, die Wahrheit ist zu gefährlich…!"

Er blickte sie nun endlich wieder an. In seinem Blick las sie tiefe Sorge, eine Sorge, die ihr, ihrer Person und Sicherheit galt. Seine Männerhände öffneten sich und umschlossen ihre schmale, zarte Frauenhand, so, als wolle er sie vor jeder Bedrohung schützen.

In dieser Minute des ratlosen Schweigens, die sich an seine Worte schloß, waren sie nicht Kaiser und Kaiserin, sondern nur noch Mann und Frau, ein schmerzgebeugtes Elternpaar, das durch fremde Hand seinen einzigen Sohn verloren hatte.

„Ich – ich möchte wieder fort von Wien", sagte sie, während eine Welle des Unbehagens sie überflutete.

„Um mich wieder allein zu lassen", stöhnte er.

Da riß sie sich zusammen.

„Nein", erklärte sie fest entschlossen. „Ich werde bleiben. Ich bin es dir, mir selbst und vor allem Rudolf

34

schuldig – und auch noch Rudis Kind, meiner Enkelin. Sie fragt fortwährend nach ihrem Vater, will wissen, wann er wiederkommt! Als man ihn ihr auf dem Totenbett zeigte, hat sie nicht verstanden, was es bedeutet, tot zu sein. Doch etwas ist ihr im Gedächtnis haften geblieben: der Verband, den Rudolf um die Stirn trug. Mit dem die Ärzte seinen zerschmetterten Schädel umwickelt hatten", setzte sie selbstquälerisch hinzu.

„Es war der Armeerevolver", versuchte er zögernd, ihr die Ursache dieses Verbandes, den unzählige Augen gesehen hatten und der die Ursache ebensovieler Spekulationen geworden war, zu erklären. „Der Schuß – das Kaliber, verstehst du?"

„Oh doch", sagte Sissy, und es klang fast nach Spott, als sie dazu feststellte: „Ein Schuß mit so einem Revolver macht einen Heidenlärm. Noch dazu bei Nacht! Und den will niemand gehört haben?!"

„Ich weiß es nicht. Niemand will den Schuß gehört haben, Sissy."

„Oh doch, man hat. Und man hat wohl auch Schweigegelder bezahlt, nicht wahr, Franzl? Fragt sich nur, wer bezahlt hat. Warst du es?"

„Sissy!" rief er und verlor für kurze Augenblicke fast seine Selbstbeherrschung.

„Franzl", sprang sie auf, „hier wird doch bloß so getan, als würde die Sache mit dem Mädchen vertuscht. In Wirklichkeit vertuscht man doch etwas ganz anderes!"

Einen Augenblick lang dämmerte ihr ein ganz schrecklicher Verdacht, und Franzl sah deutlich das Flackern in ihren sich vor Entsetzen weitenden Pupillen. Er begriff instinktiv und faßte neuerlich nach ihren Händen.

35

„Nein, nein", rief er aus, „das – das darfst du nicht einmal denken. Daß du auch nur einen Herzschlag lang annehmen kannst, ich, der eigene Vater, hätte bei dem Verbrechen die Hand in Spiel."

Nein, es war natürlich Unsinn. Franzl war zu dergleichen gar nicht fähig. Er war durch und durch von einer christlichen Denkart erfüllt. Und doch...

DER KRONPRINZ SCHOSS AUF DEN VATER

Wie aus einem flammenden Nebel tauchte vor ihren Augen die Schlagzeile eines ausländischen Blattes auf. Sie hatte sie nur für kurze Augenblicke erblickt und hatte den Artikel nicht gelesen. Sie wußte nicht, worauf dieser Bericht beruhte, ob auf Wahrheit oder dem bloßen Bemühen, die Sensationsgier der Leserschaft zu befriedigen.

In jenen Tagen erzielten Zeitungen und Magazine, welche „Enthüllungen" zum Drama von Mayerling bringen konnten, Auflagen, welche das Herz jedes Verlegers höher schlagen ließen.

Reportern mit guter Spürnase winkten fette Sonderhonorare für Artikel entsprechenden Inhalts.

In- und ausländische Journalisten füllten die Hotels von Baden und Wien. Sie griffen jede nur halbwegs vernünftig klingende Vermutung auf, und erst recht nutzten sie jede Gelegenheit, in den Kreis der Freunde des Kronprinzen und vor allem auch in den seiner engeren Untergebenen und seiner Dienerschaft einzudringen, um verwertbare Informationen zu erhalten.

Doch diese Leute schwiegen eisern. Es erhob sich dabei die Frage, ob sie aus Furcht vor Repressalien oder aus Anhänglichkeit gegenüber der Dynastie den Mund hielten. Am wahrscheinlichsten war es jedoch, daß sie bestochen waren. Und darauf hatte Sissy angespielt. Schweigegeld – von wem? Diese Frage stellte sie sich nun ebenso, wie die Presseleute daran rätselten. Der grauenvolle Verdacht, der sich ihr in Erinnerung an jene ominöse Schlagzeile aufgedrängt hatte, war wohl absurd. Und doch...

„Franzl", begann sie noch einmal, weniger aus Neugierde als um sich selbst zu beruhigen, „ eine Zeitung schrieb, Rudi hätte auf dich geschossen..."

Franzl machte eine müde, wegwerfende Handbewegung.

„Die haben aus einer Mücke einen Elefanten gemacht. Ein Malheur auf der Jagd. Und nicht ich, ein Treiber wurde getroffen; und auch nur am Arm verletzt."

„Davon hast du mir ja gar nichts erzählt!"

„Wozu auch? Es hätte dich doch nur unnötig beunruhigt. Und es war ja nichts. Es ist nichts Schlimmes passiert!"

„Aber wie konnte denn das nur geschehen?!"

„Nun, wie so etwas eben auf der Jagd passiert! Das kann schon einmal vorkommen. Rudi – du kennst ja sein Temperament – hat sich hinreißen lassen..."

„Aber wie konnte dein Stand in seine Schußlinie geraten?"

„Eben, weil er unbedingt treffen wollte, er hat seinen Platz verlassen und abgedrückt ..."

Sissy schüttelte staunend den Kopf.

„Das ist doch gegen jede Jagdregel", stellte sie fest.

„Rudi hat in diesem Augenblick nicht an die Regel gedacht. Ist ja alles gut, Sissy, der Treiber ist reichlich entschädigt worden."

„… und hat den Mund gehalten, nicht wahr? Also auch hier wieder: Vertuschung, Schweigegeld!"

„Wem hätte es denn genützt, wenn es an die Öffentlichkeit gekommen wäre? Es wäre maßlos aufgebauscht worden, man hätte eine Riesenaffäre daraus gemacht!"

„Und nun ist es doch ans Licht gekommen."

„Ich habe das Blatt sofort konfiszieren lassen."

„Aber offenbar nicht früh genug. Es sind Exemplare im Umlauf. Ich habe selbst eins gesehen, sonst wüßte ich ja nichts davon."

„Es hat nicht das geringste mit Rudis Tod in Mayerling zu tun."

„Bist du ganz sicher? Offenbar gibt es Leute, die da anderer Ansicht sind."

„Niemand kann einen Zusammenhang konstruieren…" Der Kaiser ließ sich schwer atmend in seinen Stuhl fallen. „Unser guter Name wird von Schmierfinken durch den Schmutz gezogen", stöhnte er.

Und bei diesen Worten fiel Sissy Rudis Abschiedsbrief an Stephanie ein. Wie hatte er doch geschrieben?

„… ich gehe ruhig in den Tod, der alleine meinen guten Namen retten kann."

Wie völlig falsch und unsinnig das doch war! – Oder hätte er, am Leben geblieben, noch Schlimmeres zu befürchten gehabt?

Und wie hatte er ihr selbst in seinem Abschiedsbrief geschrieben?

„Ich sterbe nicht gern. Doch ich habe kein Recht mehr zu leben; ich habe getötet. Ich bin nicht würdig, meines Vaters Sohn zu sein."

38

Sissy zermarterte sich das Hirn bei dem Versuch, in all das eine folgerichtige Linie zu bringen. An seinen Vater hatte Rudi keine Zeile gerichtet. Dafür schrieb er ausführlich an eine Frau namens Mitzi Caspar, der er noch dazu alles Bargeld vermachte, das bei ihm zu finden sei, und von deren Existenz Sissy bisher keine Ahnung gehabt hatte.

„Wer ist Mitzi Caspar?" fragte sie deshalb unvermittelt.

Franzl war auf diese Frage gar nicht gefaßt.

„Wie?" fragte er aus seiner Grübelei auffahrend.

„Mitzi Caspar?" wiederholte Sissy. „Wer sie ist, möchte ich wissen."

„Sie war Rudis Freundin", knurrte Franzl. „Jawohl, so kann man es sagen. Sie ist übrigens besser als ihr Ruf, wie man mir versichert. Jedenfalls verhält sie sich jetzt recht anständig. Wenn man davon absieht, daß sie Kondolenzen entgegennimmt..."

„Wie, es gibt Leute, die ihr zu Rudis Tod Beileid wünschen, als wäre sie mit ihm verheiratet gewesen?"

„So ist es", bestätigte Franzl finster. „Eine Schande für Stephanie!"

„Und die Baronesse?" fragte Sissy weiter, „die mit ihm starb?"

Franzl hob nur geistesabwesend die Schultern.

„Sei mir nicht bös', Sissy", entschuldigte er sich, „aber ich hab' noch dringend zu arbeiten."

Er warf ihr einen bedauernden Blick zu. Sissy schien es, als ob er noch etwas sagen wollte; doch schließlich verzichtete er darauf und schaute wieder ostentativ in sein Aktenstück, das er vor sich liegen hatte.

Sissy erhob sich wohl oder übel. Unwillkürlich warf

sie einen Blick auf die vor Franzl liegenden Papiere, die ihn so sehr beschäftigten. Sie traute ihren Augen nicht.

Es war ein detaillierter Bericht des Hofrates Dr. Kubasek, der die Ergebnisse der Hofkommission über die Affäre von Mayerling darlegte. Doch offenbar hatte Franzl nicht die Absicht, sie diesen Bericht lesen zu lassen.

Warum durfte sie nichts wissen...? – Als sie Franzl ‚Gute Nacht' wünschte, klang die Erbitterung in ihrer Stimme mit, die sie in diesem Augenblick fühlte. Jawohl, sie war verbittert. Franzl und sie hatten doch stets in allen Lebenslagen Vertrauen zueinander gehabt.

Sissy suchte ihr Schlafzimmer auf. Sie ließ sich entkleiden, nahm ein Bad und kniete dann vor ihrem marmornen Hausaltar, wie jeden Abend, dessen weiße, unpersönliche Kälte sie heute besonders schmerzlich empfand.

Dann lag sie mit offenen Augen in ihrem Bett und suchte vergeblich einzuschlafen. Sie dachte an die Zeilen, die Rudolf Marie-Valerie hinterlassen hatte und in denen er ihr empfahl, mit ihrem Verlobten nach Übersee auszuwandern. Denn es wäre nicht abzusehen, wie sich die Dinge nach dem Tod des Vaters für Österreich entwickeln würden.

Rudolf hatte Selbstmord verübt. Und nicht Mary Vetsera hatte ihn und dann sich selbst getötet, wie man zunächst geglaubt hatte. Vielmehr mußte es umgekehrt gewesen sein.

Aber weshalb suchte er ein Ende mit diesem Mädchen, wenn es eine Freundin namens Mitzi Caspar gab, der er noch dazu all sein Bargeld vermachte?!

Sissy dachte an den Obduktionsbefund Dr. Widerhofers, der eine Abnormität an Rudolfs Schädel festgestellt haben wollte. Sissy hatte angenommen, dieser Befund sei nur geschrieben worden, um dem Kronprinzen von Österreich-Ungarn ein christliches Begräbnis zu sichern. So konnte man ihm zubilligen, er habe Selbstmord im Zustand geistiger Verwirrung begangen.

Oder war er wirklich ein Verrückter, der mit dem unglückseligen Erbe ihrer Familie behaftet war? Das Erbe der Wittelsbacher, wie es hieß, dem auch Ludwig, der König von Bayern, zum Opfer gefallen war, und nicht nur er... Rudi hatte sich zeitlebens davor gefürchtet. Doch konnte ein Mensch, der in einem Anfall von Geistesverwirrung Selbstmord verübt hatte, in einem Abschiedsbrief eine politische Prognose stellen, die ihren eigenen düsteren Ahnungen entsprach?

Sie wußte von Rudis Personal, daß sich ihr Sohn noch unmittelbar vor seiner Abreise nach Mayerling die Ergebnisse der Wahlen in Frankreich hatte durchgeben lassen.

Wieso interessierte sich ein zum Selbstmord entschlossener Mensch dafür, welche politischen Kräfte nun in Frankreich ans Ruder kamen?! Und sah etwa dieses außenpolitische Interesse nach Geistesverwirrung aus?!

War es überhaupt ein Selbstmord? Konnte Rudi nicht auch auf andere Weise ums Leben gekommen sein – und jenes Mädchen mit ihm, „die kleine Vetsera", wie Rudi sie einmal genannt hatte, deren an ihn gerichtete Briefe samt und sonders zu vernichten seien...

Wieder empfand Sissy den lebhaften Wunsch, alle Brücken hinter sich abzubrechen und fortzureisen. Irgendwohin, wo der Himmel frei war und es keine düsteren Geheimnisse gab. Aus der nassen Kälte dieser Mauern wollte sie fort in ein Land, das von hellem Sonnenlicht überflutet war. Sie sehnte sich nach dem Rauschen des Meeres und der vom Duft unzähliger, leuchtender Blüten erfüllten Luft von Korfu.

Doch dieser Wunsch war Vermessenheit. Sie durfte Franzl in dieser Situation nicht verlassen; es war ihre Pflicht, jetzt an seiner Seite zu bleiben.

Sie konnte sich, wenn sie wollte, in die Einsamkeit der Hermesvilla zurückziehen, die Franzl ja für sie gebaut hatte. Sie konnte versuchen, dort nach all den aufregenden Ereignissen, die sie angegriffen hatten, zu sich selbst zu finden. Das konnte ihr niemand übelnehmen.

Das gleichmäßige Ticken der Uhr auf dem Spiegeltisch schläferte sie ein. Sie fühlte, wie ihre Lider allmählich schwer wurden und hoffte auf einen wohltuenden Schlaf, der sie wenigstens für ein paar Stunden der düsteren Wirklichkeit entreißen würde.

Ob die Kronprinzessin Schlaf fand? Sie zog sich zurück als eine in aller Öffentlichkeit gedemütigte Frau. Ihr Mann hatte den Tod in Gesellschaft einer anderen gesucht – und diese andere, so hieß es, sei seine wahre Liebe gewesen.

Und dabei gab es Leute, die auch noch einer gewissen Mitzi Caspar zum Ableben ihres Freundes Rudolf Beileid wünschten!

Hatte sie, Rudolfs Mutter, so wenig über ihren Sohn gewußt? Immer mehr fürchtete sie, ihn viel, viel zu wenig gekannt zu haben...

Wäre sie ansonsten vielleicht imstande gewesen, die Hintergründe des Rätsels zu durchschauen...?!

42

5. Die geheime Kassette

Sissy erwachte mitten in der Nacht, in Schweiß geba-
det. Das Hemd klebte ihr am Leibe. Sie starrte mit weit
aufgerissenen Augen angsterfüllt ins Dunkel. Endlich
vernahm sie den tappenden Schritt der Gardewache
draußen auf dem Korridor, und das beruhigte sie etwas.
Sie hatte Angst, ohne zu wissen, wovor.

Allmählich erinnerte sie sich an schreckhafte, apoka-
lyptische Traumvisionen, die sie während ihres Schlafes
heimgesucht hatten, und die nun allmählich wieder Gestalt annahmen. Marie-Valerie und Franz von Toskana
flohen aus Österreich, getreu dem Rate des toten Rudi.
Sissy sah sie über den Globus rennen, während ihnen
knapp auf den Fersen eine Blutlache folgte, die wuchs
und wuchs, so daß ihr das junge Paar kaum entrinnen
konnte. Sie bedeckte schließlich den ganzen Kontinent,
und kurz bevor Sissy aufwachte, brannte der Erdball,
und es war ihr, als hörte sie unzählige Stimmen entsetzlich schreien.

Doch niemand schrie. Außer den Schritten der Garde
war nichts zu hören als das Ticken der Uhr, die unermüdlich ihre Zeiger weiterrückte. Das Nachtlicht war
erst halb herabgebrannt. Es war etwa drei Uhr früh.

Sissy läutete nach der Kammerfrau. Sie brauchte
trockene Sachen; Sissy begann zu frieren, und plötzlich
plagte sie auch ein Husten, der von einem Stechen in der
Lunge begleitet war. Sie merkte schon seit Tagen, daß
eine Verkühlung im Anzug war; doch infolge der drama-
tischen Ereignisse hatte sie nicht weiter darauf geachtet.

Die Kammerfrau kam, aus dem Schlaf geweckt.
Nachdem sie ihre Arbeit verrichtet und noch ein Glas

Portwein gebracht hatte, von dem sich Sissy Beruhigung ihrer Nerven versprach, ging sie wieder und ließ die Kaiserin mit ihren Gedanken allein.

Vergebens versuchte Sissy wieder einzuschlafen. Der heraufdämmernde Tag fand sie übernächtig, mit rasenden Kopfschmerzen und in einem Zustand der Nervosität, der ihre Kammerfrauen erschreckte.

Nach dem Ankleiden ließ sie der Kronprinzessin ihr Kommen ankündigen. Auch Stephanie sah schlecht aus, und Sissy bemerkte, daß ihr Besuch keineswegs willkommen war. Doch das kümmerte sie wenig. Sie kam ohne Umschweife zum Thema.

„Stephanie, du magst mich für taktlos halten. Aber schließlich warst du mit meinem Sohn verheiratet. Wußtest du etwas von einer Beziehung zwischen ihm und einer gewissen Mitzi Caspar?"

Stephanie lächelte voll Ironie.

„Aber sicher", antwortete sie spitz. „Und ich konnte nichts dagegen tun. Rudi hat ihr ein Haus gekauft – im vierten Bezirk. Dort hält die Dame Hof, wenn man das so sagen kann. Doch sie ist nicht außergewöhnlich gescheit oder außergewöhnlich hübsch oder sonst irgendwie außergewöhnlich – außer vielleicht in einem Punkt, auf den ich nicht näher eingehen will."

„Ja, hast du denn nicht versucht, Rudi klar zu machen, daß ein solches Verhältnis ganz und gar unmöglich ist?"

„Ich habe es versucht, Mama", sagte Stephanie müde. „Ich habe alles mögliche versucht, ihn zur Vernunft zu bringen. Nach solchen Szenen sahen wir uns oft mehrere Tage lang nicht – er zog sich dann in sein Appartement

44

zurück, war unansprechbar, oder kam nächtelang überhaupt nicht heim. Ich fürchte, das war auch dem Einfluß Johanns zu verdanken."

„Johann Salvators?"

„Natürlich, Mama. Du weißt doch, daß Johann mit einer Tänzerin von der Oper zusammen lebt; Milli Stubel heißt sie. Er hat ein Ballett geschrieben, und die Oper hat es aufgeführt: ‚Die Assassinen'. Dabei hat er sich noch einen besonderen Gag für Milli ausgedacht: Sie tanzte mit kleinen elektrischen Glühlämpchen auf ihrem Kostüm. Die Zeitungen waren voll davon. Und Mitzi Caspar war auch längere Zeit beim Ballett. Jetzt natürlich nicht mehr..."

„Sie hat demnach diese Bekanntschaft vermittelt?"

„Vermutlich, Mama. Rudi und Johann waren ja Freunde; und ich fürchte, daß es Johanns Einfluß war, der Rudi zu manchen Schritten veranlaßte, die er besser unterlassen hätte. Johanns Mutter kann es nicht verwinden, daß der Thron von Toskana für die Familie verloren ging. Daher drängte sie ihren Sohn Johann, auf dem Balkan Ersatz zu suchen. Doch den Thron von Bulgarien hätte er nur gewinnen und halten können, wenn er der militärischen Unterstützung von Österreich-Ungarn sicher gewesen wäre. Seine Majestät hätte dies auf jeden Fall abgelehnt. Rudi jedoch wäre wahrscheinlich dazu bereit gewesen, hätte er zumindest in Ungarn dazu die Macht gehabt."

Sissy hörte ihr mit steigender Spannung zu. Während sie ahnungslos die Welt bereist hatte, war ihr Sohn offenbar in ein politisches Ränkespiel verwickelt worden.

„Du bist besser unterrichtet als ich", sagte sie nicht ohne Schamgefühl und Neid.

Stephanie lächelte maliziös.

„Das ist kein Wunder, Mama. Das Belgische Königreich hat nie vergessen, daß die Kronprinzessin von Österreich-Ungarn eine belgische Königstochter ist. Ich möchte dazu noch bemerken, daß ich aus dieser Richtung besser mit Informationen versorgt wurde als vom Wiener Hof, Mama."

Sissy nickte nur. Der Vorwurf war unüberhörbar, doch er konnte sie nicht treffen. Sie fühlte sich selbst nicht hinreichend mit Informationen „versorgt".

„Jetzt erst verstehe ich, weshalb der Erzherzog bei allen Veranstaltungen des Hofes fehlt."

„Er wird nicht eingeladen", erklärte Stephanie. „Er ist bei deinem Mann in Ungnade gefallen. Doch mit Rudi kam er nach wie vor häufig zusammen... Nimm an, Seine Majestät hätte zugunsten Rudis auf den ungarischen Thron verzichtet, dann hätte Johann in Bulgarien leichtes Spiel gehabt."

„Bist du sicher, daß du dir das nicht alles bloß zusammenreimst?" fragte Sissy erregt.

Die Kronprinzessin schwieg vielsagend.

„Aber daß Rudi sich von mir scheiden lassen wollte, das weißt du doch wohl", versetzte Stephanie nach einer Weile.

„Das war doch nicht ernstzunehmen..."

„Oh, doch", erklärte die Kronprinzessin, „Mama, alle Welt wendet sich jetzt gegen mich, als trüge ich eine Mitschuld an dem Tod meines Mannes. Aber niemand fragt danach, was ich in den acht Jahren meiner Ehe durchzustehen hatte! Und es ist ja noch nicht zuende, Mama", schluchzte sie plötzlich. „Was gäbe ich bloß darum, wenn ich mit der Kleinen Wien verlassen und heim zu meinen Eltern dürfte, woran natürlich angesichts der Einstellung des Hofes überhaupt nicht zu denken ist!"

Sissy erhob sich.

„Nein, daran ist wirklich nicht zu denken", sagte sie
verstehend und war zugleich froh darüber, ihr Enkelkind auf diese Weise nicht zu verlieren. „Aber du mußt
um deine und um die Freiheit deines Kindes kämpfen,
Stephanie..."

Und wieder dachte sie an das ferne Korfu, während
sie sich von ihrer Schwiegertochter verabschiedete.

Stephanie tat ihr leid. Mitzi Caspar erschien ihr mit
einemmal nicht mehr wichtig. Es war unter ihrer Würde,
dieser Episode aus Rudis Vergangenheit nachzuspüren.
Doch immer deutlicher wurde ihr bewußt, wie unbedeu-
tend auch die „kleine Baronesse" bei diesem Spiel um
Tod und Leben war.

Es war Sissys Einfluß zu verdanken gewesen, daß die
Dinge in Ungarn eine bedeutende Wendung zum Besseren genommen hatten, und die Ungarn schätzten ihre
Kaiserin vielleicht sogar mehr als den Kaiser. Ihr Werk
war der „Ausgleich", der der ungarischen Nation glei-
ches Recht gewährte. Von nun an war Österreich-Ungarn eine Doppelmonarchie, bestehend aus zwei selb-
ständigen Staaten, die nur durch die Personalunion von
Kaiser und König, ein gemeinsames Außenministerium,
und eine gemeinsame Finanz- und Militärverwaltung
verbunden waren. Zuvor hatten sich die stolzen Magya-
ren als Vasallen gefühlt – das war nun vorbei!

Vielleicht hatte Rudi mit der Popularität seiner schönen Mama gerechnet... Sissy fühlte sich elend. Ein
schlimmer Husten plagte sie, und sie dachte daran, Doktor Widerhofer, den Leibarzt der Kaiserlichen Familie,
kommen zu lassen.

In ihren Gemächern empfing sie Frau von Majlrath
mit der Nachricht, man erzähle sich, die Baronin Vet-

sera sei schon wieder in Wien. Sie wäre auf dem Weg nach Triest vermutlich schon in Wiener Neustadt in den Gegenzug umgestiegen und nun wieder in der Salesianergasse. Doch die Vorhänge des Palais Vetsera seien herabgelassen, das Gittertor zum Vorgarten verschlossen, als ob das Haus verlassen wäre.

Auf dem Schreibtisch fand Sissy eine „Wiener Zeitung", die ihr ihre treue Hofdame, Marie Festetics, dort hingelegt hatte. Rot angestrichen war eine „Konfiscationsliste". An die zwanzig Zeitungen waren wieder beschlagnahmt worden, darunter etliche ungarische Blätter. Sissy fand diese offizielle Bekanntgabe reichlich ungeschickt; ein jeder konnte doch an Hand dieser Liste versuchen, an die betreffenden Exemplare heranzukommen.

Und es scheint kein Ende zu nehmen, sagte sie sich – kein Ende!

„Festetics, was steht in diesen Blättern? Haben Sie eine Ahnung?"

„Oh, da ist die Rede von Liebe und Eifersucht; ein Förster soll Seine Kaiserliche Hoheit erschlagen haben... Ja, man verdächtigt sogar den Fürsten Auersperg – und der geht grinsend auf der Ringstraße spazieren!"

Kopfschüttelnd schlug Ida die Hände zusammen.

„Auersperg?" staunte Sissy.

„Nun, wegen Prinzessin Aglaja, und man behauptet, Seine kaiserliche Hoheit hatte ein Auge auf sie..."

„Rudi scheint ja in den Augen der Leute ein Herzensbrecher en masse gewesen zu sein! Aber von einem politischen Attentat ist nicht die Rede?"

„Kaum, Majestät. Hauptsächlich von unglücklicher Liebe... Der arme Kronprinz und die arme Baronesse, schreiben sie."

„Aber woher haben denn die Leute das alles?"

„Da fragen Majestät doch am besten den Herrn Baron Krauß", schlug Marie Festetics vor.

Und warum soll ich das nicht tun, sagte sich Sissy und beauftragte den Baron Nopsca, ein Gespräch mit dem Polizeipräsidenten zu arrangieren.

Es kam am Nachmittag des gleichen Tages zustande. Der Baron war zum Kaiser befohlen und besuchte anschließend die Kaiserin.

„Oh, Majestät, wir kennen die Urheber dieser Schreibereien", erklärte er diensteifrig. „Es ist ein Team von Redakteuren aus der ‚Neuen Freien Presse‘ und vom Tagblatt. Sie versorgen von Wien aus verschiedene Redaktionen, auch ausländische Kollegen, die es auf diese Weise bequemer haben, weil sie nicht selbst recherchieren müssen."

„Und was tun Sie dagegen?"

„Dagegen kann ich gar nichts machen, Majestät", versicherte der Baron eifrig. „Was die Herren tun, verstößt gegen kein Gesetz. Ich kann nur die Blätter, die es drucken, beschlagnahmen lassen."

„Und dann veröffentlichen Sie die Liste der verbotenen Exemplare?"

„Amtsgepflogenheit, Majestät".

„Und diese Blätter verschwinden ganz und gar?"

Der Baron lächelte: „Das ist leider nicht möglich, Majestät. Unsere Beamten führen die Beschlagnahme bei der Auslieferung in der Wollzeile durch. Doch dann ist meist schon ein Teil unterwegs zu den Trafiken, Kiosken und in die Provinz."

„Sie machen also in der ‚Wiener Zeitung‘ für diese ‚unterwegs befindlichen‘ Exemplare Reklame?"

„Aber, Majestät!"

„Ich danke Ihnen, Baron. Für heute reicht es. Nur noch eins: Dieses Team, von dem Sie vorhin sprachen, steht nicht vielleicht zufällig quasi unter der Leitung eines Herrn Moritz Szeps, und es steht nicht vielleicht auch zufällig mit dem Erzherzog Johann Salvator in Verbindung?"

„Herr Szeps gehört mit dazu", gab der Baron sichtlich widerwillig zu. „Doch von Seiner kaiserlichen Hoheit, dem Erzherzog, weiß ich nichts..."

Sissy hatte den Eindruck, daß der Polizeipräsident sichtlich darüber erleichtert war, gehen zu dürfen.

Herr Szeps machte also gute Geschäfte. Als sie sich jedoch erinnerte, welch treuer und ergebener Mitarbeiter ihres Sohnes dieser Journalist gewesen war, dann konnte sie sich gar nicht vorstellen, daß dieser Mann bloß um fetter Honorare willen einer solchen Pietätlosgkeit fähig wäre. Da stimmte doch etwas nicht!

In den Abendstunden bekam Sissy Schüttelfrost. Doktor Widerhofer erschien und nahm mit besorgter Miene eine gründliche Untersuchung vor.

Während er ihre Lungen abhorchte, zuckte Sissy, die sonst nicht so zimperlich war, bei jeder Berührung zusammen. Sie wurde den Gedanken nicht los, daß dieselben Hände vor wenigen Tagen erst den toten Körper ihres Sohnes seziert hatten.

Der Gedanke an Rudolf und sein schreckliches, unerklärliches Ende wollte und wollte nicht von ihr weichen. Sie konnte offenbar an nichts anderes denken; es machte sie krank.

Widerhofer seufzte bedenklich.

„Was ist los mit mir, Doktor?" fragte Sissy.

„Majestät sind sichtlich angegriffen. Es sieht nach einer kleinen Lungenentzündung aus, Majestät sind verkühlt. Majestät müssen sich unbedacht der winterlichen Kälte ausgesetzt haben."

Ja, das war in der Nacht, als ich zu Fuß zur Kapuzinergruft und zurück lief, erinnerte sich Sissy. Ihre Schuhe waren ganz durchnäßt gewesen, als sie heimkam, und sie hatte schon unten in der Gruft erbärmlich gefroren...

„Majestät essen auch zu wenig", stellte der Arzt besorgt fest. „Majestät müssen nicht immer nur auf die Figur achten."

„Aber die Österreicher wollen doch eine schöne Kaiserin", verteidigte sich Sissy.

„Gewiß; doch alles mit Maß und Ziel. Majestät sind über Gebühr schlank und untergewichtig."

„Der Süden täte mir gut, nicht wahr? Das Mittelmeer?" hörte sie sich plötzlich fragen, denn da war wieder ihre Sehnsucht nach Korfu...

„Schon die Hermesvilla täte gut", meinte der Leibarzt. „Dort hätten Majestät Ruhe und würzige Luft."

„Ich werde wohl wieder zu einer Kur müssen, Doktor?"

„Nach der Genesung, Majestät. Wir wollen hoffen, daß wir, wenn Majestät jetzt vernünftig sind, eine unangenehmere Krankheit verhindern können."

Doktor Widerhofer hatte seine Untersuchung beendet und schrieb Rezepte für die Hofapotheke aus, die Ida von Ferenczy besorgen sollte.

„Noch eins, Doktor, und aufrichtig, bitte: Wie ist Rudolf gestorben?"

„Oh, er hat nicht einen Augenblick gelitten, wenn

Majestät das meinen. Im übrigen habe ich alles im Protokoll festgehalten. Er starb durch einen Schläfenschuß."

„Und – die Baronesse?"

„Desgleichen. Ich darf mich nun verabschieden, Majestät."

Er hatte es plötzlich sehr eilig. Obwohl sicher keine
anderen Patienten auf ihn warteten...

„Seine Majestät werden wenig erfreut sein über
die Nachricht, daß Majestät erkrankt sind", meinte
Ida.

„Bleiben Sie bei mir, Ida", bat Sissy, „Marie Festetics
kann die Tropfen von der Apotheke holen lassen. Ich
muß ja nun wohl ins Bett, aber ich habe gar keine Lust
dazu."

„Majestät müssen brav sein und tun, was der Doktor
sagt", beharrte jedoch Ida. „Ich bleibe gern, wenn
Majestät es wünschen. Doch nun mögen die Kammer-
zofen kommen, um Majestät für die Nacht umzuklei-
den."

Als dies geschehen war und Sissy in ihrem wunder-
hübschen, breiten Bett lag, seufzte sie und sagte: „So
schön es auch ist, mein einfaches Bauernbett im Schloß
Possenhofen ist mir doch lieber."

Franzl hatte gehört, daß es Sissy nicht sehr gut ging,
und er kam besorgt, um sich nach ihrem Befinden zu er-
kundigen.

„Doktor Widerhofer meint, ich solle für ein paar Tage
in die Hermesvilla", berichtete sie ihm, „wegen der guten Luft."

„Das ist sehr gescheit von dem Doktor", fand Franzl
und küßte Sissy auf die Stirn. „Schlaf gut, mein Engel.
Und denk nicht immer an all das Schreckliche, was ge-

schehen ist. Unser Schicksal liegt in Gottes Hand, Sissy.
– Gute Nacht!"

Sissy schluckte die bittere Medizin und entließ auch
Ida von Ferenczy.

„Ich lasse das Nachtlicht wie immer brennen, Majestät", empfahl sich die Hofdame knicksend und verließ
das Schlafzimmer der Kaiserin.

Als sie gegangen war, erhob sich Sissy wieder, setzte
ihren Toilettetisch und zog aus einer Lade sich einige
Blätter Papier. Sie stellt das Nachtlicht neben sich und
begann im schwachen Licht des Flämmchens emsig zu
schreiben; als sie fertig war, entnahm sie einer anderen
Lade eine eiserne Kassette, verschloß die Papiere darin
und legte die Kassette in die Lade zurück, nachdem sie
den Deckel sorgfältig versperrt hatte. Den Schlüssel
hing sie sich an einem dünnen Kettchen um den Hals.
Dann schlüpfte sie zurück in ihr Bett, doch wach blieb
sie noch lange.

6. Im Wienerwald

Sissy befolgte den Rat des Leibarztes Dr. Widerhofer
und übersiedelte in die im Lainzer Tiergarten gelegene
Hermesvilla, die Franzl für sie hatte erbauen lassen.

Der Lainzer Tiergarten war ein riesiges, umfriedetes
Reservat, in dem sich mancherlei Wild tummelte. Hier
auf die Jagd zu gehen, war ein großes Vergnügen. Doch
auch sonst bot der Naturpark, von dem aus man auf die
Stadt Wien herabblicken konnte, manchen Reiz: Nahe
der Residenz konnte man in der Hermesvilla, die eher

die Bezeichnung „Schloß" verdiente, weltabgeschieden leben, dem Lärm und Getriebe des großstädtischen Alltags völlig entrückt.

Franzl hatte so sehr gehofft, daß die Hermesvilla Sissy wieder an Wien binden und sie dadurch für immer in seiner Nähe bleiben würde. Dieses überaus großzügige Geschenk hatte Sissy gerührt und erfreut; und doch – gerade in der Hermesvilla träumte sie wieder von ihrem hellenischen Traumschloß, das sie auf der Insel Korfu bauen lassen wollte.

Korfu war weit. Und weit fort war dann auch Franzl. War er zur Einsamkeit verdammt? Nein, er und Sissy hatten ja eine gemeinsame, vertraute Freundin: die Hofschauspielerin Katharina Schratt.

Vor ihrer Abfahrt in die Hermesvilla war sie in der Hofburg gewesen. Sie hatte das Kaiserpaar in den ersten, so schweren Tagen nach dem Tod ihres Sohnes in rührender Weise umsorgt und sich bemüht, mancherlei Unbill von den beiden schwer leidgeprüften Menschen fernzuhalten. Auch beim Bau der Hermesvilla und bei der Einrichtung von Sissys Zimmer hatte sie viel praktischen Sinn bewiesen. Sissy brauchte nur die Schränke zu öffnen, und schon erinnerte sie dies und jenes an die hilfreichen Hände von Kathi. Nun, da die Theater in Wien wegen der allgemeinen Trauer geschlossen waren, hatte Kathi auch genügend Zeit, wieder persönlich in den Lainzer Tiergarten zu kommen und nach Sissy zu sehen.

„Majestät, Frau Baronin von Kiss möchte ihre Aufwartung machen!"

Mit diesen Worten kündigte Marie Festetics die Ankunft der Schauspielerin an. Es war nachmittags, um die Teestunde. Der Wald rings um das schloßartige Gebäude war winterlich verschneit. Der Schlitten, mit dem Frau Schratt gekommen war, hielt vor dem Portal. Die Schauspielerin kam in den Vorraum; sie hatte während der Fahrt sehr gefroren und empfand nun die Wärme des wohlig geheizten Raumes mit großer Erleichterung.

„Ihre Majestät erwarten Sie im Salon."

Mit diesen Worten wies ihr bald darauf ein Diener den Weg. Kathi kannte sich gut aus, denn sie war hier schon ein- und ausgegangen, als die Hermesvilla noch eingerüstet gewesen war.

Sissy saß am flackernden Kamin und erhob sich erfreut, als die Schauspielerin eintrat.

„Das ist aber nett, daß Sie kommen", empfing Sissy sie. „Setzen Sie sich, Baronin. Der Tee kommt gleich. Er wird Ihnen gut tun."

„Zu gütig, Majestät. Wie geht es, was macht der Husten? Ich war heute schon bei Seiner Majestät. Er hat mich hierhergeschickt."

„Der liebe, gute Franzl! Er hat so viel um die Ohren und denkt doch immer an mich."

„Weil er Sie liebt, Majestät!"

„Ja, ich weiß; und ich liebe ihn auch. Ich glaube, man kann gar nicht anders, man muß ihn einfach gern haben. Sie mögen ihn doch auch, nicht wahr?"

Die Schauspielerin fühlte sich nicht ganz wohl bei dieser Frage und lächelte: „Nun, das ist doch etwas ganz anderes. Was ich ihm zu geben vermag, ist ein bißchen Fürsorge, wie sie wohl jeder Mann braucht, der mit so vielen Problemen zu kämpfen hat wie er."

„Bedauern Sie ihn manchmal? Nicht wahr, das tun Sie doch, Baronin, geben Sie es ehrlich zu."

„Oh, es gibt viele Menschen in Österreich, die den

Kaiser bedauern. Nicht alle glauben, daß er in Reichtum und Luxus ein Dasein der Annehmlichkeiten führt. Der Kaiser ist schließlich auch ein Mensch, und ich glaube fast, daß von denen, die ihn näher kennen, die meisten nicht mit ihm tauschen würden. Schön haben Sie es hier, Majestät", wechselte Kathi das Thema. „So nah der Stadt und doch in einer ganz anderen Welt, inmitten der Natur! Der Kaiser sollte auch öfter hierher kommen."

„Das steht ihm ja frei; doch er kommt so selten. Wenn er bis spät in die Nacht gearbeitet hat, hätte es wohl auch keinen Sinn mehr."

„Ja, das stimmt, und es ist sehr bedauerlich, finde ich!"

„Das ist es wohl, Baronin. Manchmal wünschte ich, wir beide, Franzl und ich, wären ein ganz gewöhnliches, bürgerliches Ehepaar; dann hätten wir Zeit füreinander und könnten tun und lassen, was wir wollen. Und dann wäre wohl auch diese schreckliche Sache mit unserem Rudi nicht passiert."

Sie senkte ihre Stimme bei diesen Worten und blickte deprimiert auf das Teppichmuster hinab. Kathi ahnte, was in Sissy vorging. Eigentlich war sie gekommen, um Sissy ein wenig aufzuheitern und von dem tragischen Ereignis abzulenken; doch sie sah nun, daß das nicht sehr leicht sein würde.

Glücklicherweise brachte der Diener jetzt den Tee und Kekse, und die beiden Damen nahmen am Teetisch Platz. Die Künstlerin wunderte sich, daß Sissy nicht, wie sonst bei solchen Gelegenheiten üblich, eine ihrer Hofdamen mit zu Tisch bat; offenbar war sie nicht zu einem „Kränzchen" aufgelegt, wie man so eine Plauderrunde unter Damen im allgemeinen bezeichnete. Hatte Sissy etwas auf dem Herzen, was sie mit ihr unter vier Augen besprechen wollte?

Erwartungsvoll nippte Kathi von dem würzigen Tee, der in hauchdünnen Schalen aus chinesischem Porzellan aromatisch duftete. Das warme Getränk tat ihr nach der Schlittenfahrt durch die winterliche Kälte des Wienerwaldes sichtlich wohl.

„Baronin", begann Sissy plötzlich, während die Stille nur durch das Knistern des Feuers im offenen Kamin unterbrochen wurde. „Baronin, Sie müssen mir versprechen, über das, was ich Ihnen jetzt sagen will, mit niemandem zu reden – dem Kaiser ausgenommen!"

„Ich verspreche es, Majestät", antwortete Kathi einfach.

Sissy nickte. Sie hatte sich zu dem Entschluß durchgerungen, Kathi etwas anzuvertrauen, was selbst ihre Hofdamen nicht wußten.

„Ich schreibe", sagte sie leise, als fürchte sie, daß die Wände Ohren haben könnten, „seit Tagen an einem geheimen Bericht."

„An einem Bericht? Worüber?"

„Über das, was uns allen jetzt am meisten zu denken gibt – über den Tod meines Sohnes in Mayerling!"

„Und für wen ist dieser Bericht bestimmt, Majestät?" forschte Katharina Schratt gespannt.

„Für die Nachwelt. Zu unseren Lebzeiten wird wohl kaum jemand die Wahrheit erfahren, und nach allem, was ich inzwischen feststellen konnte, ist das vielleicht auch wirklich das Beste. Franzl jedenfalls ist davon überzeugt."

Wieder entstand eine Pause. Die Baronin wartete geduldig, daß Sissy weiter ihr Herz ausschütten würde, denn offenbar wurde sie allein mit all dem nicht mehr fertig. Sie suchte jetzt seelische Erleichterung in einer Aussprache.

Sissy überlegte jedes ihrer Worte.

„Franzl meint auch, es wäre gefährlich, wenn die Wahrheit bekannt wird. Und wie sehr er das vermeiden möchte, wurde mir neulich durch einen puren Zufall klar. Ich entdeckte die Baupläne der alten Meierei und der durch Rudi durchgeführten Adaptierungen."

„Sie meinen das Jagdschloß Mayerling?"

Sissy nickte und fuhr fort: „Wissen Sie, daß Franzl die Absicht hat, den Gebäudeteil, in dem ‚es' passiert ist, einfach abtragen zu lassen?"

„Aber wozu denn das?"

„Das ist doch ganz klar: damit man nichts rekonstruieren kann!"

„Ich hörte, daß in dem Zimmer, in dem Rudi starb, eine Gedächtniskapelle errichtet werden soll."

„Das wäre auch viel einfacher und logischer gewesen. Doch das will Franzl nicht; der ganze Teil des Gebäudes muß weg, auch Loscheks Zimmer, die Nebenräume, Verbindungstreppen und Korridore. In längstens einem Jahr soll alles fertig sein. Und der ganze Aufwand bloß deshalb, damit man nichts mehr nachprüfen kann!"

„Was denn nachprüfen, Majestät?"

„Nun, ob die Aussagen stimmen – die von Loschek und den anderen, die vor der Kommission gemacht wurden. Sie können gar nicht stimmen, sage ich Ihnen, wenn Sie sich die Baupläne ansehen. Aber die wird man natürlich auch verschwinden lassen."

Die Schauspielerin hatte längst mit dem Teetrinken

aufgehört. Sie starrte Sissy an, die ihr bleich und zitternd gegenüber saß.

„Es war Mord, Baronin", preßte Sissy hervor, „ausgeführt durch gedungene Mörder! Sie kamen über eine Leiter von außen in Rudis Zimmer. Man hat die Spuren der Leiter und die der Männer entdeckt."

„Um Himmels Willen, Majestät! Und wer hat diese schreckliche Tat veranlaßt…?!"

„Wenn ich Ihnen das sage, sind wir beide unseres Lebens nicht mehr sicher…"

Klirrend setzte die Schratt ihre Tasse ab und starrte ungläubig auf Sissy, die ihrem forschenden Blick standhielt.

„Nein", sagte sie gepreßt, „ich bin ganz normal, Baronin. Die ‚Wittelsbach'sche Krankheit' hat mich nicht erfaßt – noch nicht. Aber es ist wirklich zum Verrücktwerden, und deshalb rede ich mit Ihnen, weil ich es nicht mehr aushalten kann."

„Majestät, was Sie da sagen…"

„… habe ich mir genau überlegt, und ich habe auch alles niedergeschrieben; alles, was ich in Erfahrung bringen konnte. Es fügt sich wie ein Mosaik zusammen. Schwarze Steine, immer wieder schwarze Steine… und rote! Rot wie Blut."

„Aber das Mädchen – –"

„Die Baronesse Vetsera? – Die Verschwörer wußten nichts von der Anwesenheit des Mädchens in Mayerling. Die Baronesse wurde ungewollt Augenzeugin und mußte deshalb sterben."

„Und die Abschiedsbriefe?"

„Sind erpreßt. Man hat sie diktiert. Sie sind unter Zwang geschrieben worden. Sehen Sie, Rudi hatte vor seiner Abreise eine ganze Reihe von Dispositionen getroffen, für später. Das hätte er doch wohl nicht getan, wenn er die Absicht gehabt hätte, sich umzubringen, oder…?"

„Aber die Baronesse hat doch schon vorher ihren Eltern sagen lassen, sie ginge in die Donau!"

„Liegt Mayerling an der Donau?" versetzte Sissy spitz. „Rudi und die Baronesse hatten vor, sich in Mayerling ein paar vergnügte Stunden zu machen. Davon wußte nur meine Nichte, und es wurde erst kurz vorher abgesprochen. Doch daß Rudi zu diesem Zeitpunkt in Mayerling jagen würde, war lange vorher bekannt!"

„Darauf basierte also der Plan, ihn umzubringen?"

„So ist es. Die Nachricht der Baronesse an ihre Mutter, in die Donau zu gehen, sollte der Kleinen nur Zeit für ihre Amoure mit meinem Sohn verschaffen. Ihre Mutter, die Baronin, hing so sehr an ihr, daß sie ihr wohl alles verziehen hätte, wenn sie mit irgendeiner Ausrede wieder aufgetaucht wäre. Das ist das ganze Geheimnis, und höchstwahrscheinlich stammt die großartige Idee dazu von meiner Nichte; die hat ja Sinn für solche Verwicklungen. Schließlich ist sie die Tochter einer Schauspielerin."

„Das bin ich auch, Majestät – eine Schauspielerin, meine ich", meinte Kathi leicht gekränkt.

„Oh, Verzeihung. Das war sicher dumm von mir. Ja, ich habe wohl schon zu viel geredet, jetzt kommt nur noch dummes Zeug über meine Lippen", bereute Sissy.

Der Blick der Schauspielerin wanderte durch die hohen Bogenfenster hinaus auf die winterlich-verschneite Welt. Es wirkte wie eine Idylle, doch die Stimmung in der Hermesvilla hatte nicht die geringste Ähnlichkeit damit.

60

„Ich habe alles aufgezeichnet. Das Material liegt in einer eisernen Kassette. Und ich werde in meinem Testament verfügen, daß man sie erst sechzig Jahre nach meinem Tode öffnet", erklärte die Kaiserin. „Danach soll alle Welt erfahren, was ich wußte! Dann wird wohl nichts mehr passieren können; vielleicht gibt es dann nicht einmal mehr unsere Monarchie."

„Aber, Majestät", wollte die Baronin einwenden, doch Sissy wehrte ab:

„Rudi war der Überzeugung, es würde nicht mehr lange so weitergehen. Er wollte dem entgegenwirken, Veränderungen herbeiführen, der Zukunft gewissermaßen entgegengehen. Und das war die Ursache. Da gibt es Kreise im Ausland, die schon seit langem auf unseren Untergang hinarbeiten, und Kreise im Inland, die keinen tatkräftigen künftigen Kaiser wollen. Diese Interessen trafen sich in dem einen Punkt: Rudolf mußte sterben."

„Und der neue Thronfolger, Franz Ferdinand..."

„Daß Franz Ferdinand Thronfolger wird, damit rechnet niemand. Nein. Der Wunsch-Thronfolger ist Erzherzog Otto, der Spaßvogel. Alle mögen ihn, und er wird niemandem Schwierigkeiten machen", sagte Sissy bitter. „Von ihm sind keine Veränderungen zu erwarten, die gewisse Leute um ihren Einfluß bringen könnten."

„Aber von rechtswegen müßte doch Franz Ferdinand..."

„Ja, Sie haben recht, Baronin. Doch wie Sie wissen, ist der Erzherzog lungenleidend. Ich kann mir nicht vorstellen, daß er den Anforderungen gewachsen wäre. Und Franzl ist gesund und hat noch viele Jahre vor sich;

diesen Thronfolger wird er höchstwahrscheinlich überleben."

„Geht es dem Erzherzog so schlecht, dem Armen?"

„Er verbringt die meiste Zeit in Sanatorien. Außerdem ist er ein schwieriger Mensch; das hängt wahrscheinlich mit seiner Krankheit zusammen. Er tut uns allen leid; aber ich glaube nicht, daß er sich ernsthaft Hoffnungen auf den Thron macht. Nach allem, was ich weiß, würden sie sich nicht erfüllen."

Kathi schien nachzudenken.

„Dann wäre also, falls Erzherzog Otto eines Tages Kaiser wird, Erherzog Otto, der leichtlebige Spaßvogel, der so ziemlich das genaue Gegenteil von Seiner Majestät ist..."

Wieder lächelte Sissy fein: „Sprechen Sie es nur ruhig aus: Dann wäre der Zweck erreicht, der Zweck des Mordes an meinem armen Sohn. Ja, da haben Sie recht. Otto wäre lenkbar, er würde sich nur wenig um die Regierungsgeschäfte kümmern. Er würde repräsentieren; das kann er. Und im übrigen tun, was man von ihm verlangt. Und er würde nicht nur, er wird auch, dessen seien Sie versichert, er wird der nächste Kaiser! Und die Katastrophe, die Rudi vorhersah, wird Otto nicht aufhalten – im Gegenteil."

„Aber das ist ja furchtbar, Majestät!"

„Ich möchte es jedenfalls nicht mehr erleben", bemerkte Sissy. „Oder zumindest nicht dabei sein. Ich möchte fort, fort aus Österreich! Fliehen, verstehen Sie?"

„Oh ja, ich verstehe gut. Wahrscheinlich dächte ich an Ihrer Stelle ebenso. Und ich kann mir auch vorstellen, wie es Seiner Majestät ums Herz sein muß. Denken Sie nicht, daß Sie besser nicht fortgehen sollten, weil er Sie braucht?"

„Aber was kann ich denn schon wirklich tun?!" rief Sissy aufspringend und lief wie gehetzt zum Fenster, wo sie auf das verschneite Gehölz hinausstarrte.

„Für ihn da sein, Majestät", antwortete Kathi leise.

Plötzlich überkam die Baronin das Gefühl, daß die Kaiserin jetzt wieder allein sein wollte. Ihr feiner Instinkt trog sie nicht. Und so verabschiedete sie sich. Sissy blieb am Fenster stehen und sah, wie Kathi wieder ihren Schlitten bestieg. Das Geläut der Pferdeschellen war noch eine ganze Weile zu hören.

Und schon früh brach die Dunkelheit herein.

7. Johann Orth

Marie-Valerie brachte die Nachricht aus der Hofburg in die Hermesvilla, die die aufgeregten Nerven ihrer Mama auch nicht gerade beruhigte – im Gegenteil, sie verwirrte und überzeugte Sissy nur noch mehr, in Mayerling sei ein Verbrechen an ihrem Sohn verübt worden: Erzherzog Johann Salvator, der Bruder von Marie-Valeries Bräutigam Franz, beabsichtigte, Wien und die Monarchie für immer zu verlassen.

Der Erzherzog war einer von Rudis besten Freunden gewesen. Sie teilten ihre Neigungen und politischen Ansichten, hatten sich gelegentlich auch in hitzigen Diskussionen überworfen, dann aber doch wieder zusammengefunden.

Besonders in der Zeit vor Rudis Tod wurden sie immer wieder mitsammen gesehen – in der Hofburg und anderswo. Offenbar schmiedeten sie gemeinsame Pläne, ließen aber nichts darüber verlauten.

Franzl hielt den Toskaner für einen „gefährlichen Hitzkopf, der auf Rudolf keinen guten Einfluß ausübe". Daran sei auch Johanns innerliche Bindung an seine Mutter schuld, die den Thronverlust ihrer Familie offenbar noch nach Jahren nicht verwinden konnte. Sie hatte in dem jungen Erzherzog, in dem sie das Ebenbild seines verstorbenen Vaters zu erkennen glaubte, einen gefährlichen Ehrgeiz geschürt.

Erzherzog Johann Salvator war das zehnte Kind des Großherzogs Leopold II. von Toskana. Seine Mutter Antonia war die Tochter Franz I. von Sizilien.

Der Großherzog war ein Regent in der Art von Franz Joseph – ein Mann voll Fleiß und Pflichtbewußtsein, den seine Untertanen voll respektierten. Johann war ein hochbegabter Sohn, was seine Eltern sehr wohl erkannten. Für die Familie des regierenden Großherzogs aber brachte das Jahr 1859 das bittere Ende.

Camillo Cavour, der Ministerpräsident des Königreichs Piemont-Sardinien, war ein treuer Diener seines Herrn Viktor Emanuel – und mit der Unterstützung Napoleon III. gelang ihm die Vertreibung der Habsburger aus Italien.

Die großherzogliche Familie residierte fortan im Schloß Schlackenwerth in der Nähe von Karlsbad. Dieses Schloß in Böhmen war zwar ein gemütlicher Wohnsitz, aber...

Johann und sein Bruder kamen nach Wien an den Kaiserhof. Sie wurden Offiziere. Am 29. Jänner 1870 starb der Großherzog; von nun an führte Maria Antonia ein strenges Regiment.

Sie konnte das „böhmische Schloß" nach dem Tod ihres Mannes nicht mehr ausstehen, und der geschäftstüchtige Johann verschaffte ihr einen neuen, ihr zusagenden Witwensitz: das uralte Schloß Orth bei Gmunden, das im Jahre 1092 ein Herberstein errichtet hatte. Das Landschloß war durch eine 123 Meter lange Brücke mit dem Inselschloß im See verbunden, das Johanns liebster Aufenthalt wurde, während seine Mutter das Gebäude auf dem Lande vorzog.

Der stämmige, kleine Geselle mit der hohen Stirn und dem wachen Blick war ein großer Kunstfreund. Er komponierte und interessierte sich sehr für das Ballett, was allseits mit verständnisvollem Grinsen quittiert wurde: Denn sein Interesse galt nicht nur der Ballettmusik, sondern auch den hübschen Tänzerinnen der Hofoper.

Und das von ihm komponierte Ballett „Die Assassinen" hatte er seiner schönen Kaiserin gewidmet, die er gleichfalls glühend verehrte. Es hatte seine Premiere am 19. November 1883, der gleichzeitig Sissys Namenstag war. Das Publikum und die Zeitungsschreiber hingegen delektierten sich an dem von batteriegespeisten Glühbirnchen beleuchteten Kostüm von „Demoiselle Milli Stubel". Diese war eine gute Tänzerin, doch mehr noch als dieser Umstand erregte ihre Liebschaft mit dem feschen Erzherzog Aufsehen, die der Kaiser freilich mißbilligte.

Franzl paßte auch einiges andere an dem Toskaner nicht. Er und Rudi waren sich über die Notwendigkeit von Reformen in der Armee einig. Aber offenbar wollten sie nicht nur die Armee reformieren, sondern die ganze Monarchie! Und wie junge Leute eben so sind, schien ihnen hierbei die nötige Geduld zu fehlen…

Das gespannte Verhältnis zwischen dem Kaiser und Johann Salvator blieb anfänglich auch nicht ohne Auswirkungen auf den jungen Mann, den sich Marie–Valerie auserkoren hatte. Auch Franz war schließlich ein „Toskaner", aber letzten Endes siegte die Liebe, nicht ohne tatkräftige Unterstützung von Sissy, die alles zu tun bereit war, um das Glück ihres Kindes zu sichern.

Nun hatte freilich der schreckliche Todesfall in der Kaiserlichen Familie die Hochzeit der beiden jungen Leute hinausgezögert. Doch was passierte jetzt wieder, was das Kind in Sorgen versetzte?

„Er will die Stubel heiraten", erklärte Marie-Valerie verzweifelt.

„Nun, das ist sein gutes Recht", meinte Sissy. „Aber dann muß er wohl auf seine Zugehörigkeit zum Erzhaus verzichten. Er wird fortan als einfacher Bürgerlicher leben müssen, mit all den Konsequenzen, die sich hieraus ergeben. Hat er sich denn das auch gut genug überlegt?"

„Mama, er ist fest entschlossen!"

„Und was sagt Papa dazu?"

„Das kannst du dir doch wohl denken. Nach all den Aufregungen der letzten Wochen nun auch noch das! Er ist fuchsteufelswild auf den Toskaner. Er sagt, man müsse ihn zur Vernunft bringen. Aber ich fürchte, da steckt auch noch etwas anderes dahinter. So kurz nach Rudis Tod... man munkelt verschiedenes!"

„Ja, ich weiß. Johann und Rudi sollen etwas geplant haben; und Maria Antonia hatte angeblich die Idee dazu, aber es ist ihr nichts nachzuweisen."

„Und wenn es aber doch so wäre, dann könnte die Heirat mit der Tänzerin vielleicht nur ein Vorwand sein.

66

Ein Vorwand, um außer Landes zu kommen und irgendwo unterzutauchen."

„Weil Johann der Boden unter den Füßen zu heiß wird…?"

„So ist es, Mama. Was denkst du?"

„Daß es ihm so ergehen könnte wie Rudi, wenn er bliebe? – Das ist nicht ganz von der Hand zu weisen."

„Dann wäre alles nur ein Vorwand, um eine Flucht zu vertuschen. Eine Flucht, die notwendig wurde, weil Johann gemeinsam mit Rudi in ein Abenteuer verstrickt war, in das sie sich besser nicht eingelassen hätten."

Ohne näher darauf einzugehen, wußten beide, was sie meinten.

Nach der Ermordung seines Vaters war im Jahre 1881 in Rußland Zar Alexander III. zur Macht gekommen. Er versuchte, den russischen Einfluß auf Bulgarien zu verstärken, das damals von Alexander von Battenberg, einem Verwandten der Königin Victoria von England, regiert wurde. Nach einer Revolte an der Grenze zur Türkei kam es zur Festnahme des türkischen Gouverneurs, und Sandro – so nannte sich Battenberg als bulgarischer Herrscher – annektierte die Grenzprovinz.

Einer, der sich damals scharf gegen die völkerrechtswidrige Annexion türkischen Gebietes durch Bulgarien wandte, war Kronprinz Rudolf.

Auch Serbien war durch den Macht- und Gebietszuwachs Bulgariens beunruhigt. Es reagierte sogar mit einer Kriegserklärung. Seine Armee blieb nicht nur erfolglos, sondern die Bulgaren drangen sogar in Serbien ein. Jetzt erst intervenierte der Ballhausplatz. Und auch den Russen wurde Battenbergs Traum von einem riesigen Balkanreich unter seiner Vorherrschaft zu gefährlich. Durch einen kühnen Handstreich einer Offiziersgruppe wurde der Fürst entmachtet und verzichtete auf seinen Thronanspruch.

Bulgarien war ohne Führung. Und die Mutter Johann Salvators sah schon im Geiste ihren Sohn auf dem bulgarischen Thron. Hätte Ungarn einen entsprechenden militärischen Druck ausgeübt, wäre dieser Traum vielleicht Realität geworden. Dann aber hätte der König von Ungarn nicht Franz Joseph, sondern Rudolf heißen müssen. Daß Franz Joseph jedoch nicht freiwillig abgedankt hätte, war klar!

In der letzten Zeit war es mehrmals zu heftigen Auseinandersetzungen zwischen Franz Joseph und dem Kronprinzen gekommen. War die „Bulgarische Frage" einer der Gründe, oder war es seine zerrüttete Ehe mit Stephanie? Ganz sicher war nach Sissys Meinung keinesfalls seine Liebelei mit der „kleinen Vetsera" der Grund. Diese Sache war für Rudolf eine völlig bedeutungslose Episode in seinem Leben. Eine Episode freilich, die für Mary Vetsera einen tödlichen Ausgang nahm.

Johanns Intrige um den Thron wurde zum Teil mit Hilfe der Pressekontakte des Kronprinzen vorbereitet. Der wachsame Kaiser durchschaute das Spiel jedoch bald, und der Toskaner verlor seine Gunst. „Und jetzt ist es ganz aus", seufzte Marie-Valerie.

„Und nun hat dein Franzl Angst, daß mein Franzl auch auf ihn zornig werden könnte? Aber der kann ja gar nichts dafür", beruhigte Sissy.

„Ja, so ist es, Mama", ließ Marie-Valerie einen neuerlichen Seufzer hören.

„Nun, vielleicht wird es nicht so schlimm, und alles renkt sich wieder ein!"

68

„Oh nein, Mama. Der Johann hat schon eine Wohnung gekauft, im dritten Bezirk, in der Beatrixgasse.
Dort wohnt die Stubel jetzt, und er wohnt schon fast die
ganze Zeit bei ihr. Er sagt jedem, der es hören will, daß
er sie heiraten wird. Wenn das nicht bloß ein Ablen-
kungsmanöver ist, dann ist es skandalös."

„Ich weiß manchmal selbst nicht mehr, was ich glauben soll. Manchmal denke ich mir, unser Rudi hat es
jetzt von uns allen am besten. Neulich war Frau Schratt
zu Besuch. Ich fürchte, ich habe mich ihr gegenüber
nicht ganz korrekt benommen. Ich glaube fast, sie kennt
deinen Vater schon besser, als ich ihn kenne, und ich
fange an, mir lächerlich vorzukommen. Ich möchte fort,
Marie-Valerie, weit fort von hier!"

Da waren sie wieder, diese unerträglichen Fluchtge-
danken, die sie bei Tag und Nacht immer stärker quälten.

„Es liegt doch an dir, Mama", meinte Marie-Valerie
nicht zu unrecht, „öfter um Papa zu sein. Er sehnt sich
doch so sehr nach dir, er sagt es alle Tage!"

„Und verspeist dabei den Guglhupf, den ihm Frau
Schratt in sein Arbeitszimmer bringt."

„Kannst du denn Guglhupfbacken, Mama?"

„Nein", gestand Sissy, wider Willen lachend. „Mama
konnte es, deine Großmama, meine ich. Aber ich habe
es leider nicht gelernt."

Als ihre Tochter zurück in die Stadt gefahren war,
machte Sissy eine Spaziergang durch den Tiergarten. Sie
nahm da von Ferenczy mit; diese fürchtete schon, es
würde wieder eine von Sissys endlosen Laufereien werden, und tatsächlich war Sissy auch danach zumute, etwas totzulaufen, was in ihrem Inneren tobte.

Doch überraschend bald schlug sie den Rückweg ein.

An einer Futterkrippe begegneten sie äsenden Rehen. Sie waren ganz zutraulich und ließen die beiden Frauen herankommen, ohne zu flüchten. Ida blieb vorsichtshalber doch ein wenig zurück, da sie einen Hirschen fürchtete, der an der Futterkrippe stand und bei ihrer Annäherung ein warnendes Röhren hören ließ. Doch Sissy kümmerte sich nicht darum und begann, die Rehe zu streicheln.

Der Kontakt mit den Tieren schien ihr gutzutun. Das Naturkind in ihr erwachte wieder.

„Wie lieb und dankbar sie doch sind", sagte sie. „Tiere kennen keine Intrigen, nur Menschen."

„Majestät dürfen das nicht verallgemeinern", meinte Ida. „Majestät haben übrigens wieder etwas Farbe gewonnen. Die frische Luft tut gut."

„Die Wärme im sonnigen Süden wäre mir lieber! Aber ich habe noch immer keine Post von Herrn von Warsberg, wegen Korfu."

Das Schloß war im Bau, und ihr Wunsch, Wien zu verlassen, wo sie jetzt alles an den Tod von Rudolf erinnerte, wurde immer größer. „Majestät könnten Herrn von Warsberg ja schreiben", schlug Ida vor.

„Ja, das werde ich wohl auch", meinte Sissy. „Wenn er sich nicht rührt, muß ich es tun. Der Kaiser hat den Bau schließlich genehmigt."

Ida ihrerseits war nicht sehr erfreut, in Korfu leben zu müssen. Doch wo ihre Kaiserin war, da war auch ihr Platz.

Der Wildgeruch begann Sissy zu stören, und sie verließen den Futterplatz und kehrten zur Hermesvilla zurück.

70

Es war die Stunde, zu der der Leibarzt Dr. Widerhofer vorzusprechen pflegte, um Sissy zu untersuchen. Er war schon da und wartete im Salon.

Als die beiden Frauen eintraten, erhob er sich und stellte so wie vorhin Ida von Ferenczy mit Befriedigung fest, daß Sissy in der kalten Winterluft rosige Wangen bekommen hatte.

„Nun, also, Majestät fühlen sich besser; das sehe ich gern", sagte der Doktor erfreut. „Und der Husten?"

„Ist etwas zurückgegangen", berichtete Sissy.

„Aber Majestät haben noch Untergewicht. Majestät müssen kräftiger essen", beharrte er auf seiner oft schon vorgebrachten Forderung. „Und Majestät werden wohl auch wieder im Frühjahr in Kissingen die Kur machen, denke ich."

„In Kissingen?"

„Nun gewiß doch; Seine Majestät sagte noch vor einer Stunde, er freue sich schon darauf, dort wieder mit seiner Gattin zusammen zu sein."

„Ja, lieber Doktor; Kissingen wird uns beiden gut tun."

„Und dann wird sich ja wohl auch die Öffentlichkeit davon überzeugen können, daß an den Gerüchten nichts Wahres ist", meinte Widerhofer unvorsichtig.

Hermann von Widerhofer war ein guter Arzt, aber kein Diplomat. Er biß sich auch sofort auf die Lippen und hätte diese Äußerung am liebsten zurückgenommen.

„Was denn für Gerüchte?" fragte Sissy hellhörig, und da Widerhofer sichtlich verlegen zu stottern begann, fragte sie Ida: „Was reden denn die Wiener schon wieder über mich?"

„Oh, es ist nichts Besonderes", meinte Ida nicht minder verlegen.

„Daß ich verrückt geworden bin, nicht wahr?" erriet Sissy. „Oh ja, davon habe ich schon gehört. Aber keine Angst, den Gefallen tue ich niemandem. Wenn ich auch manchmal glaube, verrückt zu werden…"

„Bad Kissingen", fiel der Doktor ein, „bringt alles wieder ins rechte Lot, nach innen wie auch nach außen!"

Der Scherz war nicht recht angebracht und verfehlte auch die beabsichtigte Wirkung, die Kaiserin etwas aufzuheitern.

„Ich werde also Seiner Majestät berichten, günstig berichten", meinte er sich verabschiedend.

Sissys Abendbrot bestand nur aus einem Glas Milch und einem Glas Veilcheneis, das sie gerne aß, auch wenn es draußen fror und der Winter Eisblumen an die Fenster malte. Trotz der Ermahnung Doktor Widerhofers konnte sie sich zu keiner ausgedehnten Mahlzeit entschließen. Ihr Körper war diese karge Verköstigung längst gewöhnt, und sie fühlte auch keinen Hunger.

Beim Abendgebet dachte sie wieder intensiv an Rudi. Als er lebte, war er ihr niemals so nahe gewesen wie jetzt, da er tot war, und das Rätsel seines Todes lastete auch auf diesem Hause wie ein Alp.

Neuerlich holte sie ihre Kassette hervor, schloß sie auf und begann Zeile um Zeile auf Papiere zu kritzeln, die sie danach wieder sorgfältig verschloß.

8.   Die Beweiskette

Sissy hatte eine ganze Reihe von Verdachtsmomenten zusammengetragen. Mit offenen Augen lag sie oft wach und grübelte. Auch hatte sie Personen ihres Vertrauens, die ihr verschiedenes zutrugen. Und diese Berichte lauteten anders als jene, die ihr auf ihr Verlangen offiziell zugänglich gemacht wurden.

So fand sich unter den „offiziellen Beweisen" eine Ankündigung Marys von ihrem beabsichtigten gemeinsamen Tod, die auf dem Boden einer Aschenschale gekritzelt war! Sollte dies die Selbstmordtheorie untermauern? Nicht für Sissy, die dadurch nur bestärkt wurde, an die Ermordung ihres Sohnes zu glauben.

Dann war da auch die merkwürdige Sache mit der Jagd im Revier des Grafen Traun, bei der Rudolf den Treiber getroffen hatte und angeblich auf seinen Vater gezielt haben sollte. Schon die bloße Möglichkeit eines Anschlags auf den Vater konnte Leute auf den Plan gerufen haben, die teils in Wahrung ihrer eigenen Interessen, teils aber auch durchaus aus Anhänglichkeit zum Kaiser diesen vor weiteren „Jagdunfällen" schützen wollten. Und dies, indem sie – natürlich ohne Franzls Wissen – den Schützen beseitigten...

Hinzu kamen Rudolfs radikale Neuerungspläne und das mögliche Eingehen auf die Pläne Erzherzog Johann Salvators!

Sissy fiel ein, daß Franzl gemeint habe, in- wie ausländische Interessen könnten zusammengewirkt haben, und ihr wurde immer klarer, welch gefährliches Spiel ihr Sohn gespielt hatte.

Ein Thronfolger namens Erzherzog Otto würde wohl kaum jemals eine ernstzunehmende politische Gefahr bedeuten. Er konnte eher die Monarchie glatt verspielen, so wie er es mit seiner Apanage in verschiedenen Spielklubs tat.

Mit Franz Ferdinand aber war wegen seines Lungenleidens, das kaum Aussicht auf Heilung bot, nicht zu rechnen. Schon seine zauberhafte und so liebenswerte Mutter, die Prinzessin Annunziata von Sizilien, die Franz Ferdinands Vater, Erzherzog Karl Ludwig, zur Frau genommen hatte, war der tückischen Tuberkulose zum Opfer gefallen, und ihr bedauernswerter Sohn hatte das schlimme Übel offensichtlich geerbt.

Unter diesen Umständen konnten die Österreicher wohl nur hoffen, daß Gott dem Kaiser die Kraft und Gesundheit verleihen möge, noch möglichst viele Jahre selbst zu regieren.

Wäre Rudi ein guter Kaiser geworden? Er war klug, weitschauend, voller Pläne. Und gleichfalls unheilbar krank, wie Sissy jetzt wußte. Und womöglich wäre auch er von der „Wittelsbach'schen Krankheit" befallen worden. Mochten die Urheber des verruchten Mordkomplotts, dem er zum Opfer fiel, dies in ihre Erwägungen miteinbezogen haben?

Und welche ausländischen Drahtzieher kamen hierfür in Frage? – Praktisch alle Mächte, denen daran gelegen war, das große Österreich-Ungarn nicht noch mächtiger werden zu lassen…

Und die Drahtzieher im Inland? Oh, da gab es viele. Sissy schloß die Augen, ihr wurde schwindlig bei den Namen, die sie Revue passieren ließ, und die immer zahlreicher wurden, je näher sie dem Kaiser standen. Jetzt erst, in der Stille ihres Schlafzimmers in der Hermesvilla wurde sie sich der ungeheuren Gefahren bewußt, die sie umlauerten.

So schien das der breiten Masse so willkommenglaubwürdige Märchen von der unglücklichen Liebe einer herzigen Baronesse und eines Kaisersohnes die allerbeste Lösung zu sein, weil es all jene zum Schweigen brachte, die auf andere, weit gefährlichere Gedanken kommen konnten!

Arme Mary, da draußen im kühlen Grab in Heiligenkreuz; du bist doppelt betrogen, dachte Sissy. Und doch mußte, wenn auch die Mutter Marys noch so heftig dementierte, dieses Märchen aufrecht erhalten werden; das sah Sissy jetzt ein. Franzl und seine Ratgeber gingen in diesem Fall den bestmöglichen und leichtest gangbaren Weg. Sie ließen die breite Masse glauben, was sie so gern glauben wollte! Und alle Spuren, die auf anderes hindeuteten, wurden beseitigt!

Die Mörder Rudis waren längst über die Grenze entkommen, und man mußte sie ziehen lassen. Man durfte sie gar nicht verfolgen! Und Sissy erkannte klar, daß in dieser Sache nichts, aber schon gar nichts unternommen werden durfte. Auch das Ausland sollte meinen, daß das Kaiserhaus in Wien tatsächlich an diese Liebesaffäre glaubte.

Die Kronprinzessin-Witwe, die belgische Königstochter Stephanie, spielte das üble Spiel von allem Anfang an mit. Sie wußte von Rudis heimlichen, nächtlichen Zusammenkünften mit Personen aus dem Anhängerkreis von Johann Salvator, doch sie schwieg. Auch der Fiaker Bratfisch, der sicherlich einiges mitbekommen hatte, schwieg – er hatte sich von dem Schweigegeld, das er erhalten hatte, inzwischen ein Fuhrwerkerhaus gekauft.

Und Rudis seit langem vertraute Freundin Mitzi Caspar hielt ebenfalls den Mund – vielleicht aus Furcht, vielleicht aus Anhänglichkeit zu Rudi.

So war es auch verständlich, daß der in die Affäre offenbar mit verwickelte Johann Salvator die Absicht hatte, Mitzi Caspars Freundin Milli Stubel zu heiraten und mit ihr außer Landes zu gehen...

Das Puzzlespiel fügte sich zusammen. Graf Hoyos und Prinz Philipp Coburg, die die beiden Leichen in Mayerling entdeckt hatten, waren von Rudi gewiß nicht zu diesem Zweck eingeladen worden.

Hatte es überhaupt noch einen Sinn, über das, was geschehen war, weiter zu grübeln, wo sich doch nichts mehr ändern ließ? Die beiden Toten waren nicht wieder lebendig zu machen.

Am nächsten Tag kam Marie-Valerie wieder zu Besuch in die Hermesvilla; sie äußerte sogar den Wunsch, über Nacht zu bleiben. Der nervliche Zustand ihrer Mutter bereitete ihr anscheinend Sorge. Vielleicht steckte auch Franzl dahinter, der sich natürlich gleichfalls um seine Sissy sorgte.

Doch wie in einem magischen Bann kam auch hier wieder das Gespräch auf Marie-Valeries Bruder Rudolf.

„Alles ist besser als die Wahrheit, das waren Papas Worte, die er zu Stephanies Vater sagte, als er zur Trauerfeier nach Wien kam", erinnerte sich Marie-Valerie.

„Und damit hatte er recht", stellte Sissy fest. „Ja, es stimmt! Ich habe nächtelang darüber nachgedacht, Kind. Das Klügste wäre, alles zu vergessen, doch wie kann man das? – Ich werde es niemals können, ich bin Rudis Mutter."

„Aber es wird sich kaum vermeiden lassen, daß die Wahrheit bekannt wird, Mama. Da hat eben wieder ein Tischler namens Wolf geplaudert; er war in dem Zimmer, in dem es geschah, und sagte, der Fußboden sei voller Blutspritzer gewesen und er habe mehrere Kugellöcher in den Wänden gesehen!"

Sissy zog Marie-Valerie an sich, als wolle sie sie schützen.

„Es hat alles keinen Sinn mehr", sagte sie dabei gepreßt.

„Rudis Hofstaat wird aufgelöst. Sein Personal wird teils in Pension geschickt, teils erhält es Renten; Rudis Nachlaß wird verteilt, auch Stephanie erhält eine Menge. Rudis Obersthofmeister Bombelles erhält von Papa einen Orden."

„Man sollte eine Seelenmesse stiften", meinte Sissy, „die alljährlich an Rudis Todestag gelesen werden soll – für ewige Zeiten."

„Papa hat St. Stephan eine Stiftung gemacht – so eine Messe soll sogar täglich gehalten werden! Und für Stephanie ist eine Witwenpension von hunderttausend Gulden jährlich vorgesehen."

„Und was gibt es sonst?"

„Eine merkwürdige Information von unserem Konsul in Port Said! Ein belgischer Benediktinerpater gibt an, er habe an Bord des Dampfers „Paramatta" ein Gespräch mit einem Franzosen gehabt, der ihm gesagt habe, es werde sich einiges ändern, weil der österreichische Kronprinz sterben werde."

„Das fügt sich in meine Kette. Wie unvorsichtig von dem Franzosen... Wann war denn das?"

„Am neunundzwanzigsten Jänner, einen Tag, bevor es geschah."

„Ich halte den Franzosen für keinen Propheten; der Pater hat ganz recht gehabt, unserem Konsul den Vorfall zu melden. Hoffentlich findet man den Mann. – Oder nein; besser nicht..."

„So sollen also Rudis Mörder ungeschoren davonkommen…?!"

„Franzl hätte sicher die Macht, sie zu fassen, wenn er dies beabsichtigt hätte. Er wird seine Gründe haben, es nicht zu tun. Ich ahne diese Gründe. Wir dürfen uns von unseren Gefühlen nicht leiten lassen, wenn es um so viel geht. Wahrscheinlich sogar um Österreich."

Marie-Valerie nickte ernst.

„Weißt du übrigens, daß Dyman in Wien ist?"

„Der Hellseher?"

„Ja, der. Er gibt Abende in Privatzirkeln."

Sie wußte sofort, was ihre Tochter meinte, fragte aber dennoch: „Und weshalb erzählst du mir das?"

„Weil wir hingehen könnten – inkognito natürlich. Dyman soll fabelhaft sein. Er braucht nur irgend einen Gegenstand einer bestimmten Person, und er verrät dir alles."

„Und du meinst, wenn wir etwas aus Rudis Besitz – eine Brieftasche vielleicht, oder eine Schreibfeder…"

„Ja, Mama! Wenn Dyman in Trance fällt, berichtet er uns vielleicht genau, wie es geschah…"

„Oh nein; das wäre in Gegenwart dritter Personen ganz unmöglich."

„Dann lasse ihn doch einfach hierher kommen!"

„Das geht auch nicht; er erriete doch dann gleich alles."

„Ich weiß etwas, Mama! Wir machen es ganz einfach in der Wohnung von Frau Schratt, und sie soll ihn einladen. Was er verlangt, bezahlen wir selbstverständlich."

„Oh ja, das machen wir", war Sissy sofort einverstanden. „Doch Papa darf nichts davon wissen. Das heißt, Frau Schratt wird ihm gegenüber nicht schweigen…"

„Da kennst du sie schlecht. Wahrscheinlich ist sie selbst für so eine Seance Feuer und Flamme!"

Sissy seufzte: „Wir tun es nicht zu unserem Vergnügen, liebes Kind, sondern um uns Klarheit zu verschaffen. Franzl wäre empört, ich weiß es; doch ich denke über diese Dinge anders als er. Aber der Mann muß sich zum Schweigen verpflichten."

„Wozu? Er wird nicht erfahren, wer ihn fragt, und auch nicht, wer mit der Feder schrieb, die ich ihm geben werde. Es ist eine Schreibfeder wie jede andere."

George Dyman war im Hotel Klomser in der Herrengasse abgestiegen. Sein offizielles Gastspiel im Ronacher war verschoben worden; die Theater und Konzertsäle würden – der Trauersperre wegen – erst in zwei Wochen wieder eröffnen. Bis dahin gedachte der prominente Brite sich durch Abende in Privatzirkeln einiges zu verdienen. Und es fehlte ihm nicht an Angeboten.

Als er den Verlobten von Marie-Valerie empfing, war dieser in Zivil. Der Erzherzog gab sich als ein Herr Berger, Sohn eines Seidenfabrikanten aus; er könne sich infolgedessen eine Privatseance leisten, bei der nur noch zwei Damen anwesend sein würden. Mister Dyman möge sein Honorar ruhig nennen.

Dyman war untermittelgroß, hager und sehnig. An seinen hohen Schläfen pulsten die Adern, die einen hohen Grad von Sensibilität verrieten. Der Blick seiner graublauen, ein wenig blutunterlaufenen Augen hingegen war fast ausdruckslos.

„Es ist Ihnen um Diskretion zu tun", erriet er sofort. „Nun, wenn Sie wollen, so können wir die Sitzung hier in meinem Hotelzimmer abhalten – und sogar gleich."

„Nein, das geht nicht, Mister Dyman", meinte der junge Erzherzog, der das Gefühl nicht loswerden konnte, Dymans Augen blickten ihm auf den Grund seiner Seele und errieten seine geheimsten Gedanken.

„Aber es kann schon hier sein, natürlich – wenn Sie wollen, heute Abend, um sechs?"

Dyman war einverstanden. Dieses Arrangement ersparte die Inanspruchnahme der Räume von Frau Schratt. Diese war darüber nicht böse. Von übernatürlichen Dingen hielt sie ebensowenig wie der Kaiser. Dennoch waren nicht zwei, sondern drei Damen anwesend, denn Sissy, die so dicht verschleiert war, daß man sie nicht erkennen konnte, hatte die Festetics mitgenommen.

Dyman hatte zwei Zimmer im ersten Stock. Über die feudale Wendeltreppe des stadtbekannten Hotels, in dem viele Offiziere und Beamte abzusteigen pflegten und in dem Dyman eigentlich ein Fremdkörper war, gelangte man nach oben. Der Hellseher hatte seine Besucher bereits erwartet und zeigte sich nicht überrascht, daß eine Person mehr gekommen war als angekündigt.

Es war kurz nach halb sechs. Dyman trug einen dezenten Anzug von einem guten englischen Schneider. An seinen Fingern waren keine Ringe zu sehen; sie waren schmal, lang und erinnerten an die Klauen eines Greifvogels.

„Nehmen Sie Platz", sagte er. „Darf ich Ihnen etwas zu trinken anbieten?"

Sein Deutsch war perfekt, wenn auch von einem unüberhörbaren Akzent. Und sein Benehmen verriet, daß er gewohnt war, vor vielen Menschen aufzutreten.

„Nein, kommen wir gleich zur Sache", entgegnete Sissy.

80

Der Erzherzog legte diskret ein mit Banknoten gefülltes Kuvert auf den Kaminsims; es enthielt das ausbedungene Honorar und einiges darüber. Mister Dyman sollte sollte sich nicht beklagen müssen.

„Wie Sie wünschen", nickte der Hellseher. „Aber Sie werden verstehen, daß ich mich einige Minuten konzentrieren muß, sobald ich Ihren Gegenstand erhalte. Und es hilft mir, wenn wir die Beleuchtung verringern. Die Stehlampe genügt mir. Ich lösche also das Licht aus, wenn Sie gestatten. Und geben Sie mir bitte, was ich untersuchen soll!"

9. Das Leben muß weitergehen

Sissy entnahm ihrer Handtasche ein kleines Päckchen. Es enthielt einen Federhalter, der von Rudolfs Schreibtisch in seinem Arbeitszimmer stammte und den er oft benutzt hatte. Der Federhalter war in einem kleinen Karton verpackt, der seinerseits versiegelt war. Dyman sah und kannte den Inhalt nicht, er sah nur ein kleines Päckchen, das, in Seidenpapier eingehüllt, keine Möglichkeit bot, irgendetwas in seinem Zusammenhang Stehendes zu erraten.

Dyman ließ sich in einen Fauteuil fallen, hielt das Päckchen zwischen seine beiden Handflächen, so, als wolle er es mit seiner Körperwärme zu geheimnisvollem Leben erwecken. Er führte es dann an seine Stirn, legte den Kopf zurück und blieb eine Weile unbeweglich in dieser Stellung, während er tief und heftig atmete.

Plötzlich erklang seine Stimme in die atemlose Stille hinein: „Das ist ein Staatsmann. Wäre er am Leben geblieben, hätte man einen Krieg verhindern können, der unausweichlich kommen wird... Der Mann schreibt viel und klug. Er schafft sich Feinde. Oh, ich sehe da auch eine Frau, das heißt, mehrere Frauen. Er ist unglücklich verheiratet und sucht Trost bei anderen."

Marie-Valerie stieß einen leisen Ruf der Überraschung aus. Bis jetzt stimmte alles. Hatte Dyman in Erfahrung gebracht, wer seine Besucher waren und was sie von ihm zu erfahren beabsichtigten? Aber wie konnte das geschehen sein?!

Nein, das war ganz und gar unmöglich. Doch was er sagte, war verblüffend.

„Der Mann schafft sich viele Feinde. Er gerät in eine Situation, in der es keinen Ausweg für ihn gibt. Ah – ich sehe ihn in seinem Zimmer... Plötzlich sind fremde Männer da – es fällt ein Schuß – er kann sich nicht wehren, denn er ist ganz verschlafen und hat Champagner getrunken. Der Mann ist das Opfer eines lang gehegten und gut vorbereiteten Komplotts. Er wird in dem Zimmer ermordet!"

Und wieder hörte man einen Laut. Diesmal kam er von Sissy. Sie hatte das Bewußtsein verloren.

„Schnell, machen Sie Licht! Der Dame ist schlecht geworden!" rief der Erzherzog.

Doch er mußte selbst sein Feuerzeug nehmen, denn der Hellseher schien nicht in die Gegenwart zurückzufinden. Währenddessen bemühten sich Marie-Valerie und Marie von Festetics um Sissy, die allmählich und unter Zuhilfenahme eines Riechfläschchens wieder zur Besinnung kam.

82

Die praktische Festetics war es auch, die Dyman das Päckchen aus den verkrampften Händen wand, worauf dieser allmählich wieder normal wurde.

Wie schlaftrunken verabschiedete er sich von seinen Besuchern und dankte kaum, als der Erzherzog auf das Kuvert mit dem Honorar wies. Er blieb zwischen Tür und Angel stehen und starrte seinen Gästen nach, als habe er Gespenster gesehen, während sie die Treppe hinabschritten. Beinahe, als wären sie auf der Flucht.

„Dieser Mann ist unheimlich", resümierte Marie-Valerie, als sie ins Freie traten.

„Das war zu viel für mich", fand Sissy. „Ich glaube, er sah buchstäblich alles und weiß auch, wer wir sind!"

„Das Päckchen ist unversehrt", stellte die Festetics nach einer kurzen Prüfung fest. „Daraus kann er nichts erraten haben."

„Wenn dieser Mann ein Schwindler ist, dann ist er ein ganz hervorragender", erklärte Marie-Valeries Bräutigam erregt, und sie schmiegte sich fester in seinen Arm.

„Mir ist noch immer ganz unheimlich", gestand sie dabei. „Entschuldige, Mama, daß ich dir zu diesem Experiment geraten habe. Ich glaube, das war nicht sehr gescheit von mir!"

„Oh doch, das war es. Im übrigen", beruhigte Sissy ihre Tochter, „sagte dieser Mister Dyman nur, was ich mir selbst längst schon sagen mußte. Es entspricht genau meinen eigenen Vorstellungen von dem, was in Mayerling vorgefallen ist."

„Könnte es sein, daß er irgendwie die Gedanken Eurer Majestät abgezapft hat?" mutmaßte die Festetics. „Es gibt Leute, die von Hellsehern sowas behaupten."

„Ich glaube, ich habe da oben in seinem Zimmer gar keine eigenen Gedanken gehabt", fand Sissy nach kurzem Überlegen. „Ich habe bloß darauf gewartet, was er sagen würde! Doch steigen wir ein, und fahren wir. Es ist ziemlich kalt. Das Frühjahr läßt noch auf sich warten."

„Ich glaube wirklich, daß ich jetzt einen heißen Tee brauchen kann", meinte Marie-Valerie beklommen.

„Von dem, was wir eben erlebt haben, darf niemand etwas erfahren, wenn wir nicht Papas Zorn heraufbeschwören wollen", erinnerte Sissy noch, und dann stiegen sie ein.

Aber sie war nicht sicher, ob nicht Marie-Valerie darüber mit Gisela plaudern und Frau von Ferenczy von der Festetics informiert werden würde.

Sissy blieb in dieser Nacht und auch noch am folgenden Tag in der Hofburg. Und sah dort ihren Franzl wieder.

Er wußte bereits alles. Seine „Geheimen" hatten ihm über den Besuch im Hotel Klomser Bericht erstattet.

Sichtlich erfreut, sie wieder gegenübersitzen zu sehen, machte er ihr dennoch beim Mittagessen sanfte Vorwürfe.

„Mein Engel", tadelte er in seiner herzlichen Art, „kannst du's denn nicht lassen, immer und immer wieder die Wunde aufzurühren, die du nun besser vernarben lassen solltest? Und noch dazu auf diese Weise? Mit Hellsehern und Gespensterei? Und glaubst du, daß es deiner Gesundheit zuträglich ist, wenn du deine Nerven derart strapazierst?"

„Franzl, verzeih; ich habe einfach nicht widerstehen können!"

Bekümmert säbelte er an seinem Tafelspitz.

84

„Daß auch du mir noch Kummer machen mußt", klagte er.

„Verzeih mir, bitte", wiederholte sie.

„Hm; was hat er denn zu sehen behauptet, dieser Mister Dyman?"

Trotz aller Ablehnung war er dennoch neugierig.

„Er sah mehrere Männer, die in das Zimmer eindrangen, und sprach von einem Schuß…"

„Da muß er sich verhört haben", brummte Franzl und nahm einen Schluck Wein.

„Waren es denn mehrere Schüsse? – Ach ja, es muß wohl der Fall gewesen sein, daß mehrere Schüsse fielen."

Er legte ihr ziemlich heftig die Hand auf den Arm.

„Wir wollen es dabei bewenden lassen", bat er entschlossen. „Was geschehen ist, ist ärger, als man es schildern kann. Das beste ist, darüber gar nicht zu reden!"

Draußen, vor dem Fenster der düsteren Hofburg, zwitscherten die Vögel über den Dächern der alten Mauern im Vorfrühlingsahnen.

„Daß Rudi den Frühling nicht mehr erleben durfte", sagte der Kaiser kopfschüttelnd.

„Er wollte ja vermutlich", wandte Sissy ein. „Doch man hat ihn nicht gelassen!"

Und wieder geisterte der Tote durch den Raum. Sissy legte Messer und Gabel zurück. Sie war nicht mehr imstande, weiterzuessen.

„Aber das Leben muß weitergehen", äußerte Franzl. „Es muß, Sissy! Mich lenkt die Arbeit ab. Aber du… Du darfst dich nicht gehen lassen. Die Zeitungen schreiben schon darüber, daß du dich nirgendwo mehr zeigst."

„Mögen sie doch schreiben, Franzl!"

„Nein, nein, mein Engel. Vergiß nicht, du bist die Kaiserin, so wie ich der Kaiser bin. Wir haben unsere Pflichten, die uns niemand abnimmt. Wie steht es denn mit deinem Heine-Denkmal?"

„Ich habe dem Komitee sagen lassen, daß ich das Projekt nicht mehr weiterverfolge."

„Das war falsch. Weißt du was, wir fahren zu Ostern wieder nach Ischl."

Er sagte es wie versonnen. Sissy versuchte in seinem Gesicht zu lesen. Vielleicht dachte er an die Zeit zurück, als sie sich in Ischl zum erstenmal begegnet waren. Vielleicht wollte er diese Tage des Glücks wieder heraufbeschwören, um all das Trübe, das sie jetzt umgab, vergessen zu können; und damit auch Sissy wieder an glücklichere Zeiten dachte.

„Ich dachte, wir fahren zur Kur nach Bad Kissingen?"

„Wiesbaden, mein Engel", widersprach Franzl ohne nähere Erklärung zu seinen geänderten Plänen.

Sie verlangte keine. Der Name „Ischl" hatte irgendwie gezündet. Die Idee gefiel ihr.

„Ischl und Wiesbaden? Wie soll das ablaufen?"

„Zuerst das eine, dann das andere", erklärte er. „Ischl kommt zuerst. Wir fahren zu Ostern hin. Wir müssen einfach ausspannen. Auch ich möchte hier heraus, aus dieser Tretmühle! Möchte wieder den Frühling atmen anstatt den ewigen Aktengeruch. Ich will ein bißchen auf die Berge hinauf. Mit dir, Sissy, wie in alten Zeiten!"

Er streichelte ihre Hand. Die Diener taten, als bemerkten sie diese Zärtlichkeit nicht. Sie servierten lautlos ab.

Seufzend erhob sich Franz Joseph.

86

„Ich muß wieder an die Arbeit. Du weißt, niemand nimmt sie mir ab", erklärte er.

Sie standen einander gegenüber. Plötzlich umfaßte er sie. An ihrer schlanken Taille spürte sie seine guten, vertrauenerweckenden Hände, und gleich darauf kitzelte sein Bart ihre blassen Wangen.

„Hab' Vertrauen zu unserem Herrgott", forderte er sie tröstend auf.

Sie nickte, lächelte unter Tränen. Mit raschen Schritten verließ er den Raum.

Am liebsten wäre sie ihm nachgeeilt, hätte ihn wieder und wieder geküßt in aufwallender Zärtlichkeit. Er war ja doch ihr lieber Mann, der Vater ihrer Kinder, mehr noch, der Vater eines riesigen Reiches, dessen Bürger vielfach gar nicht zu schätzen wußten, was sie an ihm hatten.

Wie schwer hatte doch auch ihn die Faust des Schicksals getroffen; und dennoch stützte er sie, gab ihr Trost und Kraft. Nein, sie durfte sich nicht gehen lassen, er hatte recht! So wie er der Kaiser war, war sie die Kaiserin. Das war ihr Schicksal; es war nicht leicht, doch es mußte gelebt und getragen werden. Hoch erhobenen Hauptes, so, wie man eine Krone trägt...

Ischl...! Wie viele Erinnerungen verbanden sie mit diesem lieben Ort, an dem einst alles seinen Anfang nahm.

Damals, als sie mit ihrer Mutter und ihrer Schwester Nené von Possenhofen nach Österreich fuhr. Denn Mama Ludovica und Tante Sophie hatten beschlossen, daß Sissys ältere Schwester mit dem jungen Franz Joseph verheiratet werden sollte.

Damals war Franzl dreiundzwanzig Jahre alt gewesen, ein junger, fescher Offizier in einer Uniform, die ihm fabelhaft stand. Und sie, Sissy, war erst sechzehn!

Damals – es war der heiße August des Jahres 1853 – kam sie zu spät in Bad Ischl an, der junge Kaiser und seine Mutter waren schon da. Er wartete schon ungeduldig im Salon auf die Braut, die man ihm bestimmt hatte, und Sissy und Nené hatten kaum Zeit, sich vom Reisestaub sauberzumachen und ein wenig herzurichten.

Und dann sah er die beiden Schwestern nebeneinander stehen: die ihm zugedachte, feine, zarte und schon ein wenig damenhafte Nené und den frischen, vom Zauber der Jugend umschimmerten kleinen Wildfang Sissy – und sie sah ihn…!

Und es kam so, wie es kommen mußte. Nicht Nené wurde Kaiserin von Österreich und Königin der Ungarn. Sissy wurde es!

Und wie jubelten die Leute an jenem denkwürdigen 21. April 1854, als Franzl seine Braut in Linz begrüßte und das in ein Blumenmeer verwandelte Brautschiff die junge, zarte, etwas ängstliche Sissy ihrer künftigen Residenz, der Stadt Wien, entgegentrug!

Das war lange her. Lang verweht war auch der Klang der Hochzeitsglocken und der Donner des Saluts. Aber geblieben war ihre Liebe, die sie vom ersten Augenblick an füreinander empfunden hatten…

Und dieser Liebe Kraft sollte sie nun wieder aufrichten, ihr emporhelfen aus der Tiefe des schweren Schicksals, das sie und Franzl getroffen hatte.

„Ach, Ferenczy, lassen Sie mir doch meine beiden Töchter kommen!"

Frau von Ferenczy war erstaunt und angenehm überrascht über den Ton, in dem ihr die Kaiserin diesen Auftrag gab, nachdem sie wieder in ihren Gemächern war.

Marie-Valerie und Gisela kamen auch bald in Sissys Roten Salon, wo sie zu ihrer Überraschung mit Gebäck und Vanilleeis empfangen wurden.

„Papa weiß schon, wo wir gestern abend waren", begrüßte sie Marie-Valerie. „Falls du also zu Gisela nicht schon geplappert hast, brauchst du es nicht mehr geheimzuhalten!"

„Aber ich dachte – ich habe – ich wollte bloß…" stotterte Marie-Valerie verlegen.

Da lachte Sissy – es war das erste Lachen seit langem. Es klang noch ein wenig verzagt; aber immerhin, ein Schimmer von Fröhlichkeit verzauberte das bleich gewordene Antlitz der Kaiserin.

„Mama – ist ein Wunder geschehen?" staunte Gisela, trat näher und umarmte ihre Mutter.

„Setzt euch, Kinder", bat Sissy. „Und greift zu. Ja, es ist ein Wunder geschehen. Und das hat wieder einmal euer lieber Vater vollbracht. Er hat mich an alte Zeiten erinnert und will, daß wir zu Ostern zusammen nach Ischl fahren!"

„Fein", rief Marie-Valerie. „Da darf doch auch mein Franzl mitkommen?"

„Gewiß", nickte Sissy. „Das darf er sicher. Und auch du, Gisi, sollst mit!"

„Zu Ostern, wenn alles aufblüht, ist es schön in Ischl!"

Gisela sagte es mit Überzeugung. Sie freute sich. Ja, es würde endlich wieder frohe Tage geben.

„Aber müssen wir in schwarzen Kleidern gehen, Mama?"

Marie-Valeries Frage fand bei Gisela ein lebhaftes Echo.

„Schwarz ist eine Farbe, die mir überhaupt nicht steht", behauptete sie.

„Es bleibt uns aber nichts anderes übrig, es ist das Trauerjahr für Rudolf", erinnerte Sissy.

„Da haben es aber die Männer leichter", meinte Marie-Valerie. „Die gehen in ihren Uniformen, und eine schwarze Armbinde am rechten Ärmel genügt ihnen."

„Dafür bleiben uns Frauen die Uniformen erspart", stellte Sissy fest.

„Glücklicherweise haben wir schon Fastenzeit. Es ist nicht mehr lang bis Ostern. Ich wollte, aller Schnee wäre schon fort und die warme Frühlingssonne käme wieder."

Marie-Valerie wünschte noch aus einem ganz anderen Grund, daß die Zeit schneller liefe.

„Ja, ich weiß", lächelte Sissy. „Papa und ich werden deinen Hochzeitstermin so früh wie möglich festsetzen. Doch so lange wirst du dich noch gedulden müssen."

Marie-Valerie nickte und löffelte eifrig. Sie war ein Naschkätzchen.

„Und dann wirst du mich allein lassen, Kind", fing sich Sissy wieder einen trüben Gedanken ein.

„Nein, ganz sicher nicht, Mama! Ich werde dich immer lieb haben und bei dir sein, sooft ich nur kann!"

Marie-Valerie glaubte fest daran. Doch Sissy wußte es besser.

„Ist man erst verheiratet, sieht die Welt ganz anders aus", erklärte sie. „Und eines Tages kommen dann auch Kinder, nicht wahr? Aber so ist nun einmal das Leben.

Und es geht weiter, was auch geschieht. Es muß ja einfach weitergehen!"

Die drei saßen an diesem Nachmittag noch lange beisammen und spannen Zukunftspläne.

„Was macht eigentlich Herr Thermojannis?" erkundigte sich Sissy plötzlich.

„Ich glaube, der ist arbeitslos und ganz trübsinnig", lachte Gisela, „seit du bei ihm keine Griechischstunden mehr nimmst."

„Nun, dem will ich bald abhelfen", erklärte Sissy. „Sagt ihm Bescheid: ich will ab morgen wieder mit dem Lernen anfangen!"

Zweiter Teil

1. Ein seltsamer Frühling

Das liebe Ischl!

In der Kaiservilla hatte sich nichts verändert, und die Ischler waren so froh, ihren Kaiser und die Kaiserin mit ihren beiden Töchtern wiederzusehen, daß Sissy das Herz aufging. Und doch konnte sie niemals vergessen, daß einer aus der Familie fehlte: Rudolf, der Sohn und Thronfolger.

Die Villa Felicitas, nicht weit von der Kaiservilla entfernt, beherbergte wieder, wenn auch nur für kurze Zeit, Frau Katharina Schratt, und diese tat alles, um die Kaiserin mit dem Tratsch aus Wien zu zerstreuen und den Kaiser aufzuheitern, der freilich seine Sorgenlast mit nach Ischl gebracht hatte.

Da war vor allem die Thronfolgerfrage. Sie gestaltete sich schwieriger als angenommen, denn zur allgemeinen Überraschung zeigte sich Erzherzog Franz Ferdinand nicht damit einverstanden, daß man ihn überging. Ja, ganz im Gegenteil, in ihm schien ein Ehrgeiz erwacht zu sein, der ihm vorher fremd gewesen war.

„Der Erzherzog liegt wieder einmal in einem Sanatorium", erzählte Kathi, „diesmal in Südtirol, und wie man hört, geht es ihm leidlich gut mit den Lungen. Ja, es geht ihm sogar von Tag zu Tag besser."

Sie saßen bei Frau Schratt zu einem kleinen Plausch beisammen, Sissy, Gisela und Marie-Valerie. Der Kaiser war nicht zugegen; er arbeitete, so sah sein ‚Osterurlaub' aus.

Kathi war diesmal besser als Sissy unterrichtet; sie hatte ihre Informationsquellen.

„Übrigens", fuhr sie fort, „wäre die Südtiroler Luft

auch für Eure Majestät nicht schlecht. Ja, man sagt, das milde und doch würzige Klima dieser Höhenlagen um Meran…"

„Aber ich habe nichts auf der Lunge", versicherte Sissy.

„Gewiß, gewiß. Und doch – Majestät sind zu untergewichtig. Majestät brauchen Kraft und Ruhe."

„Nun, jetzt geht es ja – nach Franzls Willen – zur Kur nach Wiesbaden. Dort werde ich mich wohl erholen."

„Ach, Wiesbaden – das ist doch höchstens für die Presseleute gut. Damit die wieder etwas über Eure Majestät zu schreiben haben. Wenn man Eure Majestät tagtäglich auf der Kurpromenade sieht, werden die dummen Gerüchte verstummen."

„Die Gerüchte, daß ich übergeschnappt bin?" verzog Sissy den Mund.

„Nun, das haben diese Schreiberlinge doch tatsächlich geschrieben. Sogar Blätter in London und Paris…"

„Aber ich habe mich doch nur für eine Weile in der Hermesvilla verkrochen! Man kann doch einer Mutter, die ihren einzigen Sohn verliert, nicht verdenken…"

Sissy brach ab, holte ihr Taschentuch hervor und führte es an die Augen. Die Tränen kamen schon wieder, wie so oft in letzter Zeit. Die Kaiserin, tief in schwarz gekleidet, bot wirklich noch immer einen bemitleidenswerten Anblick, fand Kathi.

„Ja, diesen Schreibern ist nichts heilig", stellte sie fest, „auch nicht das Leid einer Mutter. Hauptsache, sie können etwas Sensationelles berichten. Ich kenne das… Ich stehe ja auch öfter in der Zeitung, als mir lieb ist."

„Aber das ist doch meistens schmeichelhaft", fand Sissy wieder ihr Gleichgewicht. „Die Theaterkritiker singen Lo-

96

beshymnen. Ich aber werde meistens kritisiert..."

„Das wird sich ändern, wenn Majestät wieder von den Leuten gesehen wird", versicherte Kathi. „Und dann – wie wär's wirklich mit Südtirol?"

„Um Franz Ferdinand zu treffen und ihm auf den Zahn zu fühlen?" erriet Sissy Kathis geheimste Gedanken.

Die Schauspielerin lächelte spitzbübisch.

„Wer sonst könnte es herauskriegen?" meinte sie unternehmungslustig. „An Majestät ist doch ein Diplomat verlorengegangen. Und wir alle möchten gar zu gerne wissen, wieso Franz Ferdinand auf der Thronfolge besteht; ein Vergnügen ist es ja nicht gerade, Kaiser zu werden, das weiß er schließlich auch. Oder hat es zwischen ihm und Rudolf in letzter Zeit besondere Kontakte gegeben?"

„Zwischen Rudi und Franz Ferdinand? – Mir ist nichts davon bekannt, Baronin. Wie kommen Sie darauf?"

„Nun, es könnte doch immerhin sein, daß Rudolf eine Art von Vermächtnis – politischer Natur, meine ich – dem Range nach weitergegeben hat, und sich Franz Ferdinand nun verpflichtet fühlt..."

„... das auszuführen, was Rudolf plante, sobald er selbst an die Macht kommt?"

Sissy horchte auf. Die kluge Schauspielerin erwog seltsame Gedanken.

„Es wäre doch immerhin auch eine mögliche Erklärung, Majestät", meinte Kathi.

Gisela und Marie-Valerie hörten dem Gespräch gelangweilt zu. Die Fragen der Thronfolge und ihrer politischen Konsequenzen interessierten sie nicht sehr.

„Könnten wir nicht ein bißchen spazierengehen, Mama?" fragte Gisela. Marie-Valerie atmete erleichtert auf, denn sie rutschte bereits die ganze Zeit auf dem Korbsessel hin und her.

„Ja, geht nur. Morgen kommt Franz nach Ischl, dann wird dir nicht mehr langweilig sein, Marie-Valerie."

Die Augen der jungen Braut leuchteten kurz auf, und gleich darauf waren die beiden im Garten verschwunden.

„Wie sie sich freut, mich zu verlassen", fand Sissy schmerzlich. „Das ist das Los der Mütter; sie ziehen die Kinder groß, und – so oder so – verlieren sie sie."

„Aber nein", tröstete Kathi. „Nur nicht wieder solch trübe Gedanken, Majestät. Es werden Enkelkinder kommen..."

Doch der Gedanke, Großmutter zu werden, war für Sissy auch nicht gerade tröstlich.

„Wem sagen Sie das, Baronin", seufzte sie ärgerlich.

Am Ostersonntag fand die Pfarrgemeinde die Kaiserliche Familie in ihren Betstühlen in der Pfarrkirche versammelt, und es wurde ein besonders festlicher Gottesdienst. Sissy hatte das Gefühl, daß der Pfarrer seine tröstlichen Worte direkt an sie richtete.

Es war von Auferstehung die Rede. Vom Tod, der überwunden würde, wofür der ringsum erwachende Frühling ein sichtbares Zeichen sei. Sissy beobachtete ihren Franzl, der neben ihr mit andächtig gefalteten Händen aufmerksam zuhörte. Hinter sich wußte sie ihren Liebling Marie-Valerie und den zukünftigen Schwiegersohn. Auch Giselas Mann war gekommen; die vier jungen Leute saßen beisammen.

Die Sonne des Ostermorgens stahl sich durch die Kirchenfenster; die Orgel brauste auf und – „Der Heiland ist erstanden" scholl aus vielen Kehlen der fromme Ju-

98

belgesang auf.

Im Mai fuhr Sissy gemeinsam mit Marie-Valerie und ihren Hofdamen Majlrath und Festetics nach Wiesbaden. Tagaus-tagein konnte man sie auf der Promenade sehen. Dennoch wollten die Gerüchte in der Weltpresse nicht verstummen, die Kaiserin von Österreich habe durch den Tod ihres Sohnes physische Schäden erlitten, von ihrer Psyche ganz zu schweigen.

Ganz im Gegensatz zu diesen Gerüchten begann sich aber Sissy in Wiesbaden wieder ausgeglichener zu fühlen. Ischl hatte noch nicht den Durchbruch gebracht, den Franzl erhofft hatte. Es war nur eine Vorstufe gewesen.

Es war wirklich ein merkwürdiger Frühling, den der Mai des Jahres 1889 bescherte!

Frau von Majlrath und der Obersthofmeister der Kaiserin, Baron Nopsca, fanden übereinstimmend, daß der Zustand Sissys gute Fortschritte mache; und in dem Maß, in dem dies tatsächlich der Fall war, erwachte auch wieder ihre Wanderlust.

Sissy vertiefte sich wieder in ihre Lehrbücher für Griechisch. Sie beherrschte die Sprache bereits recht gut, aber war mit sich selbst noch nicht zufrieden. Sie träumte schon wieder von Korfu und ihrem Traumschloß auf dieser Insel, wo sie endlich Ruhe und inneren Frieden zu finden hoffte.

Wenn sie an Korfu dachte, röteten sich ihre Wangen und sie wurde sehr lebhaft. Aber gerade jetzt kamen aus Venedig ungünstige Nachrichten: Freiherr von Warsberg, der sich um den Bau des Schlosses kümmern sollte, war ernstlich erkrankt. Nopsca befürchtete Schlimmes für Warsbergs Zustand, doch er wollte Sissys fortschreitende Besserung nicht durch Hiobsbotschaften gefährden.

So redete er bloß herum und berichtete der Kaiserin, daß der Freiherr infolge einer leichten Krankheit zur Zeit nicht in der Lage sei, die Dinge weiter voranzutreiben. Sooft Sissy fragte, bekam sie das gleiche zu hören. Da entschloß sie sich dazu, selbst nach Venedig zu schreiben und erfuhr daraufhin die volle Wahrheit.

Es stand schlimm um Warsberg. Und sie mußte sich um jemanden anderen für den Bau in Korfu umsehen. Dieses Jahr stand offenkundig von Anfang an unter keinem guten Stern.

„Die Gestirne sind gegen mich", sagte sie zu Sarolta von Majlrath, „es ist eine feindliche Strömung vorhanden. Da kann man tun, was man will, man ist machtlos gegen eine solche Konstellation. Oder glauben Sie nicht an kosmische Einwirkungen auf Menschenschicksale?"

„Ich weiß nicht, was man davon halten soll", meinte Sarolta verlegen. „Horoskope und Wahrsagereien sind mir immer unheimlich; lieber befasse ich mich erst gar nicht damit. Vielleicht sind das auch bloß Zufälle, Majestät."

„Zufälle? Nein, mein Kind, ich glaube nicht an Zufälle. Da sind Mächte wirksam, die unser Schicksal bestimmen. Und unsichtbare Wesen umgeben uns. Ich spüre sie manchmal…"

„Majestät sollten sich nicht zu viel mit solchen Dingen beschäftigen. Sehen Majestät doch lieber die blühende Natur!"

„Ja, Sie haben recht, Sarolta. Es führt ja doch zu nichts. Aber dennoch – ich glaube wirklich, daß dies heuer kein sehr gutes Jahr für mich ist. Schlimm genug hat es schließlich angefangen!" Noch immer überschattete das tragische Ereignis von Mayerling Sissys Dasein und vergällte ihr viele Stunden, in denen sie sich in selbstquälerischen Vorwürfen erging. Marie-Valerie redete ihrer Mutter zu, doch endlich die schwarzen Kleider abzulegen; doch dieser Wunsch war in den Wind gesprochen.

Immer in langem Schwarz, das Gesicht durch einen dichten, dunklen Schleier aus Krepp unkenntlich gemacht, so lief die Kaiserin von Österreich, begleitet von zwei, drei Damen tagaus-tagein ziellos, aber anscheinend immer in Eile über die Promenade und hielt den Sonnenschirm über sich aufgespannt. Sie wirkte tatsächlich ein wenig grotesk. Manchmal erschreckte sie das Blitzlicht eines Pressefotografen, der sich geschickt postiert hatte und sie mit seiner Aufnahme überraschen konnte. War einer jedoch weniger geschickt, dann bekam er unter Garantie nur den aufgespannten Regenschirm auf die Platte, den Sissy, wenn sie Fotografen entdeckte, wie einen Schild vor sich hielt.

Sie gab auch keine Interviews und lebte zurückgezogen. Engeren Kontakt mit ihr hatte nur Herr Thermojannis, der sie nun wieder in Griechisch unterrichten konnte, und Doktor Metzker, der Arzt.

Das Eintreffen des Erzherzogs Franz von Toskana wirkte auf Marie-Valerie wie eine Erleichterung. Doch er kam praktisch nur, um seine Braut und die Kaiserin abzuholen. Er war mit dem Sonderzug gekommen, der Sissy und ihr Gefolge zurück nach Wien bringen sollte.

Braut und Bräutigam fielen einander in die Arme.

„Ich hab' dich schrecklich vermißt, Franz", gestand

die Prinzessin.

„Und ich dich erst, mein Liebling", rief er aus. „Ach, war ich froh, von Wien wegzukommen! Der Kaiser ist übler Laune; alle Welt macht ihm das Leben schwer. – Und wie geht es Mama?"

„Oh, auch nicht besonders. Die Kur hat nicht viel genützt; sie hat Schmerzen in den Beinen, ist schrecklich nervös und unstet. Du wirst sie ja gleich zu Gesicht bekommen!"

Der Erzherzog war nach dieser Vorankündigung auf einiges gefaßt und daher angenehm überrascht, als er Sissy begrüßen durfte. Sie war recht guter Laune, denn sie nahm nicht ungern von Wiesbaden Abschied; die Aussicht auf die Heimreise und das bevorstehende Wiedersehen mit Franzl, von dem der Erzherzog viele, viele Grüße und gute Wünsche für die Heimfahrt mitbrachte, versetzten Sissy in eine angenehme Erregung.

Sie reiste gern. Das Reisen an sich hatte ihr schon immer mehr Spaß gemacht als das Ziel, das sie dann häufig genug enttäuschte. Und diesmal kam noch dazu, daß auch sie sich wieder nach Franz sehnte, so wie er nach ihr.

Baron Nopsca ließ schon das kaiserliche Gepäck zum Bahnhof befördern, wo der Separatzug – wie die offizielle Bezeichnung lautete – auf seine Passagiere wartete.

„Gottlob, Wiesbaden wäre überstanden", bemerkte Sissy, als sie in ihrer Kutsche saß und das Kurhotel hinter sich verschwinden sah. „Metzker will mich durchaus in Holland am Meer haben, um mich weiterzubehandeln. Doch ich weiß nicht, ob ich mir das antun soll. Jetzt bin ich erst einmal froh, wieder heim nach Wien zu kommen!"

Sie hatte tatsächlich noch keine fixen Pläne für die kommenden Wochen und Monate, was alle, die zu ih-

102

rem Hofstaat gehörten, verwunderlich fanden. Und es hatte sie auch noch nie so sehr wie diesmal zur Heimreise gedrängt.

Der Baron überwachte die letzten Reisevorbereitungen und stieg zum Zugsführer in den vordersten Waggon, der auch die Telegraphenstation enthielt. Sissy machte es sich mit ihren Damen und ihrem künftigen Schwiegersohn im Salonwagen bequem.

„Wo sind die Zeiten, als wir auch noch Pferde mitnahmen, nach England, beispielsweise", bemerkte sie plötzlich.

„Aber du reitest doch noch immer vorzüglich, Mama", fand Marie-Valerie.

„Ja, gewiß; aber es macht mir nicht mehr so viel Spaß wie früher, es kostet Mühe. Jetzt gehe ich lieber zu Fuß und sehe mir auf den Wanderwegen Gottes liebe Natur an. Und muß mir dann zur Strafe von Doktor Metzker meine Beine behandeln lassen."

„Am Fenster eines Eisenbahnwagens zu sitzen und die Landschaft an sich vorbeiziehen zu lassen, ist auch ganz schön und vor allem bequemer", fand Ida von Ferenczy, die es sich bereits in einem der Lederfauteuils bequem gemacht hatte.

Die Lokomotive ließ ihr Pfeifen hören, der Stationsvorstand fertigte den Sonderzug ab, und Sissy sah sich ein letztesmal das Wiesbadener Panorama von ihrem Fenster aus an, wie es langsam, dann immer rascher, an ihr vorüberzog.

„Es geht heimwärts, Mama", freute sich Marie-Valerie.

„Ja, mein Kind", sagte Sissy.

„Du solltest wieder einmal ein Gedicht schreiben.

Regt dich diese Szene nicht an?"

„Nein. Seit Rudis Tod habe ich keine Zeile mehr verfaßt, und ich werde dazu auch noch lange brauchen. Vielleicht, wenn in Korfu das Schloß doch fertig gebaut wird, daß ich wieder in Stimmung komme."

Marie-Valerie antwortete nicht. Sie verstand ihre Mutter, die jetzt schweigsam vor sich hinstarrte, während das gleichmäßige Rollen der Räder die müde Ida von Ferenczy einzuschläfern schien.

2. Die Macht des Bösen

„Der Freiherr von Warsberg ist nicht unersetzlich. Jemand anderer wird seine Arbeit fortsetzen, und das Schloß in Korfu wird ganz nach den Wünschen Eurer Majestät entstehen", erklärte der Baron Nopsca, der auch gleich eine Reihe von Vorschlägen bei der Hand hatte. Da er schon länger und besser als Elisabeth wußte, wie es um den Freiherrn stand, hatte er sich bereits Gedanken darüber gemacht, wer an Warsbergs Stelle treten könnte.

„Wo sind wir eigentlich?" fragte Marie-Valerie.

„In der Nähe von Frankfurt, Kaiserliche Hoheit", erläuterte der Baron dienststeifrig. „Nahe der Goethestadt gewissermaßen, wenn ich so sagen darf."

„Sie dürfen", schmunzelte die Prinzessin über Nopscas Ausdrucksweise.

Die Kaiserin war in Gedanken weit weg, in Korfu.

„Es ist ein so schönes Plätzchen", sinnierte sie sehnsüchtig, „und ich möchte wirklich nicht, daß der Bau verzögert wird. Wer immer die Arbeit Warsbergs übernimmt, es muß ein Mann seiner Art sein. Denn Warsberg dachte und fühlte ja schon fast wie ein Grieche des klassischen Altertums. Bei ihm wußte ich den Bau in guten Händen."

„Das wird er auch in Hinkunft sein, ich glaube, mich dafür verbürgen zu können", versprach der Baron. „Wir werden die richtige Wahl treffen, Majestät, die richtige – oh – – was, um Himmels Willen, ist denn das?!"

Im nächsten Augenblick saß er auf dem Schoß der entsetzt aufschreienden Frau von Majlrath. Und da der Baron ansonsten auf die Einhaltung der Etikette in Anwesenheit der Kaiserin ganz besonders Wert legte, ein solches Benehmen aber ganz und gar nicht der Etikette entsprach, fuhr er wie von einer Tarantel gestochen wieder hoch und fiel beinahe hin.

Doch auch Sissy selbst erging es nicht viel besser. Sie hatte Mühe, sich an dem Tisch festzuhalten, während Frau von Majlrath ihr Gleichgewicht verloren hatte und vor Entsetzen schreiend auf den Teppich glitt.

„Franz – wo ist Franz?!" rief Marie-Valerie angstvoll nach ihrem Verlobten, der vor wenigen Minuten in den Telegraphenwagen gegangen war.

„Wir sind entgleist! Du gütiger Himmel!" rief der Baron. „Majestät! Um Himmels Willen, Majestät!"

Er versuchte, die Kaiserin zu stützen, konnte sich aber selbst nicht mehr auf den Beinen halten.

Der ganze Zug schien über die Schienen hinzuschlingern, aus den verschiedenen Waggons wurden Schreie und Rufe nach dem Zugsführer laut. Gepäck- und Einrichtungsstücke krachten gegen die Wände, und die Landschaft vor den klirrenden Waggonfenstern führte einen Höllentanz auf.

„Oh, mein Gott", stöhnte Sissy, „bleibt denn der Zug nicht endlich stehen?!"

Doch das tat er noch eine ganze Weile nicht. Denn der Lokführer hatte tatsächlich nicht bemerkt, daß der letzte Wagen, ein überladener Gepäckwaggon, bei einer Weiche aus den Schienen gesprungen war. Dieser holperte nun über die Schwellen und brachte nach und nach auch die anderen Waggons aus dem Gleichgewicht. Der Baron versuchte die Notbremse zu erreichen; vergebens. Kostbares Kristallgeschirr zerbrach splitternd auf dem Teppich, und Frau von Majlrath stöhnte vor Schmerz.

„Franz! Franz!" rief Marie-Valerie in steigender Angst, während der Zug noch immer schwankend, polternd und krachend über die Schienen schlitterte.

Sissy wußte, daß die nächsten Minuten die Katastrophe bringen würden und sandte ein Stoßgebet zum Himmel.

Und dann geschah sie tatsächlich.

Die Kupplung zum letzten Wagen riß; die von der hinderlichen Last befreite Wagenkolonne aber machte sich selbständig, als der Lokführer die Gefahr erkannte und jäh bremste. Ihre Wucht drückte die beiden vordersten Wagen aus den Schienen, und unter dem Dampf und Zischen der Lokomotive neigten sie sich und krachten auf den Bahndamm.

Wie durch ein Wunder stand der Waggon Sissys fest auf den Schienen; außer den Schäden, die während des Schlingerns entstanden waren, blieb er von der Katastrophe verschont.

Mit weit aufgerissenen Augen und tief atmend fand

106

der Erzherzog blaß wie ein Gespenst die Kaiserin in einem der Fautenils gepreßt sitzen, während sich die Hofdamen um den Baron kümmerten. Dieser war zwar nicht ernstlich verletzt, aber er hatte etliche Beulen abbekommen.

„Endlich", rief Marie-Valerie, ihren Verlobten umarmend, „ist dir auch nichts passiert?"

„Der Lokomotivführer hat den Unfall zu spät bemerkt", berichtete er. „Und ist noch fast einen halben Kilometer mit Volldampf weitergefahren. Und dann..."

Seine weiteren Worte gingen unter in dem Lärm, der jetzt von draußen hereindrang.

Sissy hatte ein Fenster geöffnet und beugte sich hinaus. Sie sah, wie ihre Dienerschaft aus dem umgestürzten Waggon kroch und das Zugpersonal herbeieilte, um Hilfe zu leisten. Vorn bei der Lok sah es schlimm genug aus.

Schreiend und jammernd sammelten sich die Verletzten auf dem Bahndamm. Der Zugsführer erschien schreckensbleich vor dem Fenster der Kaiserin.

„Majestät sind wohlauf? – Gottlob! Und ist jemand im Waggon verletzt?"

„Es scheint nur kleinere Probleme zu geben", meinte Sissy mit einem Blick auf Baron Nopsca.

„Daß dieses Unglück passieren mußte", jammerte der Zugsführer, der einen gehörigen Rüffel vom Kaiser fürchtete.

„Das Schicksal ist eben gegen mich. Die bösen Mächte haben es auf mich abgesehen", orakelte Sissy und schloß das Fenster. „Wir wollen uns um die Verletzten kümmern. Wir brauchen Verbandszeug, Jod und Wundpflaster!"

Die Apathie, die sie eben noch an den Tag gelegt

hatte, wich einem erstaunlichen Tatendrang. „Los, meine Damen. Auch du, Marie-Valerie. Es ist unser Zug! Wir sind für unsere Leute verantwortlich."

„Papa wird einen Heidenschreck kriegen, wenn er davon erfährt, und ich möchte nicht in der Haut des Zugsführers stecken."

„Mir ist schon in der meinen nicht mehr wohl", stöhnte der Baron. „Ich glaube, ich spüre jeden Knochen einzeln!"

„Die da draußen sind viel ärger dran", erinnerte Sissy energisch. „Wir wollen zupacken und helfen."

Sie war wieder wie früher, als sie ausstieg, um sich um ihr verletztes Personal zu kümmern. Da war ihre Tatkraft wieder, ihre ungezwungene Natürlichkeit, ihr Gefühl für Mitmenschen in Not.

Wenn mich Tante Sophie, – Gott hab' sie selig – so sehen könnte, dachte sie, würde sie wohl wieder über mich die Nase rümpfen. Und voll Staunen sah Marie-Valerie ihre Mutter – seit langem wieder – selbstzufrieden lächeln, während sie half, einem verletzten Eisenbahner die Hand zu verbinden.

„Na, mein Freund, das wird schon wieder. Das heilt rasch", versicherte sie ihrem Patienten und lächelte ihn an.

Der wurde rot bis unter die Haarwurzeln.

„Majestät haben mich verbunden", staunte er und konnte es fast gar nicht glauben. „Majestät persönlich... Wenn das nicht der schönste Tag in meinem Leben ist...!"

„Nein sowas", lachte Sissy. „Den Tag nennen Sie schön?!"

Und kopfschüttelnd kümmerte sie sich um den nächsten Verletzten.

„Mama ist einfach fabelhaft", meinte Erzherzog Franz Salvator, der gemeinsam mit Marie-Valerie Verbandszeug herbeischleppte. „Sieh sie dir doch an! Und wie flink sie ist. Sie ist ja reinweg wie verwandelt!"

Der Baron saß stöhnend im Gras und streckte die Beine jammernd von sich. Frau von Majlrath klagte über arge Rippenschmerzen. Es sah nach Prellungen aus.

Ganz zum Unterschied von Sissy bekam deren Friseuse, Frau Feifal, einen regelrechten Anfall von Hysterie, obwohl ihr gar nichts passiert war. Sie heulte, schluchzte und betete und konnte sich gar nicht beruhigen, während sich die Unglücksstelle schon mit Schaulustigen zu beleben begann.

Alles in allem sah das Malheur ärger aus, als es war, und die Verletzungen, welche die Passagiere des Hofzuges erlitten hatten, waren glimpflich. Am ärgsten war bei den meisten der Schock, besonders bei Frau Feifal.

Aus dem umgestürzten Küchenwagen krabbelte als letzter der Zuckerbäcker hervor. Er fluchte nicht schlecht, da er gerade dabei gewesen war, eine Torte zu machen. Durch einen gewaltigen Schubs war er aber mit seiner Kochmütze geradewegs in die Creme gefahren; nun klebte die schöne Torte teils auf seinem gezwirbelten Schnurrbart, teils tropfte die Schokolade von seiner Nase herab.

Marie-Valerie war die erste, die beim Anblick des erbitterten Hofkochs lachen mußte; ihr Lachen steckte an, und der gute Mann sah sich zu seinem ärgsten Verdruß nun auch noch als Mittelpunkt allgemeiner Heiterkeit.

Es dauerte mehr als zwei Stunden, bis ein eilig herbeigebrachter Arbeitstrupp die umgestürzten Waggons wieder auf die Schienen gestellt hatte und im Zug halbwegs Ordnung herrschte. Zahlreiche Fenster waren kaputt; sie mußten in Frankfurt frisch eingeglast werden. Um allzu großen Zeitverlust zu vermeiden, wurden Waggons gegen solche aus Bayern ausgetauscht. Der neu zusammengestellte Hofzug konnte nach diesem Abenteuer mit mehrstündiger Verspätung seine Fahrt nach Wien fortsetzen.

Der Kaiser besprach in Wien eben mit dem Außenminister Graf Berchthold und dem Protokollchef den für August vorgesehenen Besuch beim deutschen Kaiser in Berlin, als er die Nachricht von dem Mißgeschick des Sonderzuges erhielt.

Er las das ausführliche Telegramm, in dem Baron Nopsca versicherte, daß Ihrer Majestät „auch nicht ein Haar gekrümmt" sei. Vor allem wolle er „die nun nicht mehr gutzumachende Verspätung des Hofzuges anzeigen und erklären, die nun bereits über fünf Stunden ausmache und sich vermutlich noch vergrößern werde, weil mit Rücksicht auf den Fahrplan der sonst noch verkehrenden Züge nun nichts mehr stimme" und „außertourlich rangiert" werden müsse. Seine Majestät möge daher nicht ungehalten sein wegen der verzögerten Ankunft von „hochdero durchlauchtigster Gattin".

Stirnrunzelnd las Franz die schwulstigen Erklärungen des Baron Nopsca, dem es ganz offensichtlich in erster Linie darum ging, den Kaiser nicht unnötig lange auf dem Bahnsteig warten zu lassen; denn natürlich beabsichtigte Franzl, seine Sissy abzuholen.

„Um Himmels Willen", brummte er, „es hat ein Zugsunglück gegeben – der Hofzug ist bei Frankfurt entgleist; glücklicherweise gibt es keine ernstlichen Verletzungen, nur Sachschaden, und meine Frau ist unverletzt. Doch was ist mit meiner Tochter und ihrem Bräutigam? – Kein Wort steht davon in dem Telegramm; dafür aber in aller Ausführlichkeit, daß ich nur ja nicht zu früh zum Südbahnhof soll!"

Südbahnhof?! – Die Geduld hatte der besorgte Franzl nicht, er wollte die Wartezeit abkürzen.

„Ich hole sie schon in Hetzendorf aus dem Zug", beschloß er laut. „Der Hofzug soll im Vorortebahnhof halten!"

Jawohl, er würde dem Zug einfach entgegenfahren. Dadurch bekam er Sissy und seine Lieben mindestens eine halbe Stunde früher zu Gesicht und ersparte sich außerdem die ganze aufwendige Begrüßerei vor allen Leuten in der Halle des Südbahnhofs.

Doch der Zug war erst in der Gegend von Nürnberg; er würde in München und Salzburg Station machen, und erst morgen, im Laufe des Vormittags, war seine Ankunft in Wien zu erwarten.

Seufzend wandte er sich wieder den Fragen des Protokolls zu, die beim Kaisertreffen in Berlin zu beachten waren, und den Themen der Außenpolitik, die zur Sprache kommen würden, wobei die ewige, leidige „Balkanfrage" einen bevorzugten Platz einnahm.

In Gedanken aber folgte Franzl der Fahrt des Sonderzuges, in dem Sissy saß. Er hörte nur mehr mit halbem Ohr, was die beiden Herren auf ihn einredeten, und sie merkten das schließlich, nickten einander verständnisvoll zu und schlugen eine Verschiebung der weiteren Besprechung vor. Dem stimmte der Kaiser, sonst das Pflichtbewußtsein in Person, erleichtert zu. Am liebsten wäre er jetzt schon aufgebrochen und dem Hofzug entgegengefahren, um sich selbst davon zu überzeugen, daß Sissy „kein Haar gekrümmt" worden sei.

Um sechs kam Kathi, um mit dem Kaiser den Tee einzunehmen.

„Der Hofzug ist verunglückt", empfing er sie, und die Schauspielerin erblaßte.

„Um Himmels Willen", entfuhr es auch ihr, und sie preßte erschrocken die Hand ans Herz. „Majestät, ist etwa...?!"

„Nein, nein, es ist nichts weiter Schlimmes. Immerhin, es gab Verletzte. Doch meinen Angehörigen ist nichts passiert. Ich habe inzwischen durch einen Telegrammwechsel Näheres erfahren. Es ist noch einmal gut abgegangen, aber vielleicht können Sie nun verstehen, beste Freundin, wie mir tagaus-tagein zumute ist, wenn ich die Kaiserin unterwegs auf Reisen weiß."

Kathi atmete erleichtert auf.

„Haben Sie mir aber einen Schreck eingejagt, Majestät, ich dachte schon..."

„Nein, nein", winkte Franzl ab. „Es ist wirklich nichts. Aber Sie verstehen: da habe ich Sissy nun die Hermesvilla gebaut in der Hoffnung, daß sie endlich in meiner Nähe seßhaft wird..."

„Aber vielleicht wird sie es im Süden, auf Korfu", warf Kathi ein. „Es ist ja ihr großer Wunsch, ihr Traumschloß!"

„Nun, Korfu ist weit, weit weg von Wien. Aber ich wäre auch damit zufrieden, wenn sie nur endlich irgendwo auf einem Fleck bliebe. Dann wüßte ich wenigstens immer, wo sie ist. Doch zu Schiff, per Bahn, auf dem Rücken von Reittieren und immer woanders, und das in dieser gefährlichen Zeit!" seufzte er.

112

„Vielleicht wird sie in ihrem Traumschloß endlich Ruhe finden, wenn es Wirklichkeit geworden ist", versuchte ihn Kathi zu trösten.

„Das ist ja auch so ein Problem", brummte Franz Joseph. „Ich fürchte für Freiherrn Warsberg das Schlimmste. Er wird eine Lücke hinterlassen, wenn er stirbt."

„Steht es denn so schlimm um ihn?"

Franz Joseph nickte ernst.

„Alles scheint sich gegen die Kaiserin verschworen zu haben", meinte Kathi kopfschüttelnd und sprach damit aus, was Sissy selbst schon die längste Zeit über dachte.

3.   Sissy und das Geheimnis

War das ein Wiedersehen! Als der Hofzug heranschnaubte, stand Franzl schon eine Weile auf dem Hetzendorfer Bahnsteig und schaute ungeduldig in die Ferne, wo sich endlich weit draußen auf dem ins Unendliche verlaufenden Schienenstrang ein dunkler Punkt zeigte, der rasch größer wurde.

„Das ist er! Da kommt er endlich!"

In seiner Begleitung befand sich sein Neffe, der zwanzigjährige, springlebendige Erzherzog Otto.

Zischend und fauchend hielt endlich die Lokomotive, und die Waggons des Sonderzuges kamen zum Stehen. Fenster wurden aufgerissen, Türen geöffnet, und da war auch schon Sissy.

„Daß du nur wieder da bist, mein Engel", küßte er sie, „daß ich dich nur wieder bei mir habe – und auch dich, Marie-Valerie, mein liebes Kind!"

113

„Ach, Franzl", seufzte Sissy müde und zufrieden, wieder daheim zu sein, „war das eine schlimme Reise!"

„Ja, ja, ihr habt einen Schutzengel gehabt. Das hätte arg ausgehen können. Ihr müßt mir nachher alles genau erzählen. Wir fahren jetzt gleich in die Hermesvilla, wo ihr auspacken könnt. Du bleibst doch dort, Sissy, oder…?"

Sie hörte den bangen Unterton in seiner Frage und stimmte schnell zu. Natürlich, sie wollte in die Hermesvilla, in die Hofburg aber erst, wenn es unumgänglich nötig wurde.

Auf der Fahrt – sie saß mit Franzl allein im Wagen – fragte sie wegen Otto:

„Ist er nun der Thronfolger, oder – –?"

„Es ist noch nichts entschieden", antwortete er korrekt. „Da ist auch noch Franz Ferdinand, und ihm als dem Älteren steht die Thronfolge zu. Doch wie du weißt, ist er leidend, wie seine Mutter es war. Im Augenblick ist er bei seinem Regiment in Prag, doch ich muß ihn wohl nach Wien kommen lassen."

„Das klingt, als wärest du nicht sehr erbaut davon."

„Sissy, wir haben Rudolf dazu erzogen, meine Nachfolge anzutreten. Doch Franz Ferdinand, Otto und Ferdinand, Söhne meines Bruders Karl Ludwig, sind nicht hinreichend für ein solches Amt vorbereitet worden."

„Aber was kannst du da machen?" fragte Sissy, während der Wagen durch die Straßen rollte und die Leute, die das Kaiserpaar erkannten, stehenblieben und winkten.

„Wir müssen das Versäumte nachholen. Ich werde Franz Ferdinand nach Wien holen, und die drei werden gemeinsam in der Favorita in eine harte Schule genommen. Wir werden ja sehen, wie sie sich machen, und ob Franz Ferdinand das überhaupt durchsteht."

„Er will es darauf ankommen lassen, hat man mir berichtet."

„Das stimmt. Und ich werde ihn nicht übergehen, wie er sich einredet. Alles hängt von ihm selbst ab."

„Und was sagt Otto?"

„Oh, ich glaube, den sähen viele Leute als Kaiser gern. Aber ob er das nötige Verantwortungsgefühl hierfür aufbrächte, das weiß ich nicht. Franz Ferdinand hingegen hätte dies, ist jedoch, fürchte ich, ein wenig zu ehrgeizig."

„So wie Rudi, meinst du?"

„Vielleicht sogar noch ärger, die beiden waren ja Freunde, und ich würde mich nicht wundern, wenn Rudi nicht..."

Der Kaiser brach ab, als habe er schon zu viel gesagt.

„Sprich weiter", drängte jedoch Sissy gespannt. „Was wolltest du eben sagen?"

„Nun, ich meine – ich habe so den Verdacht..."

„Einen Verdacht? Du sprichst in Rätseln, Franzl. Glaubst du etwa, Franz Ferdinand hätte etwas mit Rudis Tod zu tun?"

„Sagen wir besser: Rudis Tod hat etwas mit seinem nun plötzlich erwachten Interesse zu tun."

„Wie soll ich das verstehen, Franzl? Denkst du, Rudi hätte ihm, als er noch lebte..."

„Genau das will ich sagen, mein Engel. Rudi und Franz Ferdinand waren enge Freunde. Sie haben sich gut verstanden, und Rudi muß wohl, vielleicht auch auf Grund meiner Warnungen, damit gerechnet haben, daß ihm etwas zustoßen könnte, bevor er auf den Thron gelangt."

„Und du vermutest, er hätte Franz Ferdinand so eine

Art ‚Politisches Testament' hinterlassen, das dieser nicht ausführen könnte, wenn statt diesem sein Bruder Otto Kaiser von Österreich würde?"

„Es könnte doch immerhin sein. Mir ist nichts Genaueres bekannt, aber verschiedene Äußerungen Franz Ferdinands, die man mir von ihm in den letzten Wochen berichtet hat, haben diesen Verdacht in mir geweckt, mein Engel."

„Aber das wäre doch großartig, Franzl", rief Sissy aus.

„Großartig? Schrecklich wäre das", entgegnete er zu ihrer Überraschung.

„Das ist doch nicht dein Ernst, Franzl!"

„Es ist mein voller Ernst, Sissy. Bedenke doch, daß er sofort die gleichen Feinde gegen sich hätte wie Rudolf."

Er sprach nicht weiter. Sissy wirbelten die Gedanken im Kopf herum. Sie dachte an ihre geheime eiserne Kassette und an alles, was sie darin an Aufzeichnungen über den Tod ihres Sohnes verwahrte. Gedankenlos erwiderte sie die Grüße der Bevölkerung durch anmutiges Neigen ihres Kopfes und Handzeichen. Franzl grüßte höflich salutierend. Es gab keinen Polizeikordon und nur sechs Mann Garde, welche beritten war und mehr auf die Ordnung des Konvois achtete als auf dessen Sicherheit.

Endlich fuhr man in den Lainzer Tiergarten ein, dessen Tore sich hinter dem letzten Wagen schlossen. Nun umgab sie wieder Waldesstille, und nichts war zu hören als Vogelgezwitscher, das sanfte Traben der Pferdehufe und das Rollen der Räder.

Eine halbe Stunde später – Sissy hatte sich frisch gemacht und umgekleidet – saß sie mit Franzl beim Mittagessen, an dem auch Franz von Toskana, Marie-Valerie,

Gisela und Erzherzog Otto teilnahmen.

Franzl aß wie immer hastig und schaute verstohlen auf die Uhr – er mußte nachmittags bei seinen Audienzen in der Hofburg sein. Während des Essens drehte sich das Gespräch nur um Elisabeths Aufenthalt in Wiesbaden und die verunglückte Reise nach Wien. Was Sissy aber wirklich auf der Zunge brannte, brachte sie nicht zur Sprache.

Sie wußte genau, Franzl hätte sich auf ein solches Gespräch nicht eingelassen. Vielleicht später, unter vier Augen und bei anderer Gelegenheit.

Im Hintergrund stand jene geheimnisvolle Bedrohung, die nun auch gegen den möglichen Thronfolger Franz Ferdinand gerichtet schien, falls dieser tatsächlich beabsichtigen sollte, Rudolfs politische Pläne zu verwirklichen.

Aber waren diese Pläne denn wirklich so verhängnisvoll? Wem, vor allem, wurden sie gefährlich?!

Wer imstande war, diese Frage zu beantworten, der kannte auch den Mörder Rudolfs – oder zumindest seine Hintermänner...

Ich werde das zu Papier bringen, sagte sie sich. Und wenn Franzl tatsächlich nicht wissen sollte, von welcher Seite die Gefahr droht, dann werde ich eben versuchen, es herauszubekommen.

Und Franzl wird dann doch nicht umhinkönnen, die Konsequenzen zu ziehen und die Schuldigen an Rudis Tod zu bestrafen...

Sie sah ihn noch kurz, bevor er wegfuhr. Er versprach, am Abend wiederzukommen.

„Wir sprechen dann wohl noch über die Thronfolgerfrage", deutete sie an. Er nickte kurz und sprang in seinen Wagen. Sie hatte kaum Kontakt mit Franz Ferdinand gehabt, obgleich er ein Freund ihres Sohnes gewesen war. Nun, vielleicht eben deshalb, und weil er ähnlich dachte wie Rudi, interessierte sie sich plötzlich für ihn...

Was war er für ein Mensch? Was hatte Rudi an ihm gefunden? Rudi - von Natur aus eher mißtrauisch veranlagt – hatte ihm offenbar ein hohes Maß an Vertrauen geschenkt. Sissy hoffte, dem jungen Oberstleutnant demnächst zu begegnen. Und in der Stille des Lainzer Tiergartens, in dem sich die Hermesvilla als ein neuer Prachtbau rings vom Walde eingeschlossen erhob, fing sie wieder über das Geheimnis von Rudolfs Tod zu grübeln an.

Die Villa hatte eine Art Geheimausgang; eine kleine, durch eine Tapetentür vor unberufenen Blicken geschützte schmale Wendeltreppe führte unmittelbar aus Sissys Gemächern auf der dem Empfangsportal abgelegenen Seite ins Gehölz.

Sissy nahm sich ihre Aufzeichnungen mit und ohne jemandem auch nur ein Wort zu sagen, wanderte sie an einem herrlichen Maimorgen in die Tiefe des würzig-duftenden Waldes.

Es versprach, ein warmer Tag zu werden. Kein Mensch war in der Nähe; sie ließ sich auf einer Wiese nieder, blinzelte in das Sonnenlicht, beobachtete eine Spinne, die an ihrem Netz, an welchem noch die Tautropfen glitzerten, weiterspann und hörte dem Summen der Insekten zu. Der Friede der Natur zog auch in ihr unruhvolles Herz ein. Es war die Stimmung, in der sie früher Gedichte geschrieben hatte; doch nun benutzte sie ihren klaren Kopf zu anderen Überlegungen.

Nach einer Weile zog sie die Aufzeichnungen aus der

118

Kassette hervor und begann sie aufmerksam zu studieren. Dabei fielen ihr einige Zeilen auf, die sie am Rande vermerkt hatte, da sie in keinem ursächlichen Zusammenhang zu dem tragischen Ereignis zu stehen schienen.

Sie betrafen das seltsame, unbegreifliche Verhalten des Ministerpräsidenten Graf Taaffe am Morgen nach der Bluttat.

An diesem Tage war er – noch bevor die Nachricht aus Mayerling eintraf, aber auch nachher – so guter Laune, daß es verschiedenen Leuten auffiel. Dem Kaiser gegenüber war er dann als besorgter und mitfühlender Freund aufgetreten; denn Freunde waren er und Franz Joseph schon von Kindesbeinen an. Aber kaum in seiner Kanzlei, hatte er sich Wein kommen lassen und Schlager gepfiffen. So, als hätte es für ihn einen besonderen Grund zum Feiern gegeben.

Die Hofburg hatte „dünne“ Wände, und es war daher kein Wunder, daß von Taaffes merkwürdiger Freude an jenem 30. Jänner 1889 sowohl der Kaiser als auch die Kaiserin hörte. Sissy nahm an, Franzl habe wohl Taaffe zur Rede gestellt, doch sie hatte nie mit ihm darüber gesprochen, da ihr in Anbetracht der nun auf sie einstürmenden Dinge die Sache als unwichtig erschien. Doch da sie inzwischen den nötigen Abstand gewonnen hatte und nun freier von Emotionen überlegte, stolperte sie neuerlich über dieses merkwürdige Vorkommnis. Und gleichzeitig fiel ihr auf, wie lebhaft sich Taaffe für Otto als Thronfolger einsetzte.

„Seltsam“, sagte sie zu sich selbst, „da besteht doch irgendein Zusammenhang!“

Taaffe war für Franzl sicherlich über jeden Verdacht erhaben. Aber Sissy mißtraute dieser Freundschaft, die sich aus der jahrzehntelangen Zusammenarbeit der beiden Männer ergeben hatte.

Graf Eduard Taaffe war um drei Jahre jünger als Franz Joseph. Sein Vater war Rektor der Wiener Universität und hatte eine zeitlang das Amt des Justizministers bekleidet, da er als hervorragender Jurist für dieses Amt bestens geeignet war.

Die Familie der Taaffes stammte aus altirischem Adel, war jedoch im 17. Jahrhundert nach Böhmen ausgewandert und hatte sich dort niedergelassen. Sie waren überaus treue Anhänger des Hauses Habsburg geworden und schon ihrer Herkunft nach immun gegen das überhandnehmende Nationalitätentum, welches die Monarchie gefährdete. Auch Eduard Taaffe sah stets die Monarchie als einheitliches Ganzes und hatte nichts für die Selbständigkeitsbestrebungen der Ungarn, Tschechen, Italiener, Polen, Kroaten, Slowaken und nun auch Bosniaken innerhalb der Monarchie übrig.

Dazu kam, daß Taaffe im Laufe seiner Karriere Ämter bekleidet hatte, welche ihn nicht nur in die verschiedensten Gebiete der Österreich-Ungarischen Monarchie geführt hatten, sondern ihn auch in besonderer Weise gelehrt hatten, die Probleme des Vielvölkerreiches zu verstehen. Bevor er Premierminister wurde, war er Statthalter in Oberösterreich und Tirol, Verteidigungsminister, Chef der Staatspolizei und schließlich Innenminister gewesen.

Gerade diese drei letzteren Ämter hatten ihn Kontakte aufbauen lassen, die über den halben Erdball liefen. Wie die Spinne, die jetzt nahe Sissys Kopf im Zentrum ihres Netzes saß und sich von ihrer Arbeit ausruhte, saß Taaffe an den Schalthebeln eines Apparates, den er auch nicht aus der Hand gab, als er Premier geworden war.

Was hatte er doch einmal von sich selbst behauptet? – Der Satz fiel Sissy fast unvermittelt ein, sie hatte ihn aus seinem eigenen Mund gehört: „Ich bin der Exekutivbeamte Seiner Majestät, nix weiter…"

Dieser Ausspruch wurde anläßlich eines Banketts in einer Weinlaune geboren, denn die gutgelaunte Tischgesellschaft hatte den Premier hinsichtlich seiner „Allmacht im Reiche" ein wenig aufgezogen. Alle hatten über diese scherzhafte Verteidigung herzlich gelacht.

Als ihr aber dieser Satz nun wieder einfiel, war ihr gar nicht zum Lachen zumute. Er sah sich als Exekutivbeamter, als Vollstrecker an… Es war ein Scherz gewesen, der offenbar über Taaffes Selbsteinschätzung die Wahrheit aussagte.

Und was hatte doch Franzl zu den Vorgängen von Mayerling gesagt…?!

„Die Wahrheit ist viel schlimmer als alles, was du dir denken kannst. Und sie ist gefährlich…"

„Nein", stöhnte Sissy und schlug entsetzt die Hände vors Gesicht. „Nur das nicht, mein guter Gott, bitte gib, daß ich mich irre, daß es nicht der Fall ist…!"

Vielleicht haben die Zeitungen in aller Welt, die das jetzt schreiben, recht, und ich bin wirklich verrückt, sagte sie sich. Verrückt, von der Wittelsbach'schen Krankheit befallen! – Franzl, werde ich dir je wieder gerade in die Augen sehen können, ohne ein Grauen zu verspüren, wie vorhin?!

Doch dann erinnerte sie sich: Er war ja völlig gebrochen gewesen in dem Augenblick, als er von Rudolfs Tod erfahren hatte. War schluchzend in der Kapuzinergruft am Sarg seines Sohnes zusammengebrochen... Ein Mann, so durch und durch Christ wie er, wäre nie und nimmer imstande gewesen, einen Befehl zur Ermordung des eigenen Sohnes zu geben.

Sissy fand unversehens in die Gegenwart zurück. Denn plötzlich wurden ihre Überlegungen durch ein gefährliches Brummen unterbrochen, das unmittelbar in ihrer Nähe erklang. Ein Eber trat aus dem Gebüsch und starrte sie aus blutunterlaufenen Augen bedrohlich an.

4. Der grüne Jäger

Im ersten Moment war Sissy starr vor Schreck. Der Eber war ein gewaltiges Wildschwein mit bedrohlichen Hauern, und wie er so angriffslustig, die Beine kräftig auf den Boden gestemmt, fauchend vor ihr stand, hätten auch andere Angst bekommen.

„Gütiger Himmel", entfuhr es Sissy, „oh, nein!"

Sie sprang auf und lehnte sich gegen einen mächtigen Baumstamm. Der Eber glotzte sie an, machte einen kurzen Satz auf sie zu, blieb aber dann doch unschlüssig stehen. Nervös zuckte sein kurzer Schwanz hin und her, und er senkte den Schädel, als wolle er im nächsten Augenblick angreifen. Sissy stieß einen leisen Ruf des Schreckens aus. Doch da war wohl niemand, der sie hätte hören können – kein Mensch weit und breit, nur der rauschende Frühlingswald mit seiner trügerischen Idylle.

„Geh weg – weg!" versuchte Sissy ihn mit heftigen Handbewegungen abzuschrecken.

Doch erfolglos. Der Eber grunzte nur, beäugte Sissy heimtückisch und schien entschlossen, ihr im nächsten Moment seine Hauer in den Leib zu rennen.

Als er jetzt den Kopf tief senkte und zum Sprung ansetzte, stieß Sissy einen leisen Schrei aus. Kam denn wirklich niemand? Gab es denn gar keine Hilfe?!

„Stehenbleiben! Bleiben Sie, wo Sie sind!"

Aus dem dichten Gehölz schallte plötzlich eine Stimme.

Der Eber hörte sie und hob seinen riesigen Schädel.

Erleichtert blickte Sissy auf.

„Hilfe! Schnell – –" rief sie.

Doch in dem Augenblick, in dem sie nach dem unsichtbaren Rufer Ausschau hielt, setzte der Eber zum Angriff an. Sissy sah gerade noch das Wildschwein auf sich zustürzen. Mit einem Aufschrei flüchtete sie hinter den mächtigen Baumstamm, als auch schon ein Schuß krachte und der Eber nur wenige Schritte von ihr wie vom Blitz getroffen zusammensank.

Sissy schlug die Hände vors Gesicht. Sie wußte noch immer nicht, wer geschossen hatte. Nur, daß die Gefahr jetzt vorüber war! Ein Zittern befiel sie.

„Alles in Ordnung", sagte neben ihr eine sanfte Männerstimme.

Sie klang sympathisch und beruhigend. Sissy holte tief Atem und suchte, ihre Selbstbeherrschung wiederzugewinnen. Als sie jetzt aufsah, stand sie einem jungen Mann in grünem Lodengewand gegenüber. Auf den zweiten Blick sah der Jäger etwas älter aus. Sein kühn geschnittenes Gesicht, das ein Bart umrahmte, ließ auf einen Mann um die Vierzig schließen.

Der Jäger lächelte, blies den Pulverstaub vom Lauf

seiner Flinte, während Sissy ihn verwirrt anblickte.

„Majestät haben mich nicht erkannt?" fragte er forschend und, wie es schien, leicht verwundert.

Tatsächlich mußte sie ihn schon gesehen haben, aber der Bart irritierte sie.

„Ich weiß nicht..." rätselte sie. „Es ist zumindest schon eine Weile her..."

„Kein Wunder, Majestät sind ja auch äußerst selten in Österreich. Kann ich verstehen. Ich halt's hier auch nicht länger aus", gestand er.

Jetzt begann sie zu ahnen, wer ihr gegenüber stand, und wem sie den rettenden Schuß verdankte.

„Johann?" fragte sie unsicher.

„Stimmt", lachte er und deutete eine Verbeugung an. „Der Komponist."

Es war bezeichnend für ihn, daß er sie bloß an sein Sissy gewidmetes Ballett erinnerte.

„Johann, der Komponist!" lachte sie befreit auf und blickte auf den toten Eber. „Ein guter Schuß! Das ist ja noch einmal gut ausgegangen."

„Das ja", stellte er nachdenklich fest, „doch nicht zwischen Seiner Majestät und mir. Er hält mir vor, daß ich Ritter vom Goldenen Vließ bin. Und ich habe ihm gesagt, daß ich auf das Vließ verzichte!"

Sissy wurde blaß.

„Es hat eine ernsthafte Auseinandersetzung gegeben?"

Er nickte und blickte wieder auf das erlegte Tier.

„Ich lasse ihn in Eure Küche schaffen. Das gibt einen fetten Wildschweinbraten, der ist nicht zu verachten."

„Und der Entschluß ist unabänderlich? Österreich zu verlassen, meine ich?"

124

„Unter den gegebenen Umständen", antwortete er, „kann ich nicht länger bleiben, Majestät."

„Lassen wir doch das ‚Majestät', Johann", sagte sie abwehrend. „Wir können beide auf Förmlichkeiten verzichten."

„Ich sagte schon immer, Elisabeth ist eine der wenigen Vernünftigen in der Familie", meinte er anerkennend. „Doch der Kaiser besteht auf der Form, besonders, wenn er fuchtig ist."

„Fuchtig?" lachte sie.

„Nun ja, zornig. So redet man eben bei uns auf dem Land. Der Abschied von Orth wird mir schwerfallen – ich liebe es. Aber ich hab' auch meine Milli lieb. Und dann..."

„Und dann...?"

„Ach, Sie sollten Milli kennenlernen. Dann wäre wenigstens ein Mensch in der Verwandtschaft, der mich versteht."

„Aber sie ist doch nicht der einzige Grund oder?" forschte sie, denn sie hatte plötzlich das Gefühl, daß ihr das Schicksal mit dieser unerwarteten Begegnung eine Chance gegeben hatte, das Geheimnis um Rudolfs Tod weiter zu lüften.

„Nein, natürlich nicht", gab er offen zu, während sie Seite an Seite der Hermesvilla zu wanderten.

Und sie sagte nur ein Wort: „Mayerling...?"

Er senkte den Kopf und schwieg verbissen.

„Johann", drängte sie, „erzählen Sie mir alles."

„Das gibt's doch nicht, daß Sie's nicht wissen. Wozu noch einmal alles aufrühren, was war. Das Spiel ist verloren. Ich hätte mich gar nicht darauf einlassen sollen."

„Das Spiel um Thron und Macht ist immer ein gefährliches Spiel", bemerkte sie. „Johann, ich mag Sie, vor allem wegen Ihrer Offenheit, und hätte dennoch allen Grund, Sie zu hassen."

Er blickte auf: „Wegen Rudi?"

Sie nickte. Da wehrte er heftig ab.

„Nein", erklärte er energisch, „diese Schuld darf ich nicht auf mir sitzen lassen! Bei Rudi kam eine ganze Menge zusammen. Er hatte Angst, seit langem schon! Er wußte, daß er in Gefahr war und daß er ihr nicht ausweichen konnte. Er wußte nur nicht, wann es ihn treffen würde. Er hat immer Gesellschaft gesucht, denn in Gesellschaft fühlte er sich sicherer. Und dann war da seine Krankheit. Es war ihm klar, daß ihn nichts mehr heilen konnte, und das versetzte ihn manchmal in Apathie. Er war bereit, alles hinzunehmen, wie es kommen wollte. Und da hat er eben auch versucht, sich zu betäuben. Mit Frauen, mit Alkohol..."

„Ich verstehe nicht ganz", meinte sie. „Dann war es also nicht das ‚Unternehmen Bulgarien'?"

„Es hat die Sache vielleicht beschleunigt", brummte der Erzherzog, „mehr aber nicht..."

Sissy schwieg, doch kurz bevor sie die Villa erreichten, schreckte er sie aus ihrem Nachdenken auf.

„Möchten Sie Milli nicht vielleicht doch kennenlernen?" fragte er. „Ich kann sie natürlich nicht hierher bringen, sie ist nicht ‚hoffähig', wie es so schön heißt. Für mich freilich ist sie mehr als das..."

Und er nannte ihr seine Adresse in der Beatrixgasse.

Sissy schwankte, sagte aber dann zu. Ja, sie würde kommen. Mit Frau von Ferenczy, vielleicht auch der Gräfin Festetics.

126

„Und nur ja keine Umstände", verlangte sie, bevor sie sich vor dem Hause verabschiedeten.

Sissy fuhr in die Hofburg. Entlang der Mariahilfer Straße ließ sie sich bereitwillig, wie sie sich äußerte, „begaffen". Jeder sollte sehen: die Kaiserin war noch da, sie existierte und hatte auch keine Zwangsjacke nötig, wie verschiedentlich schon in der Presse behauptet wurde.

Von der Hofburg aus war es nicht weit in die Beatrixgasse. Sissy wußte sehr wohl, daß ihr Besuch in der Wohnung des Erzherzogs nicht geheim bleiben würde; jeder ihrer Schritte wurde von ‚Confidenten' überwacht, und sicherlich gab es nachher von Franzl ein kleines Donnerwetter.

Sie hatte Milli Stubel nur auf der Bühne der Hofoper erlebt – nach Erzherzog Johanns Worten war sie privat ganz anders. Aber da war noch etwas: sie war die Freundin von Mitzi Caspar!

Eine Zusammenkunft mit dieser Frau war wohl nicht gut möglich; wahrscheinlich hätte es daraufhin einen handfesten Skandal gegeben. Doch bei Johann von Toskana machte sie schließlich einen – wenn auch nicht gern gesehenen – Verwandtenbesuch.

Sie traf Stephanie, ihre Schwiegertochter, im Kronprinzenappartement und besuchte auch ihre Enkelin Elisabeth.

„Ich lebe praktisch wie eine Gefangene", beschwerte sich Stephanie, „darf nirgendwo hingehen; das ist, als hätte man zugleich mit Rudolf auch mich in der Kapuzinergruft beigesetzt!"

„Das Trauerjahr geht vorüber, Stephanie", tröstete Sissy. „Du bist ja noch jung, hast das Leben noch vor dir. Hab' ein wenig Geduld."

„Ach, Mama, Geduld! Jahraus jahrein sehe ich hier nichts als die grauen, alten Mauern des Schweizertrakts! Und dazu dieser unausstehliche Speisegeruch aus der Küche, die direkt unter meinen Fenstern liegt und zu mir heraufdampft, daß es einem graust."

Sissy schnupperte.

„Es riecht nach Kraut", stellte sie naserümpfend fest.

„Der ‚k. u. k. Hofkrautstampfer' ist seit Tagen an der Arbeit", erklärte Stephanie verzweifelt.

Es war frisches Kraut aus südlichen Ländern der Monarchie eingelangt, und das sollte konserviert werden. Dazu war ein eigener Mann, der „k. u. k. Hofkrautstampfer", wie tatsächlich seine Bezeichnung lautete, angestellt worden. Schon vom ersten Tag an hatte sich Sissy über diesen Titel mokiert, der sie bis zum heutigen Tag zu bissigen Bemerkungen veranlaßte.

Es war Abend, und der Laternanzünder hatte die Gasflammen der Straßenlaternen im dritten Bezirk bereits angezündet, als der Fiaker vor dem Hause des Erzherzogs hielt.

Johann stand am Fenster und sah Sissy kommen.

„Sie sind da", verkündete er und ließ den Vorhang fallen.

Milli war entsetzlich aufgeregt. Sie fuhr an ihre Frisur, strich ihr Kleid glatt und warf einen verzweifelten Blick in den Spiegel.

„Wie ich ausschau'…" stöhnte sie entsetzt.

„Ganz allerliebst wie immer", versicherte der Erzherzog beruhigend. „Sei net so nervös, die Kaiserin wird dich schon net fressen."

Als Johann auf das Läuten der Türglocke hin öffnete, versank sie in einen ganz, ganz tiefen Hofknicks, den er

128

ihr beigebracht hatte. Sissy stand ihr gegenüber, den unvermeidlichen Fächer und den Schirm in Händen, und betrachtete ihr Gegenüber. Und als Milli Stubel aufblickte, schüchtern und ein wenig verzagt, waren die beiden einander vom ersten Augenblick an sympathisch.

„Johann sagen S' ihr, sie soll aufstehn – das arme Hascherl", sagte Sissy, trat ein wenig näher und blickte sich angenehm überrascht um: „Fein habt ihr's hier... ganz allerliebst und gemütlich!"

Milli war blond, schlank und um etliches jünger als der Erzherzog. Sie war der Typ des Wiener Mädels und hatte in dieser Umgebung direkt etwas Hausmütterliches angenommen. Wie ein Ballettmädchen wirkte sie jedenfalls nicht.

„Und Ihre Freundin, diese Caspar?" forschte Sissy beim Tee.

„Hätten wir die Mitzi etwa einladen sollen?" fragte Johann erstaunt.

„Um Himmels Willen, nein", wehrte Sissy erschrokken ab. „Aber ihr werdet doch verstehen, daß ich mich dafür interessiere, wie sie ist."

„Oh, die Mitzi ist viel gescheiter als ich. Die liest viel und kennt sich aus. Und eins ist sie sicher: ein prima Kamerad, Majestät!"

„Ja, das stimmt", bestätigte Johann. „Sie ist fesch, rassig, pikant, wenn man so sagen kann. Der Rudi hat schon einen guten Geschmack gehabt."

„Majestät, ich bitte..." rümpfte die Gräfin empört die Nase.

„Aber lassen S' ihn doch reden", rügte Sissy die Festetics und verlangte, noch mehr zu hören.

„Aber das war's nicht allein, was den Rudi angezogen hat. Mit der Mitzi kann man wirklich über alles reden. Sie kann zuhören, man hat das Gefühl: da ist einer, der einen versteht..."

„Ich begreife", sagte Sissy nachdenklich.

Die Frau, die ihr Sohn Rudolf in seinem Testament bedacht hatte, war offenbar ganz anders, als sie gedacht hatte; und sie bedauerte, daß ihr die Etikette verwehrte, sie kennenzulernen.

5. Auf der Flucht

Am 28. Mai erhielt Sissy die Nachricht, daß Warsberg verstorben war. Im Alter von nur dreiundfünfzig Jahren war er in Venedig seinem Leiden erlegen. Jemand anderer mußte den Bau des Traumschlosses auf Korfu fortsetzen.

Baron Nopsca hatte in Herrn von Bucovich, einem Marineoffizier und guten Kenner von Korfu, einen ausgezeichneten Manager gefunden. Er war zwar kein Fachmann in griechischer Geschichte und griechischem Baustil, doch das war auch nicht mehr nötig, denn die Baupläne des Achilleion waren zu einem großen Teil schon verwirklicht. Sissy begann daher, die Einrichtung und die Parkanlagen zu gestalten. Franzl war das nur recht, denn obwohl er die Kosten mit Stirnrunzeln registrierte, lernte es Sissy doch von ihren Grübeleien ab. Auch Kathi merkte, daß Sissy sich seelisch wieder erholte.

Sie war jetzt öfter in der Hermesvilla zu Gast und speiste mit Franzl und Sissy zu Mittag oder zu Abend. Da-

130

durch erfuhren sie viel von dem, was sich in der Stadt zutrug.

„Die Deutschnationalen in Böhmen geben noch immer keine Ruh!" erzählte Kathi, „obwohl der Schönerer nun schon seit einem Jahr sitzt!"

Der Besitzer des Schlosses Rosenau, Ritter von Schönerer, war einer der Gründer der Deutschnationalen Bewegung, die für einen Anschluß der deutschsprachigen Gebiete der Monarchie an das Deutsche Reich der Hohenzollern eintrat. Er versäumte keine Gelegenheit, Hetzreden gegen seinen Kaiser zu halten und die deutsche gegen die tschechische Bevölkerung Böhmens aufzuhetzen. Als bei einer Versammlung in Wien ein Zuhörer nicht hinnehmen wollte, daß Franz Joseph geschmäht und Kaiser Wilhelm geschmeichelt wurde, wurde er von Schönerer mit Fäusten traktiert. Daraufhin war er vor Gericht gestellt und zu vier Jahren Haft verurteilt worden. Aber seine Gesinnungsgenossen setzten sein Zerstörungswerk fort und hatten jetzt sogar in dem Sozialdemokraten Ferdinand von Lasalle in puncto Anschluß an das Deutsche Reich einen Befürworter gefunden.

In dem Agrarland Österreich-Ungarn tönte schon an vielen Ecken und Enden der Lärm von Maschinen, die den Beginn des Industriezeitalters unüberhörbar ankündigten. Fabriken schossen überall aus dem Boden. Die Hoffnung auf guten Verdienst in den Städten führte zur beginnenden Landflucht. An der Peripherie rund um Wien zerstörten Arbeiterbaracken die schöne Landschaft, und es entstanden Slums, in denen Not und Elend herrschten.

Die rührige Fürstin Pauline Metternich, eine Schwiegertochter des legendären Staatskanzlers, veranstaltete zwar immer wieder Wohltätigkeitsbasare, Soireen und Matineen, bei denen fleißig für die Armen Wiens gesammelt wurde. Doch die beachtlichen Beträge waren letzten Endes nur Tropfen auf einem Stein, der täglich heißer wurde.

„Beim letzten Frühlingsfest", plauderte Kathi, „hat ihr der Korso in der Hauptallee doch tatsächlich runde hunderttausend Gulden eingebracht. Die Herren vom Sozialfond haben sich die Hände gerieben! Und es sind noch keine drei Wochen vergangen, und schon wieder wird von ihr die ganze Prominenz angeschnorrt..."

Doch nicht das Frühlingsfest im Prater mit seinem traditionellen Blumenkorso durch die Hauptallee am ersten Mai war das Wiener Tagesgespräch. Arbeiterkolonnen waren über die Ringstraße marschiert und hatten gegen ihre Lebensumstände heftig protestiert.

„Das wird das Stärkerwerden der Sozialdemokraten auch nicht verhindern", meinte Franzl. „Sie treten jetzt geschlossen in Erscheinung und wissen offenbar endlich, was sie wollen. Ich werde diesen Doktor Adler kommen lassen. Ich möchte mit ihm reden und hören, was er mir zu sagen hat."

„Wer ist der Doktor Adler?" fragte Sissy.

„Ein Arzt. Er macht sich stark für die Drasche-Arbeiter."

„Dieser Baron Drasche besitzt die Ziegelwerke draußen auf dem Wienerberg", erläuterte Kathi. „Er zahlt den Leuten sieben Gulden Wochenlohn, aber nicht in bar sondern in Wertmarken, die sie bei seinen Kantinen einlösen müssen. Und die Leute hausen auf dem Werksgelände in Schlafsälen, fünfzig in einem Raum..."

132

„Das gehört ja verboten", fand Sissy empört.

„Wir haben keine gesetzliche Handhabe", brummte Franzl, „die Arbeiter gehen freiwillig auf diese Bedingungen ein. Sie unterschreiben einen Vertrag; keiner zwingt sie dazu."

„Die Not zwingt sie", stellte Kathi richtig. „Und viele können nicht einmal ordentlich Deutsch und gar nicht lesen, was sie da unterschreiben."

Franzl seufzte.

„Es ist ja schon viel getan", erklärte er. „Die Kinderarbeit ist verboten, die Frauenarbeit auf bestimmte Tätigkeiten eingeschränkt worden, die der Leistungsmöglichkeit der Frauen entsprechen. Es gibt eine gesetzliche Sonntagsruhe, an der nicht gerüttelt werden darf. Wir haben eine Unfall- und Krankenversicherung für die arbeitende Bevölkerung eingeführt. Und doch, manchmal habe ich das Gefühl, die Zeit läuft uns davon."

„Die Sozialdemokraten haben in Hainfeld einen Parteitag abgehalten, und der Christlichsoziale Doktor Lueger und Freiherr von Vogelsang verlangen gleichfalls die Einschränkung der Frauenarbeit", begann Kathi, doch der Kaiser unterbrach sie.

„Die haben alle leicht reden. Sie sitzen nicht auf meinem Stuhl. Ich tue das Menschenmögliche; aber die Parteien, der Reichsrat – schließlich habe ich nicht mehr allein zu entscheiden. Sozialprobleme, Nationalitätenprobleme – nichts als Probleme!"

In welcher Welt lebe ich eigentlich, fragte sich Sissy. Sie war vor all dem geflüchtet und hatte vor, es so bald wie möglich wieder zu tun. Sie schämte sich. Und war sich doch klar darüber, daß sie für all das nicht geschaffen war. Sie konnte nur als freier Vogel leben.

Armer Franzl! Sie griff nach seinem Arm, und er las in ihrem Blick, daß sie ihn im Stillen um Verzeihung bat.

Er schien sie zu verstehen, drückte ihre Hand und lächelte. Ja, sie war auf der Flucht, vor der Verantwortung, vor sich selbst, ihren Gedanken, ihrer Furcht vor der ,Wittelsbach'schen Krankheit', die sie sich gar nicht einzugestehen wagte, und die sie dennoch immer wieder heimsuchte.

Und Korfu, nach dem sie sich sehnte, das Achilleion, das sie erbauen ließ, ihr Schloß der Träume – würde sie dort wirklich Ruhe finden?! Manchmal zweifelte sie selbst daran.

Und dann war es endlich so weit: Sissy saß wieder im Zug, der Vogel breitete seine Schwingen aus. Zurück blieb ein trauriger Franzl, für den jeder Abschied eine Tragödie war. Sie sah ihn am Bahnsteig stehen, ihr nachwinken, bis er ganz im Dunkel der Bahnhofshalle verschwand.

Auch Sissy war weh ums Herz, Und sie begriff ihn, wenn er sie bedrängte, doch endlich einmal seßhaft zu werden.

„Es ist ja nicht für lange, Franzl. Du kommst ja bald nach; ich fahre bloß voraus und erwarte dich in unserem lieben Ischl!"

Das war ein schwacher Trost für ihn gewesen, denn vor August fand er sicher keine Zeit, nach Ischl zu fahren und ein wenig von seinen Sorgen auszuspannen.

Ja, sie war auf der Flucht. Doch wohin sie auch fuhr, sie nahm ihre Ruhelosigkeit mit sich, all die Fragen, die sie quälten, ob sie nun Rudolfs Tod oder andere Dinge betrafen. Sie würden auch in Ischl und anderswo Nacht für Nacht wie stumme Gespenster an ihrem Lager stehen und sie tagsüber verfolgen und quälen.

Und kaum in Ischl angekommen, schrieb sie auch schon nach Possenhofen, daß sie kommen wolle.

Das gute, liebe, alte Possi, das sie mit seinen alten, behäbigen Mauern wie eine Heimkehrerin empfing, gab ihr doch wieder ein wenig Ruhe und Kraft.

Auch nach Gastein fuhr sie in diesem Sommer, stand lange am rauschenden, weiß gischtenden Wasserfall, und ein böser Gedanke stieg in ihr auf: Die ganze Qual konnte ein Ende haben; man brauchte sich nur da hineinzustürzen, und alles wäre vorbei!

Marie-Valerie, die sie auf diesem Gasteiner Ausflug begleitet hatte, schien ihre Gedanken zu erraten, und ihr wurde angst und bang.

„Mama", brachte sie sich in Erinnerung, während Sissy gedankenverloren in den Achefall starrte. „Mama, wollen wir nicht weitergehen?"

Seufzend blickte Sissy auf.

„Ja, weitergehen – uns weiterschleppen, das wollen wir. Und weitertragen, was Gott uns auferlegt hat."

„Aber Mama", rügte die Tochter strafend. „Sagen wir besser: was Gott uns geschenkt hat! Wir dürfen doch füreinander da sein, nicht wahr? Du für mich, und ich für dich, und Papa für uns beide und Gisela!"

„Oh, Papa ist für viele Leute da. Für fast vierzig Millionen! Da bleibt nicht viel übrig für uns, nicht wahr?" meinte sie mit wehem Lächeln, verließ aber endlich das Geländer, an das sie sich angelehnt hatte.

„Das sollst du nicht sagen, Mama", tadelte Marie-Valerie. „Ja", nickte Sissy. „Ich bin undankbar, ich weiß."

Sie machte ihrer Tochter Sorgen, und nicht nur ihr. In Wien ging Franzl durch die Räume der Hermesvilla, die

Sissy zu bewohnen pflegte. Die waren jetzt leer und erschienen ihm trostlos in ihrem schweigsamen Prunk.

Und in der Hofburg, in Sissys Appartement, erging es ihm ebenso. Alles erinnerte ihn an Sissy, die Gegenstände auf ihrem Toilettetisch, und hie und da ein Ding, das noch so dalag, wie sie es weggelegt hatte, – ein Buch, das sie nicht zuende gelesen, ein Fächer…

Und er setzte sich traurig hin und schrieb an sie:

„Liebster Engel!

Dein Anblick, deine Gegenwart beim Frühstück und die gemeinsamen Abende gehen mir sehr ab. Schon zweimal war ich auf meinem Weg zur Bellaria in deinen Zimmern, wo zwar alle Möbel verhängt sind, wo mich aber alles so wehmütig an dich erinnert…"

Als Sissy diesen Brief Franzls erhielt, der so voll Liebe und Sehnsucht war, schloß sie die Augen, und Marie-Valerie sah, wie Tränen ihre Wimpern netzten.

6. In Südtirol

„Achill, Sohn der Nereide Thetis und des Peleus, war der Urenkel des Zeus. Schnellfüßig und blondgelockt war er der herrlichste und tapferste der Griechen. Von seinen Feinden gefürchtet, war er ein liebevoller Freund für jene, die ihn liebten, er war großmütig und fromm. Er liebte den Kampf und den Ruhm, aber auch Wettstreit und Gesang. Um ihn unverwundbar zu machen, tauchte ihn Thetis ins Feuer; und nur eine Stelle blieb, die Ferse, an der sie ihn hielt. Nur ein Gott konnte ihn überwinden!...“

In schwärmerischem Tonfall las Elisabeth halblaut vor sich hin. Sie las es auf Griechisch, das sie bereits perfekt beherrschte. Homer und seine Ilias, deren Held Achill ist, hatte sie beinahe auswendig gelernt. Nun las sie auch alles andere, was jemals über Achilles geschrieben worden war.

Das Achilleion, ihr Haus auf Korfu, sollte ein ihm geweihter Tempel werden.

Er war Sissys stummer, unsichtbarer Begleiter geworden, ihr Hausgenosse jetzt schon, obgleich das Achilleion noch gar nicht fertig war. Bis dahin würde es noch einige Zeit dauern, doch sie kaufte bereits in Italien Kunstgegenstände, von denen etliche antiken, griechischen Ursprungs waren und die im Achilleion ihren Platz finden sollten.

Ein Denkmal für ihren toten Sohn sollte im Park des Achilleion stehen. Und eines für ihren Lieblingsdichter Heinrich Heine.

Während auf Korfu der Bau nun wieder zügig voranschritt, erreichten Sissy aus Ungarn betrübliche Nachrichten. Auf seinem Gut in Siebenbürgen siechte Niko-

137

laus Graf Andrássy dahin. Er litt an Krebs, und die Ärzte hatten ihn bereits aufgegeben.

Andrássy hatte Elisabeth stets viel bedeutet. Er war ein starker, feuriger Patriot, der bereit war, für sein Vaterland Gut, Blut und Freiheit zu opfern.

Für ihn hatte sie sich heftig eingesetzt, hatte ihn aus der Emigration zurückgeholt, und als er schließlich zum Ministerpräsidenten von Ungarn ernannt wurde, waren sie beide es gewesen, die den „Ausgleich" planten und gemeinsam durchsetzten, jenen Staatsakt, der die volle Souveränität Ungarns als gleichberechtigte Reichshälfte der Doppelmonarchie gewährleistete.

Franzl hatte den Ausgleich nur sehr zögernd und unwillig unterschrieben. Er hatte hierfür auf seine Krönung als König der Böhmen verzichten müssen, denn der Krönungseid, den er auf dem Hradschin hätte leisten müssen, hätte ihn in Konflikt mit jenem Eid gebracht, den er seinen Ungarn schwur.

Der Ausgleich schaffte nicht nur in Böhmen böses Blut. Er stellte nicht einmal für die Ungarn eine Ideallösung dar. Die Ideallösung wäre jener freie „Bundesstaat" unter einer einheitlichen Krone gewesen, den sich Kronprinz Rudolf vorstellte, doch diese Idee war ihrer Zeit weit voraus und ließ sich noch nicht verwirklichen.

Als sie nun vom ernsten Gesundheitszustand des Grafen Andrássy erfuhr, war sie sehr bestürzt. Sie setzte sich sofort an ihren Schreibtisch in der Ischler Kaiservilla und schrieb dem fernen Freund tröstende und aufmunternde Zeilen.

Andrássy lebte schon seit längerem auf seinem Siebenbürgener Gut. Er war nicht mehr der feurige Revolutionär und Draufgänger, der für seine Ideale kämpfte,

138

sondern ein grauhaariger, von seinem Leiden gezeichneter kranker Mann. Doch Ideale hatte er immer noch, nur sahen sie anders aus als früher.

Noch immer trat er für Ungarns Rechte ein und stand dabei sogar in Opposition zur gegenwärtigen Regierung, die ihm in der Durchsetzung ihrer Forderungen – und insbesondere in der Balkan-Außenpolitik – zu lau erschien, während sie hingegen weit mehr Franz Josephs Billigung fand, der nicht viel von Säbelgerassel hielt, sondern lieber Kompromisse anstrebte.

Seit der Sultan innen- wie außenpolitisch an Macht verlor und sich die Balkanstaaten vom türkischen Einfluß zu lösen begonnen hatten, schien für Österreich-Ungarn die Gelegenheit gegeben, nicht nur direkten Landgewinn, sondern auch darüberhinaus politischen Einfluß auf diesen Teil Europas zu gewinnen. Etwas in der Art, wie es Erzherzog Johann Orth vorgehabt hatte, ein Unternehmen, zu dem er sich die Unterstützung des Kronprinzen Rudolf erhofft hatte. Es konnte aber nicht ausbleiben, daß ein solches Vorgehen die Schutzmacht Rußland auf den Plan gerufen hätte. Franz Josef bemühte sich daher um eine Beruhigung auf dem Balkan: Er versuchte, die Besorgnisse der dortigen Fürsten hinsichtlich der Gefahr einer Annexion oder auch nur Einflußnahme seitens der Monarchie zu zerstreuen. Andrássy hingegen, der Ungarn als unmittelbarer Nachbar des Balkan-Hexenkessels sah, dachte anders. Er hätte auch einen bewaffneten Konflikt mit Rußland riskiert, den er für die Zukunft ohnedies für unausweichlich hielt. So setzte er auf eine Politik der Stärke, deren Erfolg vor allem der ungarischen Nation eine Vormachtstellung in Mitteleuropa einbringen sollte.

„Der Andrássy ist eigentlich eine Art ‚ungarischer Preuss'", pflegte Franzl mißbilligend zu sagen und wunderte sich darüber, daß sich Sissy so gut mit diesem Manne verstand.

Und Andrássy seinerseits machte aus seinem Herzen kein Hehl – die schöne Kaiserin hatte ihn bezaubert.

„Wenn ich bedenke, daß neben so viel Geist auch so viel Herz Platz hat, kann ich nur sagen, daß es auf der Welt keine zweite solche Frau gibt", schüttete er eines Tages dem Oberhofmeister Sissys, Baron Nopsca, in einem Brief sein Herz aus und gestand ihm ferner, „du weißt, was für einen hohen Begriff ich stets von ihrem Geist und Herzen hatte. Doch seitdem ich einige ihrer Gedichte gelesen habe, ist meine Meinung von ihr zu höchster Bewunderung gestiegen..."

Andrássy bewunderte Sissy wirklich. Und er pries noch wenige Wochen vor seinem Tode sein Geschick: „Ich tröste mich damit, daß ich einer der wenigen glücklichen Menschen bin, die Gelegenheit hatten, eine Frau kennen und bewundern zu lernen, von der Millionen ihrer Untertanen gar keinen rechten Begriff haben, wer sie ist!"

Es war nun sechsundzwanzig Jahre her, daß Sissy sich selbst die Aufgabe gestellt hatte, als Königin von Ungarn auch die Sprache dieses Landes perfekt zu beherrschen. Zum Unterschied von Franzl schaffte sie dies mühelos. Wo sie hinkam, waren die Ungarn begeistert, wenn sie sie in ihrer Muttersprache ansprach und fanden auch den kleinen Akzent, der ihr verblieb, entzückend. Sissy redete und schrieb viel und gern ungarisch. Und das Schloß Gödöllö nahe von Budapest war wohl ihr liebster Aufenthalt innerhalb der Monarchie.

Seit sie es nach dem Erwerb mit viel Liebe hatte re-

140

staurieren und einrichten lassen, verbrachte sie in Gödöllö mit ihrer Familie fast jedes Weihnachtsfest und so manche liebe Woche des Jahres. In den Zimmern und Gängen hingen Bilder ihres ungarischen Lieblingsmalers, Kiraly, und die Bibliothek enthielt natürlich alle Werke des ungarischen Nationaldichters Eugen Madach in der Originalsprache. Sissys Einfluß war es zu danken, daß seine Stücke nun auch am Wiener Burgtheater aufgeführt wurden.

Andrássy, der oft genug auf Gödöllö zu Gast war und manche Stunde mit Sissy verplaudert hatte, war gerührt von so viel Sympathie für seine Nation. Er war auch wie Sissy ein großer Pferdenarr und fabelhafter Reiter. Saßen sie Seite an Seite zu Pferd, konnte es nicht ausbleiben, daß Sissy dann gelegentlich von Franzl eine Bemerkung zu hören bekam, die ein bißchen nach Eifersucht klang. Franzl war ohnehin nicht immer gut auf Andrássy zu sprechen und bei solchen Gelegenheiten schon gar nicht. Es ging ihm gegen den Strich, wenn er die beiden so einträchtig beisammen sah und plaudern hörte – und das noch dazu auf Ungarisch.

„Das Schicksal nimmt uns alle, die wir lieben", klagte sie zu Nopsca, der ihr einen letzten, traurigen Brief von Andrássy überbrachte. Der Graf wußte, wie es um ihn stand, und daß ihm nur noch wenige Monate vergönnt waren.

„Mit ihm stirbt die Hoffnung auf ein geeintes Österreich-Ungarn", stellte Sissy fest, als Franzl im August zu Besuch nach Ischl kam, um hier, wie alljährlich seinen Geburtstag zu verbringen.

„Du siehst blaß aus, mein Engel", stellte Franzl besorgt fest. „Du gibst dich zu vielen trüben Gedanken

141

hin, und an seiner unheilbaren Krankheit kannst auch du nichts ändern."

„Er ist mein einziger aufrichtiger Freund", meinte sie bedrückt.

„Nun, das wollen wir doch nicht behaupten", meinte er mißbilligend. „Du hast mehr Freunde, als du denkst, Sissy. Übrigens, wolltest du nicht für ein paar Tage nach Südtirol? Die schöne Umgebung von Meran wäre wahrscheinlich wirklich eine gute Ablenkung für dich."

Sie nickte.

„Ich werde hinreisen", erklärte sie. „Wie geht es übrigens Franz Ferdinand?"

„Offenbar gesundheitlich besser. Er hat einen unwahrscheinlich starken Willen, der Junge. Wenn er so weitermacht, werden wir nicht umhin können, in der Thronfolgerfrage mit ihm zu rechnen."

„Und Erzherzog Johann?"

„Der Toskaner? – Macht nichts als Ärger", knurrte Franzl zornig. „Ich habe den Eindruck, er möchte es zum Bruch kommen lassen. Nun, ich werde ihm nichts in den Weg legen, wenn er durchaus aus dem Erzhaus ausscheiden und ins Ausland gehen will."

Über Rudolfs Tod wurde nicht mehr gesprochen. Fast ängstlich vermieden sie dieses Thema. Daß Gerüchte, Vermutungen und Spekulationen aber nach wie vor nicht verstummen wollten und in der Weltpresse ihren Niederschlag fanden, lag wohl in der Natur des dicht und geschickt gewobenen Schleiers, der das Geheimnis von Mayerling verhüllte.

Wenige Wochen später war Sissy tatsächlich in Meran. Marie-Valerie und eine kleine Gruppe aus ihrem Hofstaat begleiteten sie. Sissy besuchte den Klo-

142

stergarten des Sacre Coeur und in dem kleinen Schwesternfriedhof das Grab von Mere Mayer, die am Sacre Coeur in Wien tätig gewesen war.

„Mit Mutter Mayer", erzählte sie Marie-Valerie, nachdem sie Blumen auf dem schlichten Grabhügel niedergelegt hatten, „führte ich manches Gespräch – über dich, mein Kind", eröffnete sie ihrer Tochter. „Ihren Ratschlägen haben wir beide viel zu verdanken. Sie war so eine liebe, fromme Frau; eine wirkliche Mutter..."

Marie-Valerie fürchtete wieder eine trübe Stimmung und drängte zur Rückkehr ins Schloß Trautmannsdorff, wo Sissy nun wohnte.

Dort wollte sie unbedingt inkognito bleiben und als eine „Gräfin Hohenembs" angesprochen werden, doch das Inkognito stand auf allzu schwachen Beinen. Denn selbst der von Baron Nopsca für die Bergpartien engagierte einheimische Führer namens Buchensteiner, ein vierschrötiger Geselle, redete Sissy umständlich mit „Frau Gräfin Majestät" an.

„Wenn Sie mich noch einmal so nennen, sage ich ‚Wastl' zu Ihnen!" schimpfte Sissy.

Worauf sich der Bergführer grinsend den Schädel kratzte: „Is scho recht, Frau Majestät-Gräfin; i hoaß nämlich wirklich so!"

Es ging also auf in die Berge. Mit von der Partie waren Ida von Ferenczy, Frau Festetics, der unglückliche Baron Nopsca und der noch viel unglücklichere Doktor Widerhofer. Franzl hatte darauf bestanden, daß der Leibarzt mitkäme.

Am Abend des dritten Tages aber lag nicht Sissy, sondern der Leibarzt in Meran im Spital. Buchensteiner hatte für die Tour für jeden der Teilnehmer einen Reitesel beschafft. Doch Nopsca und Widerhofer kamen mit ihren Grautieren nicht zurecht.

„Diese störrischen, verflixten Biester!" schimpfte der Baron, als sein Esel auf einem schmalen Bergpfad stehenblieb und nicht und nicht weiter wollte.

Der Doktor wollte schlau sein und versuchte es mit einer List. Er hatte ein paar Stückchen Zucker mitgenommen und beugte sich im Sattel vor; doch während er dem Eseltier die allerhöchsten Zuckergenüsse versprach, kam er unglückseligerweise ins Rutschen. In diesem Moment machte der Esel einen Satz nach vorn, und Doktor Widerhofer landete unsanft auf seinem Hinterteil.

Die anfängliche Heiterkeit ringsum legte sich bald, als er unter heftigem Gejammer erklärte, daß er sich die Hüfte ausgerenkt habe. Sissy ließ darauf den Ausflug abbrechen.

In den darauffolgenden Tagen zog Sissy nur in Begleitung von Wastl Buchensteiner los. Der staunte nicht schlecht über die Geschicklichkeit und Ausdauer der „Frau kaiserlichen Gräfin", wie er sie schließlich titulierte, und war ganz begeistert, wie sie auch mit dem Esel fertig wurde.

Er hatte bis jetzt von den Damen aus der Stadt keine allzu hohe Meinung gehabt. Die meisten waren unsportlich und zimperlich. Von all dem erlebte er bei Sissy keine Spur, und ängstlich war sie schon gar nicht.

Manchmal brachen sie schon eine Stunde vor Sonnenaufgang auf, und Sissy war selig, wenn sie den herrlichen Anblick des aufsteigenden, rotglühenden Sonnenballs von einer hochgelegenen Alm aus erleben durfte.

Der Wastl kannte auch alle Almhütten in der Umge-

144

bung und die Sennerinnen, die dort arbeiteten, selbstredend mit dazu. Er sorgte dann auch für ein ausgiebiges, naturechtes Frühstück und ließ es gar nicht gelten, daß Sissy sich bei Milch, Bauernbrot und Rühreiern mit Speck zierte.

Und das tat sie auch gar nicht mehr lange. Der Aufstieg hatte sie hungrig gemacht, und wenn sie zusah, wie der Wastl eifrig zulangte und ihr selbst dann auch der Duft von Eiern und Speck verführerisch in die Nase stieg…

So wurde denn Sissy in Südtirol von Tag zu Tag gesünder, und Franzl war entzückt über ihre Verwandlung, als er sie in Meran besuchte. Nichts erinnerte an ihre trüben Stimmungen als das Schwarz, das sie immer noch trug.

„Sissy, mein Engel", rief er und küßte ihr zur Begrüßung innig die Hand.

7. Die Tränen des Herrn Thermojannis

Franzl hatte eine Menge zu berichten. Das meiste davon war freilich nicht gerade erfreulich. Mit Johann war es – wie vorauszusehen gewesen war – zum Bruch gekommen. Er hatte seine Milli geheiratet und auf alle Ansprüche und Titel verzichtet, die ihm aus seiner Zugehörigkeit zum Erzhaus zustanden. In aller Form hatte er dem Kaiser das Goldene Vließ zurückgeschickt und ihm angekündigt, er wolle von nun an als Bürgerlicher im Ausland leben und sich sein Brot verdienen.

„Was will er denn anfangen?" fragte Sissy kopfschüttelnd.

„Er hat sich ein Schiff gekauft und möchte Reeder und sein eigener Kapitän sein. Er will sich eine Mannschaft anheuern und mit Fracht segeln."

„Aber davon versteht er doch nichts", meinte Sissy verwundert. „Der Johann stellt sich das leichter vor, als es ist!"

Sie kannte die See und ihre Tücken und befürchtete, dieses Unternehmen könnte böse enden.

„Das ist sein Problem", meinte Franzl finster. „Er ist ein erwachsener Mann und muß wissen, was er tut. Er will seine Frau mit an Bord nehmen und auf Südkurs gehen. Es ist ein Dampfsegler, das heißt ein Schiff, das mit Segeln und bei Flaute auch mit Dampf fahren kann."

„Und in dieses Schiff hat er sein ganzes, ihm noch verbliebenes Geld gesteckt?"

„So ungefähr. Nach dem Schloß, in dem er nun nicht mehr wohnen wird, nennt er sich von nun an ,Johann Orth'. Er ist von jetzt an ein einfacher Herr Orth und keine ,Kaiserliche Hoheit' mehr. Jetzt sagt er, er legt keinen Wert auf solche Titel und Würden, obwohl er doch auf den Thron von Bulgarien spekuliert hat."

Der Toskaner hatte den entscheidenden letzten Schritt aus dem Ausland, von Zürich aus, vollzogen. Er verzichtete nicht nur auf Rang und Würden, sondern auch auf alle Einkünfte, die aus seiner Apanage und seinem Gehalt als Feldmarschall-Leutnant bestanden – fast 100.000 Gulden im Jahr. Doch schwerer als der Entschluß dazu fiel ihm die Trennung von seiner Mutter, die nun auch all ihre ehrgeizigen Hoffnungen, die sie auf ihren Sohn gesetzt hatte, begraben mußte.

Sie blieb allein in Schloß Orth zurück, das er verlassen hatte und nie mehr wiedersehen würde.

Nach Erhalt der Verzichtserklärung schickte Franz

Joseph Major von Csanady von der Militärkanzlei nach Zürich, der Johann ein kaiserliches Handschreiben überbrachte, in dem es unter anderem hieß:

„Lieber Erzherzog Johann,

infolge Ihrer an mich gestellten Bitte genehmige ich Ihre Verzichtleistung auf das Recht, als Prinz des kaiserlichen Hauses angesehen zu werden und gestatte Ihnen die Annahme eines bürgerlichen Namens.

Ich bewillige Ihnen die Ablegung der Offizierscharge, indem ich Sie gleichzeitig von der Inhaberschaft des Korpsartillerieregiments Nr. 2 enthebe.

Indem ich die Einstellung Ihrer Apanage verfüge, verständige ich Ihren Bruder Großherzog Ferdinand von Toskana hinsichtlich der Einziehung Ihres Anteils an den Familienfondserträgnissen.

Ohne meine ausdrückliche Erlaubnis ist es Ihnen untersagt, von Ihrem Aufenthalt im Ausland die Grenzen der österreichisch-ungarischen Monarchie zu überschreiten."

„Ist das nicht hart?" fand Sissy.

„Er hat es ja selbst so gewollt und verlangt", meinte Franzl. „Was sollte ich wohl noch tun, Sissy. Ich glaube, ich habe ihm gegenüber korrekt gehandelt."

„Korrekt wohl", meinte Sissy tadelnd, „aber hast du auch bedacht, daß er der Schwager unserer Tochter Marie-Valerie werden wird? Nun gut, er hat sich über alle

Regeln hinweggesetzt und damit deinen Sinn für Recht, Ordnung und familiären Anstand verletzt."

„Das kann man wohl sagen", knurrte Franzl ungehalten.

„Aber du mußt doch auch die menschliche Seite berücksichtigen. Er liebt nunmal diese Frau. Ich habe sie kennengelernt und kann dir versichern, sie hat auf mich einen guten und hochanständigen Eindruck gemacht."

„Ein Ballettmädel! Eine Tänzerin!"

„Ein Mensch, Franzl, ein Mensch, wie du und ich... Und dann, lieber Franzl, wissen wir doch beide, daß diese Milli Stubel wohl nicht der einzige und letztlich ausschlaggebende Grund ist..."

Franzl nickte schweigsam, brummte eine Weile in seinen Bart, schaute von einer Ecke zur anderen, als suche er dort eine Antwort auf die Frage, die Sissy in den Raum gestellt hatte.

Schließlich meinte er begütigend: „Nun gut, er wird zugleich mit seinem Paß auch die Bewilligung erhalten, die Einkünfte aus dem Familienfonds weiter beziehen zu dürfen. Ist das korrekt?"

„Ja", lächelte Sissy nachsichtig und zugleich zufrieden.

Mehr war für Marie-Valeries künftigen Schwager bei Franzl wohl nicht zu erreichen.

„Dann bleibt uns nur noch übrig, ihm gute Fahrt zu wünschen", brummte Franzl. „Meinen Segen hat er."

„Und mir kannst du auch gleich gute Fahrt wünschen", sagte Sissy. „Denn ich dampfe nach meinem Korfu, um dort nach dem Rechten zu sehen. Ich will wissen, wie weit der Bau unter der neuen Leitung gediehen ist."

„Darauf bin ich eigentlich selbst schon neugierig", gestand Franzl interessiert.

„Nun, dann komm doch einmal mit", animierte ihn Sissy angeregt.

„Aber das geht doch leider nicht, mein Engel. Ich bin nur auf einen Sprung hierher gekommen. In Ungarn geht es schon wieder drunter und drüber; und Andrássy ist nicht mehr in der Lage, die Gemüter zu beschwichtigen."

„Geht es ihm schon so schlecht?"

„Sehr schlecht, Sissy. Die Ärzte geben ihm nur noch wenige Wochen."

„Das ist schrecklich!"

„Ja, das stimmt. Jetzt erst sehe ich, daß er doch eine große Hilfe war. Zumindest war er ein ehrlicher Patriot, der nicht auf seinen persönlichen Vorteil aus war, sondern wirklich nur seinem Vaterland dienen wollte."

„So habe ich ihn immer eingeschätzt", stellte Sissy fest.

„Ja, ihr beide habt euch ja immer gut verstanden."

„Er wird mir sehr fehlen, wenn er nicht mehr ist. Die arme Gräfin, ich werde mich um sie kümmern müssen."

„Das ist schön von dir, mein Engel, wenn du das tun willst."

„Aber sicher will ich das! Es ist wohl das mindeste, was ich für ihn noch tun kann."

Der Kaiser nickte beifällig.

„Und du fährst also nach Korfu", fuhr er fort. „Und wie wird das mit unserem diesjährigen Weihnachtsfest?"

„Da sind wir natürlich wieder beisammen."

„In unserem lieben Gödöllö, wie jedes Jahr, mein Engel?"

Sie überlegte.

„Es ist der Jahrestag von Marie-Valeries Verlobung mit Franz", meinte sie.

„Und da waren wir in Gödöllö...", ergänzte Franzl.

„Und Rudi war auch dabei – nein, ich möchte heuer nicht nach Gödöllö. Dieses Weihnachten ist nicht wie die vorhergegangenen. Es wird anders sein."

„Aber, Sissy!"

„Nein, das Trauerjahr ist nicht zuende – noch nicht, es ist das erste Weihnachten ohne ihn, und ich weiß nicht, wie ich es durchstehen werde. Nicht nach Gödöllö, diesmal nicht, ich bitte dich!"

„Dann bleiben wir eben in Wien", entschied Franzl ein wenig verwirrt und mißgestimmt. „Der Verlust war schwer, aber du solltest dich nicht so aufregen, Sissy."

Die Aussicht, das kommende Weihnachtsfest in den Räumen der Wiener Hofburg verbringen zu müssen, begeisterte Sissy auch nicht gerade, doch eine bessere Lösung bot sich im Moment nicht an.

Franzl wollte es sich zwar nicht eingestehen, aber der Kummer um den Sohn nagte auch an seinem Herzen. In seinem Arbeitszimmer überkamen ihn oft trübe Gedanken in Erinnerung an Rudolf, und er empfand dann auch die Trennung von Sissy als doppelt bitter. Nur Kathi brachte dann etwas Aufmunterung und Erheiterung in sein einsames Dasein.

Und als hätte Sissy erraten, an wen er eben dachte, fragte sie: „Und wie geht es ihr?"

„Wem?" fragte er aufblickend.

„Nun, der Baronin von Kiss."

„Kathi? Ach, der geht es wohl am besten von uns allen. Die ist nicht unterzukriegen. Hat immer den neuesten Tratsch und die neuesten Witze parat."

„Manchmal glaube ich, daß du dich mit der Baronin besser verstehst als mit mir."

„Das liegt aber nicht an mir, mein Engel – gewiß nicht. Du bräuchtest nur öfter bei mir zu sein, darüber wäre kein Mensch glücklicher als ich."

Er stand auf und trat ärgerlich zum Fenster. Sissy hatte keinen Grund zur Eifersucht. Wenn es etwas gab, was sie im wahrsten Sinne des Wortes trennte, dann war es ihre ruhelose Wanderlust. Ihre Sucht, ständig ihren Aufenthalt zu wechseln, ihre Flucht vor sich selbst.

Verstimmt und enttäuscht reiste Franzl nach einigen Tagen wieder ab, um sich zurück in die Tretmühle seines Amtes zu begeben.

Er nahm ihr noch das Versprechen ab, spätestens im Dezember wieder in Wien zu sein. Sie fühlte, daß sie das ihrem Mann, ihrer Familie schuldig war.

„Ich komme ganz sicher heim, du kannst dich darauf verlassen, Franzl", versprach sie.

Sissy und Marie-Valerie standen am Bahnsteig, als sein Zug abdampfte, und winkten ihm nach.

„Armer Franzl", klagte Sissy. „Ich glaube, ich bringe ihm kein Glück. Er hätte eine bessere Frau als mich verdient."

„Aber so etwas darfst du doch gar nicht denken, Mama!" rief Marie-Valerie entsetzt. „Du weißt doch: er liebt ja nur dich!"

„Und die Baronin?" fragte sie skeptisch und bitter.

„Aber du hast doch die beiden selbst zusammengebracht! Damit er nicht so allein ist und du unbesorgt reisen kannst... Du kannst doch ganz zufrieden sein, Mama. Du reist jetzt wieder nach deinem Korfu, während Papa zu seinen ewigen Akten und Konferenzen zurückkehren muß!"

Nun mußte Sissy lächeln: „Du hast recht, schimpf nur mit deiner Mama, ich verdiene es – und jetzt steht uns übrigens noch ein Abschied bevor. Von Herrn Thermojannis. Von ihm kann ich nichts mehr lernen..."

„Der Arme!" rief Marie-Valerie, indem sie komisch das Mündchen verzog. „Es wird ihm das Herz brechen. Weißt du denn nicht, daß er über beide Ohren in dich verschossen ist, Mama?"

„Ein Grund mehr, ihn zu entlassen. In letzter Zeit wurde er tatsächlich ein wenig zu eifrig, der Gute..."

Herr Thermojannis war tatsächlich todunglücklich, als ihm seine Entlassung aus dem Dienst der Kaiserin mitgeteilt wurde. Das finanzielle Trostpflaster, das dieser Mitteilung beigefügt war, vermochte nicht, den Fluß seiner Tränen zum Versiegen zu bringen.

„Ihre Majestät sieht sich veranlaßt", stotterte Baron Nopsca, dem es gar nicht angenehm war, diese Aufgabe erfüllen zu müssen. „Majestät ist entschlossen..."

„Oh, welch ein Jammer", klagte Herr Thermojannis herzzerbrechend, „bei Zeus! Welch ein Unglück, welch ein Jammer!"

„Nun", brummte der Baron stirnrunzelnd, „als eine Lebensstellung war es ja wohl nicht gerade gedacht."

„Leben! Mein Leben ist dahin! Oh, Baron, meine einzige Rettung ist Lethe, der Fluß des Vergessens!"

„Ich an Ihrer Stelle würde es mit einem Glas anständigem Whisky versuchen", schlug der Baron vor.

Der arme Thermojannis konnte sich nicht beruhigen und war tatsächlich das personifizierte Jammerbild. Er tat Marie-Valerie aufrichtig leid, während sich Sissy sei-

152

nen Klagen entzog, indem sie mit Wastl noch einen letzten Almaufstieg unternahm.

„Wie schön ist es doch hier oben", sagte sie. „Und wie still. Das Weidevieh ist schon unten im Tal, in seinen Ställen. Die Sennhütten sind verlassen und leer."

„Ja, der Herbst kimmt, Frau gräfliche Majestät", bemerkte der Südtiroler. „Da gibt's einen guten Wein... Den sollten die Frau Majestät probieren. So ein Tröpferl haben S' noch nie getrunken, auf Ehr'! Ich kenn' da einen Bauern, da sollten wir einmal einkehren, ganz inkognitio, versteht sich."

„Nein, nein", wehrte Sissy ab. „Für mich keine Liebe, für mich keinen Wein – der eine macht trunken, das andere Schwein!"

„Das ist aber net vom Schiller", meinte Wastl erstaunt, „oder?"

„Nein, das ist von mir", meinte Sissy ernsthaft.

„Na, wie S' halt glauben, gräfliche Majestät", brummte Wastl stirnrunzelnd. „Wenn's halt keinen Wein nicht woll'n, dann trinken S' halt a Wasser."

Zwei Stunden später hatte er Sissy doch noch überredet, mit ihm einzukehren. Sie müsse ja das Tröpferl nicht verkosten, bloß er, er sei so erbarmungswürdig durstig.

Es war ein kleiner Dorfgasthof, in dem bei recht ausgelassener Stimmung eine Bauernhochzeit gefeiert wurde.

Sissy setzte sich mit Wastl an einen freien Tisch in einer Ecke und hoffte, unerkannt zu bleiben. Doch Bräutigam und Schwiegervater hatten den „Zuzug" schon erspäht, und da es dem Brauch entsprach, alle Gäste freizuhalten, wurde ihnen bald darauf zünftig aufgetischt.

153

„Aber ich habe doch gar nichts bestellt", meinte Sissy abwehrend.

Wastl aber langte schon nach dem saftigen Schweinsbraten, schmatzte genießerisch, nahm einen kräftigen Schluck und erklärte: „Das is' schon richtig. Da müssen S' mit zualangen, Frau Majestätische. Sonst sind's alle beleidigt."

Sissy sah das wohl oder übel ein, denn unter der Landbevölkerung von Possenhofen herrschten ähnliche Bräuche.

Unterdessen spielte die Musik, und das Hochzeiterpaar begann mit dem Brauttanz. Die Stimmung war ausgelassen und steckte an.

Die einsame Dame in Schwarz mochte da doch ein wenig auffallen.

„Kommen Sie, wir gehen", verlangte sie.

Doch Wastl wehrte ab: „Nix da! Jetzt wird's erscht recht lustig!"

Und da stand auch schon ein stämmiger Südtiroler, pflanzte sich vor Sissys Tisch auf und forderte sie auf, mit ihm „einen zu walzen".

„Aber Sie sehen doch, ich bin in Trauer", wehrte sie ab, „und es ist wirklich ganz unmöglich, daß wir hierbleiben."

Beinahe fluchtartig verließ sie den Gasthausgarten, und Wastl mußte ihr wohl oder übel folgen, nachdem er sich noch bedankt und dem Wirten glaubhaft versichert hatte, daß die Gräfin aus der Stadt nicht ganz richtig sei.

Sissy lief mit Riesenschritten talwärts. Doch sie war durstig gewesen und hatte ein wenig zu hastig von dem Wein getrunken; den verlockend duftenden Schweinsbraten aber hatte sie nicht angerührt, was sich jetzt rächte.

Sie merkte plötzlich, daß sie nicht mehr so sicher auf den Beinen stand, blieb stehen und meinte: „Mir ist so schwindlig, Wastl!"

„Das kommt davon. Sie hätten ordentlich was essen sollen, und nit nur den Wein trinka. Und vor allem net so rennen; da bleibt einem ja gradweg die Luft weg!"

Doch Sissy nahm einen neuerlichen Anlauf. Aber sie kam nicht weit, sondern setzte sich bald gottergeben auf einen Baumstrunk.

„Um mich dreht sich alles", gestand sie.

„Wenn ich Frau Gräfin erklär'n darf, Sie haben einen majestätischen Rausch", konstatierte Wastl.

„Von den zwei Glaserln?"

„Auf'n nüchternen Magen! Sie haben ja seit der Früh nix gscheits gessen g'habt. Na, der Herr Baron, der wird schau'n! Ich trau' mich ja mit Ihnen gar net auf's Schloß, Sie blamier'n mi ja ganz majestätisch!"

Als sie heimkamen, hatte Herr Thermojannis schon seine Sachen gepackt. Der arme Grieche staunte nicht schlecht, als er sein Idol in einer ganz ungewohnten Verfassung sah, während er sich ganz untertänigst verabschiedete.

„Keine schlechte Idee", bemerkte er, als er das Schloß verließ. „Wein ist entschieden besser als Whisky, um seinen Kummer zu ersäufen!"

8. Bei den Trümmern von Karthago

„Von Glückwünschen zu meinem Namens- und Geburtstag, überhaupt von Glückwünschen aller Art bitte ich in Hinkunft, so sie meine Person betreffen, abzusehen. "

Das Sekretariat der Kaiserin in der Wiener Hofburg machte dies bekannt, und der triste Wunsch Sissys wurde in einem Zirkular auch an die Botschaften der auswärtigen Mächte in Wien weitergeleitet, aber auch an die österreichischen Vertretungen im Ausland.

„In diesem Jahr ist mein Glück gestorben", erklärte Sissy, „und ich hoffe, man besitzt Takt genug, um dies zu verstehen und zu berücksichtigen."

Das Trauerjahr sollte auch wie ein solches ausklingen. Der Besuch in Korfu war nur kurz; der Bau schritt zügig voran. Von der bereits fertiggestellten Terrasse aus hatte man einen traumhaft schönen Ausblick; allein, das Herbstwetter war nicht dazu angetan, ihn richtig genießen zu lassen.

Sissy konnte allen, die hier fleißig arbeiteten, nur ihre Anerkennung ausdrücken. Aus den Laderäumen der kaiserlichen Jacht „Miramar", die Graf Cassini als ausgezeichneter Seemann befehligte, wurden Skulpturen und Steinplastiken ausgeladen, welche dann im Achilleion aufgestellt wurden.

Herr von Bucovich hatte außerdem einen Mann gefunden, der die Aufgabe von Thermojannis übernehmen sollte: Professor Rhousso Rhoussopolus.

Dieser Mann war angeblich ein Experte in griechischer Geschichte und kannte viele historische Stätten. Darüberhinaus genoß er auch als Sprachforscher einen außergewöhnlichen Ruf.

156

Als sie einander vorgestellt wurden, betrachteten sie sich prüfend. Der Professor wirkte wie ein reichlich ungepflegter Stubenhocker, der keinerlei Wert auf sein Äußeres legte. Sein Haar war schlampig gekämmt und seiner Gesichtsfarbe merkte man an, daß er nicht viel im Freien war. Aber sein Blick verriet hohe Intelligenz und wache Aufmerksamkeit; und dies war für Sissy ausschlaggebend.

„Sie werden es mit mir nicht leicht haben", prophezeite sie dem Professor. „Ich bin eine etwas eigenwillige Schülerin."

„Das freut mich zu hören", nickte Rhoussopolus. „Ich verlange von meinen Schülern viel und halte nichts davon, meine Zeit zu vertrödeln – auch nicht für gutes Geld. Aber ich halte es für sinnvoll, dazu beizutragen, daß eine Frau mit so großem Einfluß mein Volk und seine Geschichte richtig kennenlernt."

„Umsomehr, als ich mich ja, wie Sie wissen, hier auf Korfu niederlassen will."

„Sie haben sich einen der schönsten Flecken auf dieser Erde ausgesucht."

„Ich weiß; ich habe Korfu vom ersten Augenblick an geliebt, als ich es betreten durfte. Und ich bin Gott dankbar, daß er mir die Gnade zuteil werden läßt, hier leben zu dürfen. Das entschädigt mich für vieles."

„Nun, das Leben hier hat auch seine Schattenseiten. Wenn Sie länger bleiben, werden Sie sie kennenlernen."

„Oh, ich möchte lange, lange hier sein; ja, ich möchte sogar hier begraben werden!"

Der Professor lächelte. Sissys Begeisterung erschien ihm übertrieben, doch im Moment kam sie seinen Absichten entgegen.

„Also gut", sagte er, „ich werde Sie unterrichten. Aber machen Sie sich darauf gefaßt: ich verlange einiges."

Die Honorarfrage schien beiden unwichtig, und sie war ja auch bereits durch Baron Nopsca zur Zufriedenheit des Professors geregelt. Und so gehörte Rhoussopolus nun zum Hofstaat, oder besser gesagt zum Personal der Kaiserin.

Sissy brach ihre Zelte auf Korfu bald ab. Sie hatte die Fortschritte des Baus eingehend kontrolliert, hie und da noch Wünsche geäußert und verließ schließlich die Insel mit der Überzeugung, daß bei Herrn von Bucovich alles in besten Händen sei.

Zu Weihnachten wollte sie wieder daheim sein, und da auf Korfu alles rasch erledigt werden konnte, blieb noch ein wenig Zeit für eine kleine Kreuzfahrt auf der weißen, schlanken „Miramar".

Sissy reiste gerne zur See. Ihre Hofdamen, Frau von Ferenczy und die Gräfin Festetics, aber auch Frau von Majlrath hatten sich längst daran gewöhnt, einige Wochen, ja sogar Monate eines jeden Jahres auf schwankendem Schiffsboden verbringen zu müssen. Bloß die Friseuse, Frau Feifal, bekam noch immer bei Seegang Magenkrämpfe.

„Ach, Gott", jammerte sie denn auch sofort, „schon wieder eine Kreuzfahrt. Mit diesen Kreuzfahrten ist es ein rechtes Kreuz, Majestät! Besonders, wenn wir Sturm kriegen."

Doch Graf Cassini versicherte, nach Sturm sähe es über dem Mittelmeer zur Zeit nicht aus, es könne höchstens eine steife Brise geben.

„Steife Brise! Das langt mir ja schon vollständig. Bei

dem Wort ‚Brise' stehen mir schon die Haare zu Berge."

„Sie sind ja Friseuse, Madame", grinste der Kapitän.

„Wenn ich die Wogen glätten könnte, wäre es mir lieber", versicherte sie und rauschte in ihre Kabine ab.

Tatsächlich konnte man über das Wetter nicht klagen, und die ‚Miramar' dampfte gemächlich durch die Straße von Messina in Richtung Palermo und von da weiter nach Tunis.

Dort ließ Sissy Kamele mieten und ritt in Begleitung ihrer Damen und des Professors zu den Ruinen von Karthago, der großen Handelsstadt, die von den Römern in Schutt und Asche gelegt worden war.

„Wenn man bedenkt, daß dies alles einst von pulsierendem Leben erfüllt war und nichts übrig blieb", sinnierte sie.

Der Professor begann darauf von Karthago zu erzählen, und es zeigte sich, daß er kein Freund des trockenen Unterrichts war, sondern vielmehr interessant zu plaudern verstand.

„Der Sage nach gründete die tyrische Königstochter Dido die Stadt im Jahre 814 v. Chr. Man nannte die Bewohner Punier, da sie von den Phöniziern abstammten. Sie erkauften das Recht, sich niederzulassen, durch eine jährlich zu entrichtende Tributzahlung an das Libysche Reich. Karthago entwickelte sich rasch und wuchs durch Zuzug neuer Bewohner. Sie fühlten sich bald so stark, daß sie den Libyern die weitere Tributzahlung verweigerten.

Doch nicht genug, sie gingen sogar zum Angriff über und unterwarfen große Teile Libyens, die sie von nun an beherrschten. Ihr Handel und ihre Herrschaft wuchsen und wurden durch Kämpfe und Verträge immer mehr ausgeweitet. Sie setzten sich schließlich sogar auf Sizilien fest!

Im Jahre 264 v. Chr. traten die Römer in Erscheinung und bereiteten den Karthagern auf Sizilien eine empfindliche Niederlage. Grausam waren die drei „Punischen Kriege", in denen die Karthager unter der Führung ihres Feldherrn Hannibal sogar bis über die Alpen gelangten. Doch ihre Reserven waren nicht unerschöpflich; im Jahre 201 v. Chr. waren sie am Ende und schlossen einen schmählichen Friedensvertrag. Hannibals berühmte Elefanten, mit denen er die Alpen überquert hatte, wurden von den Römern ebenso konfisziert wie die gesamte karthagische Flotte.

Der nun folgenden demütigenden Verhältnisse überdrüssig wagten die Karthager 151 v. Chr. einen Aufstand und vertrieben den römischen Kommissär Cato. Daraufhin griffen die Römer mit 83.000 Mann die Stadt an, und Cornelius Scipio, ihr Feldherr, machte sie dem Erdboden gleich. Karthago brannte siebzehn Tage lang! Alles wurde vernichtet."

„Und was wurde aus den Karthagern?" fragte Frau von Majlrath.

„Sie kamen um, und wer überlebte, wurde in die Sklaverei geführt", antwortete der Professor.

„Aber", wandte Sissy ein, „Karthago wurde doch wieder aufgebaut!"

„Stimmt! Nachdem die Römer das Gebiet zur Provinz „Africa" erklärt hatten, siedelten sie hier römische Familien an. Doch 439 n. Chr. erstürmte die Stadt Geiserich mit seinen Vandalen. Später zwar eroberten sie die Römer wieder zurück, aber nun kamen die Sarazenen und besorgten den Rest. Über zweihundert Jahre lang

160

wehte die Wüste ihren Sand über die Trümmer der einst so stolzen Stadt. Zu Beginn des sechzehnten Jahrhunderts versuchte der Kalif den Wiederaufbau und die Neubesiedelung; doch die Spanier fielen ein und zerstörten die wenigen Hütten, die auf dem riesigen Trümmerfeld wieder entstanden waren."

„Ein Ort des Unglücks also", fand Sissy. „Als ob ein Fluch auf dieser Stätte läge."

Sie wandte sich schaudernd ab, und der Rückweg wurde angetreten.

Auf der Miramar wußte der Professor noch mancherlei zu erzählen:

„Die Religion der Karthager war eine Naturreligion, und sie erscheint uns grausam wegen ihrer Menschenopfer. Ihr Hauptgott war der Feuergott Moloch; ihm zur Seite standen Melkarth und Astarte, die Mondgöttin. Sie entsprachen etwa den griechischen Göttern Kronos, Herkules und Aphrodite. Dem Gott Moloch, dessen Standbild aus Erz sich über einem glühenden Ofen erhob, mußten Menschenopfer dargebracht werden. Einmal im Jahr waren vornehme Eltern verpflichtet, ihren erstgeborenen Sohn in Molochs Arme zu legen, von denen er dann in den Ofen hinabglitt."

„Schrecklich", schüttelte sich Frau von Ferenczy.

„Das ist noch gar nichts", erzählte der Professor weiter. „Geriet die Stadt in Bedrängnis, gab es Massenopfer – einmal wurden zweihundert Kinder auf einmal geopfert."

„Und genützt hat es gar nichts", meinte die Festetics. „Da sieht man, wie wenig Verlaß auf diese Götter war."

Der Professor lachte.

„Natürlich nicht", bestätigte er. „Doch die Priesterschaft war eine sehr mächtige Kaste. Nun, letzten Endes sind auch diese fetten Herren beim Brand ihrer Tempel umgekommen."

„Man darf sich die Karthager aber keineswegs als unkultivierte Leute vorstellen", wandte Sissy ein und nahm die Bewohner der zerstörten Stadt in Schutz. „Im Gegenteil. Menschenopfer gab es auch anderswo. Auch im vorgriechischen Kulturkreis."

Sissy schwärmte nach wie vor für die Hellenen. Trotzdem meinte sie, daß das Ende der Menschenopfer doch wohl erst auf die Verbreitung des Christentums zurückgeführt werden könne.

„Nun gibt es nur noch den einen Gott", erklärte sie, „der alles geschaffen hat und in allem wirkt. Und solche Opfer nicht wünscht, weil er ihrer gar nicht bedarf."

Sissy war sehr religiös. Auch die Schicksalsschläge, die sie erlitt, hatten ihren Glauben nicht erschüttern können.

Als die „Miramar" wieder ihre Anker lichtete, lag der letzte Teil dieser Reise vor Sissy und ihrer Begleitung. Und nun wurde sie auf einmal ungeduldig.

Sie fürchtete, nicht rechtzeitig in Wien einzutreffen, wie sie es Franzl versprochen hatte. Sissys Namenstag – es war der neunzehnte November – war sang- und klanglos vorübergegangen, wie sie es gewünscht hatte, und nun dachte sie auch schon über das Weihnachtsfest nach.

„Es in der Hofburg oder in Schönbrunn zu verbringen, widerstrebt mir", meinte sie. „Und ein Fest mit Lichterbaum und Geschenken erscheint mir heuer gleichfalls unangebracht."

„Aber Majestät können doch nicht die Familie so ent-

162

täuschen", wandte die Festetics ein. „Ein Weihnachten ohne Christbaum ist doch keines. Sicher freuen sich schon alle darauf."

„Noch leben mein Mann, meine Familienangehörigen und ich im Trauerjahr", erinnerte sie düsteren Blickes. „Und je näher Weihnachten rückt, umso näher rückt auch Rudis erster Todestag, der 30. Jänner. Vor diesem Datum graut mir heute schon…"

„Aber Majestät! Doch nicht schon wieder diese trüben Gedanken", bat Sarolta.

„Nein, nein", wehrte Sissy ab und strich sich über die Stirn, als wollte sie diese Gedanken verscheuchen. „Eines ist jedenfalls sicher! Wir feiern heuer nicht in Gödöllö."

„Die Leute dort werden aber traurig sein; das Weihnachtsfest ist doch dort Tradition", erinnerte die Festetics.

„Heuer ist es eben anders", widersprach Sissy. „Es ist kein Jahr wie alle anderen. Später vielleicht werden wir uns zur Feier des Heiligen Abends wieder dort einfinden."

Und während das Meer in ewigem Gleichmaß das stolze, weiße Schiff umwogte, stand sie an der Reling gelehnt und blickte hinaus auf die unendlich scheinende Weite.

„Karthago", sagte sie halblaut zu sich selbst, „einst so stolz und letztlich zerstört. Was übrig blieb, ist fast nur noch Wüste…"

9. Weihnachten in Miramar

Zwei Tage vor dem St. Nikolaus-Fest – am vierten Dezember des Jahres 1889 – fuhr der Hofzug Sissys in die Halle des Südbahnhofs ein. Franzl, die Erzherzöge, unter ihnen auch Franz von Toskana und der junge Ferdinand standen am Bahnhof.

Zwei vertraute Gesichter fehlten: das von Rudi und das seines Freundes Erzherzog Johann, der Österreich bereits verlassen hatte.

„Willkommen daheim, Sissy", begrüßte sie Franzl und nahm sie schützend in seine Arme, als er sah, daß ihr Fuß stockte, als sie die Gesichter all jener überflog, die zu ihrer Begrüßung gekommen waren.

„Komm", drängte er, „nicht nachdenken, mein Engel, du mußt dich daran gewöhnen. Und wir wollen niemandem ein Schauspiel geben."

Sissy nickte tapfer. Hinter ihrem Schleier befeuchteten Tränen ihre Wangen, doch niemand sah sie. Dankbar empfand sie, daß Franzl ganz genau begriffen hatte, was jetzt in ihr vorging.

Der Bahnsteig war voller Menschen, die die Kaiserin wiedersehen und ihr ihre Teilnahme zum Ausdruck bringen wollten. Schnell brachte Franzl seine Frau durch das Spalier hinaus, um die Szene abzukürzen.

Draußen empfing sie die Dezemberkälte der vorweihnachtlichen Stadt. Sie nahm in der Hofkutsche an Franzls Seite Platz, gegenüber saßen Franz und Marie-Valerie. Die Leute winkten, säumten den Gehsteig, und die behelmten Schutzleute standen salutierend stramm.

„Wie ist es dir ergangen, mein Engel?" forschte Franzl teilnahmsvoll.

164

„Gut", antwortete sie einsilbig.

„Das freut mich zu hören."

„Weißt du Näheres über Andrássys Zustand?"

„Nur, daß man fürchtet, das heurige wäre sein letztes Weihnachtsfest."

„Ich werde ihm schreiben", sagte Sissy.

„Und wie steht's auf Korfu?"

„Im Frühjahr ist es soweit, daß ich einziehen kann. Ich bin sehr zufrieden."

„Das ist ja erfreulich", meinte Franzl.

„Zu Weihnachten ist es ein Jahr, daß die Kinder sich verlobten. Steht nun endlich ein Hochzeitstermin fest?"

Franzl nickte.

„Und Johann Salvator?"

„Lebt mit dieser Frau in Hamburg."

„Dann wird er dir wohl keine Ungelegenheiten mehr machen."

„Das ist anzunehmen", seufzte er. „Es gibt Ungelegenheiten genug. Ich beneide dich oft genug, Sissy. Ich wünschte, ich könnte manchmal auch den ganzen Kram hier links liegen lassen und auf und davongehen. Aber leider darf ich das nicht."

„Nun, vielleicht geht es zur Pariser Weltausstellung."

„Um mir diesen verrückten neuen Turm anzuschauen, den man dort baut? Du weißt doch, ein gewisser Eiffel baut ihn ganz aus Eisen – und er soll über dreihundert Meter hoch werden!"

„Die Technik vermag viel", fand Elisabeth.

„Die Menschen sollen sich besser nicht überschätzen", bremste Franz Joseph. „Eines Tages werden sie noch größenwahnsinnig. Bedenke nur: Mehr als zweimal so hoch wie unser Stephansdom soll das Ding werden. Wenn das bloß gut geht!"

Die Stadt lag grau in grau vor ihnen, die Bäume entlaubt, und die Menschen eilten in ihre Wintermäntel und Pelze gehüllt durch die Straßen. Die Hofburg erschien Sissy noch düsterer als sonst, nachdem sie noch vor kurzem die sonnige Weite des Mittelmeeres genossen hatte.

Franzl begleitete Sissy in ihre Gemächer.

„Hier ist es wenigstens schön warm geheizt", stellte sie befriedigt fest.

„Möchtest du lieber in die Hermesvilla oder nach Schönbrunn?"

„Nein, Schönbrunn ist jetzt kalt, und die Villa zu einsam. Ich glaube, daß es jetzt fürs erste ganz gut ist, hier in der Stadt zu bleiben."

„Das dachte ich auch", nickte Franzl. „Wir sehen uns dann beim Frühstück, mein Engel. Bis nachher!"

Und er ging in die Reichskanzlei, wo ein Minister zum Vortrag auf seine Rückkunft wartete.

Sissy plauderte noch kurz mit dem Brautpaar und Gisela; ihre Hofdamen waren entlassen, damit sie sich in ihren Zimmern umkleiden und frisch machen konnten.

Für Sissys Kleider gab es ein eigenes Garderobenzimmer. Die Schränke waren voll mit Sachen, die sie früher gerne getragen hatte. Es waren schöne, kostbare Kleider und Roben darunter, die für offizielle Anläße angefertigt worden waren.

Marie-Valerie und Gisela bemerkten, daß ihre Mutter beim Anblick der Kleiderschränke ratlos wurde.

„Was soll ich noch mit all den Sachen?" fragte sie plötzlich sich an ihre Tochter wendend. „Ich kann dies

166

alles nicht mehr brauchen, ich werde kein einziges von diesen Kleidern mehr anziehen."

„Aber Mama!" rief Gisela, „das darf doch nicht dein Ernst sein!"

„Ich ändere nicht jeden Tag meine Entschlüsse", erklärte Sissy und fügte bitter hinzu: „Ich habe mich dazu entschlossen, nur mehr in Schwarz zu gehen, ihr wißt es. Oder habt ihr etwa gedacht, ich hätte dies nicht ernst gemeint?"

„Nun, wir dachten, wir meinten…"

„Ihr seid im Irrtum. Auch nach Ablauf des Trauerjahres trage ich nur noch Schwarz, wie es sich für eine Mutter gehört, die ihren einzigen Sohn verloren hat, der noch dazu auf den Thron berufen war."

Und noch am selben Tag begann sie, wie sie es nannte, „ihre Schränke auszumustern".

Von ihren Kleidern blieb nicht viel übrig. Sissy schenkte alles den Armenhäusern und wohltätigen Stiftungen. Sie behielt nichts von dem , was sie an frohe Stunden und Feste erinnerte, nichts von all dem, was einst Männeraugen an der schönen Kaiserin entzückt und ihre Anmut und Reize zur Geltung gebracht hatte.

Ihre Töchter und Hofdamen waren gleichermaßen entsetzt. Auch Franzl fand es übertrieben. Doch Sissy beharrte darauf.

„Und was unser Weihnachtsfest in diesem Jahr angeht, so habe ich einen Vorschlag", sagte sie zu ihm, als sie am Nikolaustag bei der Familientafel beisammensaßen.

„Laß hören", ermunterte sie Franzl.

„Ich möchte nicht in Wien bleiben. Ich schlage vor, wir fahren nach Miramar."

Das war zwar etwas ungewöhnlich, doch Franzl

nickte; ihm war alles recht, wenn er nur mit Sissy beisammen sein konnte.

„Und keine Geschenke", erklärte Sissy streng. „Auch ich werde niemanden beschenken."

Gisela seufzte und Marie-Valerie schüttelte den Kopf. Sie wollte mit ihrem Verlobten feiern, aber nicht auf Schloß Miramar. Sie hatte das Gefühl, von ihrer Mutter ginge eisige Kälte aus, eine Kälte, die sie ihr unheimlich machte. Wo waren die traulichen, familiären Familienfeste in dem lieben Gödöllö? Waren sie nun für immer dahin?

„Es besteht kein Anlaß zur Freude", erklärte Sissy hart.

„Doch", sagte Franzl zu aller Überraschung nach kurzem Nachdenken. „Christ ist erstanden."

„Das ist Freude genug", meinte Sissy. „In diesem Jahr kann das Weihnachtsfest nicht so sein, wie die anderen es waren. Andere mögen feiern – für uns ziemt es sich nicht."

„Auf Miramar kommt sowieso keine Stimmung auf", knurrte Franzl.

Er erinnerte sich an seinen toten Bruder, den unglückseligen Maximilian, der von dort aus zu seinem so tragisch verlaufenen mexikanischen Abenteuer aufgebrochen und nie mehr zurückgekehrt war. Seine Witwe Charlotte lebte in geistiger Umnachtung in einem belgischen Schloß. Nach dem Tod ihres Gatten hatte sie jeden Sinn für die Wirklichkeit verloren und brachte ihre Tage in einer Traumwelt zu. Sooft Franz Joseph nach Miramar kam, mußte er daran denken.

Insgeheim fand er Sissys Vorschlag, das Weihnachtsfest in diesem Haus zu verbringen, selbstquälerisch und

168

grausam. Auch die Art, wie Sissy sich ihrer schönen Garderobe entledigt hatte, sah er als einen Akt der Selbstbestrafung an. Es bestand für ihn kein Zweifel, daß sie sich einen Teil der Schuld an Rudolfs Tod zumaß und daß sie dafür büßen wollte.

Franzl fragte sich bei all dem, wie Kathi in so einem Fall reagiert hätte. Ihre Garderobe hätte sie gewiß nicht verschenkt und auch nicht den Entschluß gefaßt, bis an ihr Lebensende in schwarzer Trauerfarbe zu laufen. Nun war Sissy daheim, und er hätte glücklich sein können. Aber er war es nicht. Am liebsten hätte er Kathi besucht und sich mit ihr bei einer gemütlichen Kaffeejause ausgesprochen. – War dies ein Verbrechen?

Die Jause kam tatsächlich zustande, in der Hofburg, versteht sich, und Franzl versäumte nicht, Sissy seinen ausdrücklichen Wunsch mitteilen zu lassen, daß sie dabei sein möge. Das entsprach seinem Sinn für Korrektheit. Sissy war die Frau, die eigentlich an seine Seite gehörte. Sie war die Hausfrau hier, und nicht die Baronin von Kiss.

Wie zu erwarten, hieß Kathi die Idee mit dem Weihnachtsfest auf Miramar nicht gut.

„Für zwei, drei Tage so weit hin und wieder zurück! Steht sich das überhaupt dafür, Majestät?" fragte sie Sissy. „Wie wär's mit Ischl, das liegt doch viel näher und ist auch so gemütlich!"

„Ich will's aber gar nicht gemütlich haben", versteifte sich Sissy.

„Aber das möcht' doch ein jeder", fand Kathi kopfschüttelnd. „Das ist doch nur natürlich. Und wenn Sie sich's noch so ungemütlich machen, davon wird niemand lebendig!"

Der Kaiser sagte kein Wort und zerdrückte nur in Gedanken ein Kuchenkrümel.

„Die Räume im Schloß werden wohl auch eisig sein", setzte Kathi nach einer Pause fort. „Die sind doch bestimmt nicht leicht anzuheizen und warmzukriegen! Gibt's überhaupt Brennmaterial dort?"

Kathi sollte recht behalten. Die Räume waren eisig, und das Schloß, das während der Wintermonate nur selten benutzt wurde, war nicht darauf eingerichtet. Selbst Sissy, die viel öfter hier war als Franz Joseph, weil sie es ja als Ausgangspunkt für ihre Seereisen benutzte, konnte die abweisende Atmosphäre nur schwer ertragen.

„Seit Potsdam", brummte Franzl fröstelnd, „habe ich mich nirgendwo so ungemütlich gefühlt."

Und hier sollte nun ein Weihnachtsfest gefeiert werden! Das heißt, eine Feier wurde es ja gar nicht. Während ringsum die Kirchenglocken das Fest einläuteten, kniete die Familie in der Schloßkapelle bei einer Messe, die zugleich ein Totengedenken war. Und danach saß man ziemlich still und gedrückt an einer gemeinsamen Tafel.

Diese wenigstens war auf Sissys Anordnung festlich gedeckt und von einer entsprechenden Speisenfolge. Das aber war auch schon alles. Es gab keinen Weihnachtsbaum im Schloß, und keine Christbaumkerzen brannten.

Marie-Valerie brach plötzlich in Schluchzen aus, und ihr Bräutigam führte sie hinaus. Sissy saß an der Tafel schweigsam und mit unbewegter Miene. Ein Tischgespräch wollte nicht aufkommen. In dem vom winterlich-kalten Meer unwirtlich umrauschten, zinnenbewehrten Schloß herrschten Einsamkeit und Stille.

In Sissys Zimmer brannte eine Kerze vor Rudolfs Bild. Franzl fand sie am Nachmittag des Christtages davor, in tiefem Sinnen versunken.

„Wir müssen an die Heimreise denken", erinnerte er sie.

Sie nickte. Und fragte plötzlich: „Wie sieht es eigentlich in Mayerling aus?"

„Wie soll es dort denn aussehen? Es liegt Schnee, vermute ich", antwortete Franzl verwirrt.

Sissy erhob sich unwillig.

„Du weißt schon, was ich meine", sagte sie ein wenig heftig. „Ist – der Gebäudeteil abgerissen?"

Er zündete sich mißgestimmt eine seiner Zigarren an.

„Die Kapelle ist fertig", erklärte er. „Die Kapelle, die ich an jenem Platz erbauen ließ, wo es geschah…"

„Wie, schon fertiggestellt?" staunte sie. „Und nichts mehr vom alten Gebäudeteil erhalten? Kein Stein mehr auf dem anderen?"

Er überhörte nicht den Spott in ihrer Stimme, hatte aber keine Lust, darauf einzugehen.

„Nein", antwortete er deshalb trocken. „Die Gedenkkapelle ist fertig, aber noch nicht eingeweiht."

„Und wann soll dies stattfinden?"

„An Rudis Todestag. Wir werden beide hinfahren."

Es klang diesmal hart, wie ein Befehl – und es war auch einer. Sissy nickte gehorsam.

„Gut", meinte sie. „Und das übrige Haus? Was machst du damit?"

„Ich habe es dem Orden der Karmeliterinnen übergeben.

„Sehr gut!" Nun spottete sie wirklich. „Die dürfen doch nicht reden, oder?"

Er blickte sie maßlos traurig an, wandte sich dann um und verließ wortlos das Zimmer.

Draußen, auf dem eiskalten Korridor, seufzte er tief. Er konnte nicht begreifen, daß es mit ihm und Sissy so weit gekommen war. Wie hatte Rudis Tod sie nur so schrecklich verändern können? Aus dem frohen, lebenslustigen Mädel aus Bayern einen Menschen machen können, der als ein wahres Nervenbündel nur mehr ein Schatten seiner selbst war?

Er paffte dicke Rauchwolken und schritt langsam seinem Zimmer zu, in dem das Personal schon wieder beim Packen war. Im übrigen war ja die Hälfte des Gepäcks überhaupt gleich im Zug geblieben. Kathi hatte recht gehabt – für diesen kurzen Aufenthalt hatte sich die Reise wirklich nicht ausgezahlt.

„Vielleicht", murmelte er vor sich hin, „hilft ihr Korfu wirklich, wieder zu sich selbst zu finden."

An dieses Weihnachtsfest werden wir wohl alle lange zurückdenken, sagte er sich. Es war das tristeste meines Lebens...

Der Hofzug stand schon wieder unter Dampf, bereit, die Kaiserliche Familie zurück nach Wien zu bringen. Erst jetzt fiel es Sissy auf, daß sie lediglich bei der Messe und an der Tafel beisammen gewesen waren – die übrige Zeit hatte jeder für sich still in seinem Zimmer verbracht und jeden Kontakt vermieden.

Ich habe ihnen wohl allzu gründlich jede Freude verdorben, sagte sie sich und bereute. Es hätte nicht gar so arg werden müssen. Aber nun ist es ja vorbei und durchgestanden.

Draußen warteten schon die Kutschen, welche die Gesellschaft zum Triester Bahnhof bringen sollten. Und

172

als sich das schmiedeeiserne Tor hinter dem letzten Besucher knarrend schloß, atmeten alle erleichtert auf. Es war vorüber.

Am dreißigsten Jänner des neu angebrochenen Jahres 1890 saßen Franzl und Sissy Seite an Seite in dem Schlitten, der sie über tief verschneite Straßen hinaus in den Wienerwald, nach Mayerling, brachte.

Hier war einst Rudis Jagdrevier gewesen. Sissy kannte die Gegend nicht, sie besuchte Mayerling zum ersten und, wie sie sich sagte, auch zum letztenmal.

Sie fand das simple Gutsgebäude, das ihr Sohn zum „Jagdschloß" umfunktioniert hatte, enttäuschend. In dem kleinen, dem Haus vorgelagerten Garten erinnerte an ihren Sohn nur ein Teepavillon, den er sich hatte errichten lassen.

„Die Gegend ist ja zauberhaft schön", fand Sissy. „Aber das Gebäude – ich weiß nicht, was Rudi daran bloß finden konnte."

„Nun, ein Baujuwel ist es gerade nicht, aber ein idealer Ausgangspunkt für Jagden in den herrlichen Wäldern ringsum mit ihrem Reichtum an Wild und an Naturschönheiten. Und als Stützpunkt hat es Rudi ja auch benutzt – er blieb nie länger hier als bloß für ein paar Tage zur Jagd."

Das Gebäude hatte im Verlauf des letzten Jahres sein Äußeres an nur einer einzigen Stelle erheblich verändert. Dort, wo sich einst Rudolfs Schlafzimmer und das Quartier seines Kammerdieners Loschek befunden hatten, erhob sich jetzt die „Gedenkkapelle" und die sogenannte „Josephikapelle". Ihr zum Opfer fiel auch das Arbeitszimmer des Kronprinzen. Alle Räume, die an das Todeszimmer angrenzten, auch Treppen und Nebenräume waren gleichfalls abgerissen.

Ab nun hatten die Karmeliterinnen ihren Betchor dort.

Sissy erschauerte, als sie durch das neugotische Portal die Kirche betrat. Denn auf Grund ihrer Größe war die Bezeichnung Kapelle eine große Untertreibung.

Und an Franzls Seite sank sie in den Betstuhl nieder und vergrub ihr Gesicht in den Händen.

Sie dachte daran, daß sie nun am Ort des geheimnisvollen Geschehens war. Hier, genau hier, war es passiert, jenes „es", von dem die eng beschriebenen Blätter in ihrer Geheimkassette berichteten.

Sagten sie die Wahrheit? Oder wurde sie selbst das Opfer einer ungeheuerlichen Mystifikation?

Neben sich hörte sie Franzls leise gemurmelten Gebete. Auch sie versuchte zu beten, doch es gelang ihr nicht. Sie war zu erregt. Und dies war wohl auch der Grund, daß sie keine Tränen fand.

Dritter Teil

1. Die Geburt des Achilleion

Man schrieb den 24. Jänner des Jahres 1891. Es war ein kalter Winter, der über dem niederösterreichischen Lande seine Schneedecke breitete.

Der Sonderzug der Kaiserin hielt in Wels. Hier, beim fünfzehnten Dragonerregiment, versah ihr Schwiegersohn Erzherzog Franz Salvator seinen Militärdienst. Er und seine liebe, junge Gattin, Marie-Valerie, wohnten im nahen Schloß Lichtenegg. Und dorthin wollte Sissy. Zum erstenmal besuchte sie das junge Paar, das im vergangenen Sommer endlich heiraten durfte, in seinem neuen Heim.

Sie hatte für diesen Besuch einen besonderen Grund: Sie wollte die beiden jungen Leute einladen, mit ihr nach Korfu zu kommen und das Achilleion, das nun kurz vor der Fertigstellung stand, kennenzulernen.

Die Gräfin Festetics saß neben der schwarz gekleideten und verschleierten Kaiserin in der Kutsche, die sie über eine verschneite Landschaft nach Lichtenegg brachte.

Die Festetics war noch immer verzweifelt über die Wirkung beim Rout, einer Faschingsgesellschaft im Redoutensaal, bei der Sissy zum erstenmal nach langer Zeit wieder in der Öffentlichkeit erschienen war. Das ließe sich nicht länger hinausschieben, wie Franzl energisch gesagt hatte.

„Die Leut' wollen endlich wieder einmal ihre Kaiserin sehen!"

Und so ging denn Sissy seufzend zum Rout, natürlich Schwarz und das Gesicht hinter einem sie unkenntlich machenden Crepeschleier verborgen, und beim Cercle

177

fing eine Dame nach der anderen tief gerührt zu schluchzen an.

„Eine schöne Faschingsveranstaltung", schimpfte nachher Franzl. „Es war ja die reinste Trauerfeier!"

Und das fand auch die Gräfin Festetics.

„Majestät hätten zu diesem Anlaß nicht in Schwarz kommen dürfen."

„Was soll ich machen", jammerte Sissy, „ich habe nun mal geschworen, nur noch in Schwarz zu gehen."

„Läßt sich von diesem Schwur keine Ausnahme machen?"

„Nein. Schwüre muß man halten, und Ausnahmen von ihnen gibt es nicht!"

„Grundgütiger Lazarus, das war aber ein unüberlegter Schwur", fand die Gräfin, während die beiden Damen im Wagen gehörig durchgerüttelt wurden. „Kann Sie nicht der Bischof davon entbinden?"

„Das ist eine Sache zwischen mir und Gott, Festetics. Ich werde eben in Hinkunft nicht mehr zum Fasching gehen. Da passe ich ohnehin nicht mehr hin. Ich wollte ja auch nicht, ich ging wegen Franzl, und prompt habe ich alles verdorben."

„Und die beiden jungen Leute werden von der Mama in Trauerkleidung auch nicht entzückt sein. Das Trauerjahr ist längst vorüber, Majestät, es gibt gar keinen Anlaß mehr. Majestät sollten endlich wieder einmal nette, bunte Sachen tragen."

„Aber, Gräfin! Sie haben sich an eine Kaiserin in Schwarz schon längst gewöhnt, und den anderen wird es ebenso ergehen."

Die Festetics gab es auf, Sissys Meinung ändern zu wollen. Gottergeben saß sie in dem rumpelnden Fahr-

178

zeug, das endlich vor dem Schloß hielt, dessen Fenster hell erleuchtet waren.

Das junge Paar wartete schon ungeduldig in der Vorhalle.

„Mama! Wie schön, daß du kommst!" umarmte Marie-Valerie herzlich ihre Mutter, und der junge Ehemann in Galauniform küßte seiner Schwiegermama galant die Hand.

Flink herbeigeeilte Diener nahmen den Besuchern die Übermäntel ab, und das junge Paar geleitete sie in den Salon.

„Nett habt ihr's hier!" fand Sissy sich umblickend.

Das Schloß stammte aus der Mitte des sechzehnten Jahrhunderts. Ein Ludwig von Polheim hatte es ursprünglich als Wasserschloß gebaut. Mit seinen zwei Ecktürmchen sah es auch äußerlich wie ein behäbiger Landsitz aus, in dem man sich wohlfühlen konnte.

Nachdem sich die Damen in ihren Zimmern von der Reise umgezogen und erfrischt hatten, traf man sich wieder im Salon zu einer familiären Jause.

„Wirklich gemütlich", meinte Sissy.

„Dann bleib doch einfach hier, Mama, solange du willst!" lud die Tochter herzlich ein, und ihr Gatte schloß sich eifrig dieser Bitte an.

Doch Sissy wehrte ab.

„Ich bin nicht gekommen, um mich einladen zu lassen, sondern ganz im Gegenteil wollte ich euch einladen! Im März geht's wieder nach Korfu. Vielleicht ist es bis dahin schon ganz fertig. Jedenfalls kann man es schon teilweise bewohnen. Und ich will euch zu diesem schönsten Fleck auf Erden mitnehmen, meine Kinder!"

„Das ist eine herrliche Idee, Mama!" rief Marie-Valerie und klatschte begeistert in die Hände. „Da mußt du Urlaub machen, Franz!"

„Nun, das mit dem Urlaub wird gewiß nicht schwer fallen, wenn man den Kaiser zum Schwiegervater hat", schmunzelte die Gräfin vielsagend.

Und am 17.März ankerte die Jacht der Kaiserin in dem kleinen Privathafen an der herrlichen Insel. Das neu erbaute Schloß war weithin sichtbar und ließ schon von außen die Herrlichkeiten ahnen, die sein Inneres bergen mochte.

„Wie schön", rief Marie-Valerie entzückt. „Oh, das war eine gute Idee von dir, Mama, hier zu bauen und dich niederzulassen!"

„Ich hoffe, daß ich unruhiger Geist hier endlich Ruhe finden werde", erklärte Sissy.

„Diese herrliche Luft, dieses Blütenmeer, der weite, freie Blick – wer hier nicht seelisch genesen kann, der kann es wohl nirgendwo", meinte auch der Erzherzog. „Ich kann dich nur beglückwünschen, Mama. Es muß wunderschön sein, dieses Haus sein Eigen nennen zu dürfen."

„Ihr könnt ja hier sein, solange und so oft ihr nur wollt", meinte Sissy, während sie den Steig von der Anlegestelle zur Anhöhe emporstieg.

„Ihr werdet sehen", versicherte sie, „daß es mir gelungen ist, hellenische Kultur mit den Bequemlichkeiten der Neuzeit in Einklang zu bringen."

Der Bau kostete die „Kleinigkeit" von neun Millionen Goldfranken, die Franz Joseph fast zur Gänze bezahlte.

„Der Linienschiffsleutnant, der den Bau von Herrn von Warsberg übernahm und nun fertigstellt, leistet Außerordentliches", erklärte Sissy und machte ihre Gäste bald darauf mit Herrn von Bucovich bekannt. „Wir haben überall elektrisches Licht im Haus", führte sie ihre Besucher stolz herum.

Das Achilleion war in einer Mischung von griechischem und pompejanischem Stil errichtet. Aus Pompeij stammten auch zahlreiche antike Statuen, die im Park, aber auch im Hause selbst aufgestellt wurden, und die Sissy dem Fürsten Borghese abgekauft hatte.

Im Stiegenhaus war Professor Matsch dabei, ein riesiges Gemälde, das den „triumphierenden Achilles" darstellte, fertigzustellen.

„Famos", stellte der Erzherzog fest. „Das Haus ist wirklich originell."

Im Obergeschoß waren noch Installateure, Elektriker und Stukkateure an der Arbeit. Es roch überall nach Mörtel, Farben, Gips und Leim. Durch die offenen Fenster wehte die von salzigem Meergeruch angereicherte Luft, die erfüllt war vom Duft aufblühender Blumen und Sträucher.

Erzherzog Franz hatte das Achilleion „originell" genannt. Die Gräfin spürte die leise Kritik, die in dieser Bezeichnung verborgen war. Sissy war jedoch zu erfüllt vom Überschwang ihrer Begeisterung für dieses Schloß, um dies zu bemerken.

„Findest du es wirklich schön?" flüsterte der Erzherzog Marie-Valerie in einem unbeobachteten Augenblick zu.

„Die Lage ist himmlisch", versicherte Marie-Valerie schwärmerisch. „Es ist ja das reinste Paradies, Franz!"

„Ja, das stimmt. Aber ich spreche nicht von der Lage, ich rede vom Haus. Diese kalte Pracht, diese farbigen

Glasfrüchte, die von innen elektrisch beleuchtet werden, die Statuen, ich finde es kitschig."

„Um Himmelswillen, laß das ja nur Mama nicht hören", bat Marie-Valerie ihren Gatten erschrocken. „Unter uns gesagt, mir ist ja unser Lichtenegg bei Wels auch lieber. Aber wenn sich Mama hier wohlfühlt, dann soll sie es doch genießen!"

Auch Sissy hatte manchmal das eigenartige Gefühl, daß das Achilleion, je mehr es seiner Vollendung entgegenschritt, sie doch nicht in dem Maß zufriedenstellte, wie sie es erhofft hatte. Doch sie schob dies auf den Umstand, daß die Handwerker noch nicht fertig waren und ein abschließendes Urteil noch nicht möglich war. Auf vieles, was das Achilleion jedoch barg und bieten konnte, war sie wirklich stolz, und sie freute sich darauf, hier endgültig Hausherrin zu sein.

Mit geröteten Wangen und hellem Blick war sie imstande, frei zu atmen und zu vergessen, was hinter ihr lag. Oft stand sie nachts auf und kochte sich – um ihr Personal nicht im Schlaf zu stören – zu früher Stunde ein Ei und eine Schale Tee und brütete an ihrem kleinen Schreibtisch in ihrem provisorisch fertiggestellten Zimmer, in dem das elektrische Licht noch nicht funktionierte, beim Schein einer Petroleumlampe über neuen Ideen.

So hatte sie für das Achilleion ein eigenes Briefpapier entworfen: Das Signet sollte auf Briefen, Servietten, Wäsche, dem Tafelgeschirr und Eßbesteck prangen. Es zeigte einen Delphin, über dessen Haupt die österreichische Kaiserkrone zu sehen war. Und die damit verbundenen Arbeiten wurden auch schon in Auftrag gegeben. Der gekrönte Delphin – das Zeichen des Achilleion und seiner Besitzerin!

182

Herr von Bucovich war unermüdlich, alle Wünsche von Sissy zu erfüllen und in die Tat umzusetzen. Freizeit kannte er schon kaum mehr, doch das machte ihm nichts aus. Und bereitwillig erklärte er jedem, der es hören wollte: „Das ist eine Frau, die es wohl wert ist, daß man sich für sie abstrapaziert."

„Wann wird das Schloß endlich ganz fertig sein?" fragte Marie-Valerie, als sie auch noch einen Rundgang durch den wunderschönen, üppig grünenden Park machten, dessen südliche Blütenpracht fast betäubend wirkte.

Die Palmen rauschten gegen den tiefblauen Himmel, die Sonne tauchte alles in gleißendes Licht, und dennoch war es nicht drückend heiß, sondern belebend angenehm warm.

„Vielleicht schon im Herbst, spätestens im nächsten Frühjahr", meinte Sissy. „Innen ist noch viel zu tun. Es liegen ja noch nicht einmal in allen Zimmern die Parkettböden. Und dann der Park – es soll ja noch das Heine-Denkmal und das für Rudolf aufgestellt werden, und ich wünsche mir auch noch antike Statuen. Die antiken Bildhauer waren doch wie keine nach ihnen imstande, die vollkommene Schönheit des menschlichen Körpers darzustellen."

Es fügte sich, daß gerade zu diesem Zeitpunkt der Kronprinz von Griechenland Hochzeit feierte. Er heiratete eine Schwester Kaiser Wilhelms von Deutschland.

Wie es Wilhelms Art war, wollte er seine Rolle als Brautvater unter Säbelgerassel und Trompetengeschmetter gespielt wissen; deshalb war er mit einem ganzen Schlachtgeschwader seiner Kriegsmarine nach Griechenland unterwegs. Das Geschwader eskortierte seine Privatjacht, die ‚Hohenzollern'.

Dieser Aufzug der Flotte entlang der griechischen Küste kam natürlich auch nach Korfu, und obwohl der gute „Willem" nicht sicher war, ob Sissy zuhause wäre oder nicht, gab er doch Befehl, bei der Vorbeifahrt am Achilleion Salut zu schießen. Das war seine Art, ihr seine persönliche Sympathie zu bezeugen, denn für die österreichisch-ungarische Monarchie hatte er weit weniger übrig. Und so krachte es denn aus sämtlichen Kanonenrohren von neun riesigen Schlachtschiffen, die in Kiellinie vor Korfu paradierten.

Der Professor, der im Stiegenhaus gerade sorgsam an seinem Riesengemälde pinselte, fiel vor Schreck beinahe von der Leiter. Frau Feifal, die entsetzt aus ihrem Zimmer stürzte, rannte den Baron Nopsca um, der zu Sissy wollte.

„Es wird geschossen!" rief Frau Feifal. „Es ist doch nicht etwa eine Revolution ausgebrochen?!"

„Viel schlimmer", stöhnte der Baron, „ich fürchte, Kaiser Wilhelm will uns besuchen!"

„Wie? Der macht solchen Lärm?!"

„Das haben die Wilhelme so an sich – schon seit Generationen", seufzte der Baron und verschwand.

„Ein Salut dem Achilleion", fand Sissy jedoch amüsiert. „Es ist doch wohl auch eine königliche Geburt, oder? – Falls Wilhelm kommen will, lassen Sie ihm sagen, ich bin nicht zuhause!"

2. Träume auf Korfu

Wenige Wochen später befand sich Sissy mit Marie-Valerie und deren jungem Gatten auf der Heimreise

184

nach Österreich. Dabei machten sie auch in Athen ihre Visite. Doch im Königsschloß war alles ausgeflogen, und sie trafen nur die junge Kronprinzessin Sophie an, Kaiser Wilhelms Tochter, die schon von fürchterlichem Heimweh nach Potsdam geplagt wurde.

Sissy reizte es, sie auf griechisch anzusprechen. Doch Sophie verstand kein Wort, obwohl sie als künftige Königin der Griechen diese Sprache wenigstens halbwegs beherrschen sollte.

„Oh, ich bin kein Sprachtalent", schämte sie sich. „Ich fürchte, ich werde nie Griechisch reden lernen!"

„Nun, ich als Königin der Ungarn spreche perfekt Ungarisch und finde das selbstverständlich", meinte Sissy.

„Und wenn ich raten darf, dann heißt es Griechisch lernen. Ich will bloß auf Korfu wohnen und beherrsche diese Sprache."

„Und Englisch und Französisch und…" jammerte Sophie, „ich weiß! Ach, hätte ich doch bloß auch das Zeug dazu!"

Sissy entbot dem Kronprinzen und den abwesenden Majestäten ihre und ihrer Familie Grüße und verabschiedete sich. Offensichtlich war Sophie darüber nicht allzu ungehalten.

Als die Nacht hereinbrach und Athens Lichter gegen den Sternenhimmel flimmerten, stiegen alle drei hinauf zur Akropolis, denn Sissy wollte sie im Mondschein erleben.

Sie stand andächtig unter den schlanken, gegen den Nachthimmel ragenden, weißschimmernden Säulen des riesigen Tempels und fühlte frommen Schauer in sich aufsteigen; Ehrfurcht vor den steinernen Zeugen einer großen Vergangenheit erfüllte sie.

„Akropolis bedeutet eigentlich so viel wie ‚Oberstadt‘", erklärte Sissy, „und alle bedeutenden griechischen Städte besaßen solche Akropolen. Sie waren nicht nur Weihestätten, sondern vor allem Zufluchtsplätze für den Fall eines Angriffs. Hier herauf flüchteten die Athener, wenn sie bedroht waren."

Die Akropolis von Athen erhebt sich auf einem Kalksteinfelsen, der etwa neunzig Meter hoch gegen den Himmel ragt, und die nächtlichen Besucher wanderten durch die Ruinen des Panthenons und des Pallas Athene-Tempels mit der berühmten Bildsäule dieser Schutzgöttin der Stadt, die der Bildhauer Phidias errichtet hatte und die nun – einst aus Gold und Elfenbein und über elf Meter hoch angefertigt – längst nicht mehr den Tempel zierte.

„Von hier aus muß der Blick auf die Stadt mit ihren elf Toren und die Häfen Piräus Munychia und Phaleros prächtig gewesen sein. Welch reiches und buntes Leben und Treiben herrschte hier einst", schwärmte Sissy.

„Mir ist kalt", gestand Marie-Valerie. „Wollen wir nicht lieber wieder hinuntergehen?"

„Ja", nickte Sissy, „all diese Vergänglichkeit läßt einen erschauern…"

Franz von Toskana warf seiner jungen Frau fürsorglich einen Umhang über die Schultern. Sissy spürte die Kälte nicht. Sie wäre am liebsten hier oben geblieben bis zum Tagesanbruch. Wahrscheinlich hätte sie sich hingekniet, gebetet und sich in eine längst vergangene Zeit hineingeträumt.

Doch schon am nächsten Tag fuhr die Jacht weiter. Das junge Paar sehnte sich nach ihrem Heim, und Sissy wollte zu ihrem Franzl nach Wien. Den Bau in Korfu wußte sie ja in den allerbesten Händen.

186

Der Herbst kündigte sich schon an, als sie wieder in Korfu vor Anker ging, um in ihrem Traumschloß einzuziehen. Wie froh war Sissy, wieder hier zu sein!

„Das ist meine zweite Heimat", gestand sie dem überglücklichen Herrn von Bucovich.

„Herzlich willkommen daheim, Majestät", sagte denn auch der schlanke, gutaussehende Marineoffizier. „Herzlich willkommen, und ich wünsche viele schöne, frohe Stunden!"

Wieder wanderte sie durch Haus und Garten und stellte fest, daß hier nun fast alles fertig war.

Die Bibliothek füllte sich allmählich mit Büchern, die aus aller Welt und in vielen Sprachen hier einlangten. Wo auch immer Sissy etwas Interessantes und Lesenswertes fand und kaufte, schickte sie es jetzt nach Korfu.

„Wir haben jetzt schon überall elektrischen Strom", erklärte Bucovich und drehte der Reihe nach die Lichtschalter an.

„Oh, wie schön", rief Sissy. „Wie sagte Rudi in seiner Rede zur Eröffnung der Elektrischen Ausstellung in der Wiener Redoute? – Ich glaube, er sprach von einem ‚Meer von Licht'..."

„Nun, hier ist es verwirklicht", versicherte Bucovich.

„Aber im Dunkeln", fand Sissy, „kann man besser träumen."

„Wie Majestät wünschen", meinte der Marineleutnant und drehte gehorsam das Licht wieder ab.

„Ich danke Ihnen", sagte Sissy. „Lassen Sie mich bitte jetzt allein."

Bucovich schlug die Haken zusammen und ging.

Dann, in ihrem Schlafzimmer, das bereits voll eingerichtet war, schritt sie über die kostbaren, dicken Teppiche zu einem der großen Bogenfenster, öffnete die Läden und atmete tief die würzige Luft ein.

Sie blickte hinaus auf ihren nächtlichen Park und das Meer, das weit draußen im Mondlicht schillerte.

Herr von Bucovich – er würde doch nicht ebenso lästig werden wie der arme, kleine Thermojannis? Heute abend hatte sie zum erstenmal das Flimmern in seinen Augen bemerkt, das sie so gut kannte.

Sie hatte es schon in den Augen vieler Männer leuchten sehen, zum erstenmal bei Franzl, als sie sich in Ischl kennenlernten.

Dann, Jahre später, bei Bay Middleton... Middleton, was war er doch für ein fabelhafter Reiter gewesen! In England, bei den Fuchsjagden, fegten sie über Stock und Stein, oft Seite an Seite, daß den anderen der Atem wegblieb.

Wo waren die schönen Jahre im Sattel? Das Glück auf dem Rücken der Pferde? Wohin?! – Bay Middleton lebte nicht mehr.

Und Gyula Andrássy. Er war im Februar 1890 gestorben. Ja, er war ein Freund gewesen. Doch auch in seinen feurigen Augen leuchtete bei allem Respekt mitunter dieses gefährliche Licht.

Sissy schloß die Fenster und legte sich zu Bett. Doch sie konnte keinen Schlaf finden. Sie blickte wach zur Decke empor und dachte an Franzl und dessen Zuneigung für die Baronin Kiss.

„Sie wird immer dicker", stellte Sissy dabei beinahe verächtlich fest. „Allmählich wird sie aussehen wie das kleine Butterfaß, das ich ihr schenkte. In ihrem Mieder kriegt sie kaum mehr Luft... Wo hast du bloß deine Augen, Franzl!"

Aber sie wußte, daß diese nun tatsächlich schon rundliche, gemütliche Frau ihrem Mann so vieles zu geben vermochte, wozu sie selbst nicht imstande war.

„Zumindest einen Guglhupf", dachte sie laut vor sich hin, „und einen Schlagoberskaffee…"

Wieder dieser ungerechte Spott und diese Bitternis.

„Weshalb bin ich eigentlich hier, wenn ich eifersüchtig bin", fragte sie sich. „Bin ich nicht eine Närrin? – Ich bin wohl eine. Und nicht nur in Bezug auf Franz."

Das Leid um Rudolf war nun doch allmählich abgeklungen. Freilich trug sie, getreu ihrem Versprechen, noch immer Schwarz. Als die ‚Dame in Schwarz' kannte man sie fast überall. Oder als die ‚schwarze Gräfin' dort, wo sie ein Inkognito wahrte und sich als Gräfin Hohenembs ins Gästebuch eintrug.

Aber in ihrem Inneren sah es nun gottlob nicht mehr so schwarz aus wie in den beiden ersten Jahren nach Rudolfs unaufgeklärtem Tod. Man mußte eben sein Dasein leben, wie es vorbestimmt war…

Viele waren von ihr gegangen, existierten nun wohl in einer besseren Welt. Ob sie sie wiedersehen würde? – Sissy glaubte fest daran. Schließlich spürte sie die Müdigkeit. Sie zog die weiche Flaumtuchent über den Kopf und schlief endlich ein.

Am anderen Morgen lag sie in ihrem Liegestuhl auf der prächtigen Terrasse. Professor Rhoussopolus saß neben ihr auf der Kante eines Stuhls, und sie übten Vokabeln.

„Ausgezeichnet, Majestät", fand der Professor. „Ich fürchte, ich kann Ihnen nichts mehr beibringen. Majestät beherrschen die Sprache schon ebenso gut wie ich selbst."

Nach der Unterrichtsstunde ließ sich Sissy ihre Milch bringen. Frau von Ferenczy, Frau von Majlrath und die Festetics waren zu einem ‚Ausmarsch' bereit, wie sie insgeheim Sissys gefürchtete Spaziergänge bezeichneten.

Doch zu Sissys eigener Überraschung war sie heute nicht zu Gewaltmärschen aufgelegt. Sie war faul und wollte einfach hier liegen bleiben.

„Ein Wunder ist geschehen", zischelte die Majlrath der Fetetics zu. „Stellen Sie sich vor, sie hat keine Lust herumzulaufen!"

„Sie wird doch nicht etwa krank sein?" fürchtete die Festetics besorgt.

„Krank? Danach sieht sie gar nicht aus", bemerkte die Ferenczy. „Im Gegenteil!"

„Am Ende wird sie doch noch vernünftig", hoffte die Festetics, „und wir sind diese schrecklichen Gewalttouren los!"

Sissy kümmerte sich nicht darum, was da hinter ihrem Rücken getuschelt wurde. Sie war in friedlicher Stimmung und hätte gern wieder einmal zur Feder gegriffen, um ein Gedicht zu verfassen. Denn auch das hatte sie schon lange nicht mehr getan. Dafür war ihre Freundin Carmen Sylva, die Königin von Rumänien, umso fleißiger gewesen. Von ihr waren schon wieder etliche Bände erschienen.

Die zahlreichen Schicksalsschläge in den letzten Jahren hatten eine solche Fülle von Leid und Enttäuschung gebracht, daß Sissys Kreativität erschöpft war. Mit Rudis Tod hatte es bloß seinen schrecklichen Anfang genommen. Dann starb Andrássy, was ein weiterer, schmerzlicher Schnitt in Sissys Seele gewesen war.

Und dann starb auch noch ihre liebe Schwester Nené.

190

In Regensburg, im Schloß des Fürsten Thurn und Taxis, mit dem sie verheiratet war, starb sie unter furchtbaren Schmerzen in Sissys Armen.

Es war eine schlimme, triste Zeit...

Sissy ließ sich das Schreibzeug kommen und machte sich an die Arbeit. Nein, sie schrieb kein Gedicht. Sie übersetzte den „Hamlet" ins Neugriechische. Man würde ihn nach dieser Fassung sogar spielen können.

Die Übersetzung Shakespeares „Sturm" war ihr schon zur Begeisterung des Professors gelungen, der das gar nicht glauben konnte und es als kulturelle Tat bezeichnete. An „König Lear" wollte sie sich später auch noch wagen.

Es war eine sinnvolle, interessante Arbeit. Sie hatte das Gefühl, etwas Nützliches zu tun. – Warum soll ich nicht auch einmal Madách ins Griechische übersetzen, fragte sie sich. Warum nicht einen ungarischen Dichter auf griechische Bühnen bringen?

Anonym, selbstverständlich. Als eine Arbeit der Gräfin Hohenembs, der „Gräfin in Schwarz"...

Ob wohl Franzl etwas dagegen einzuwenden hätte? – Höchstwahrscheinlich.

Sissy seufzte und arbeitete weiter. Vielleicht, sagte sie sich, ist auch diese Hoffnung nur eine Träumerei wie so vieles andere in meinem Leben. Die schönen Dinge werden eben nur selten Wirklichkeit.

Aber Korfu wurde es doch, oder – ? Ja, das Achilleion war Wirklichkeit gewordener Traum. Und hier, an diesem allerschönsten Fleck der Erde, wollte sie weiterträumen!

Die Zeit verging rasch, und der Gong rief zum Mittagstisch. Sissy setzte sich mit ihren Hofdamen an die gemeinsame Tafel. Sie aß mit Appetit.

„Das macht die Seeluft, Majestät", fand die Festetics angeregt. „Nun, vielleicht kommt das auch von der Ruhe", meinte die Majlrath.

Und das Leben auf Korfu schien alles in allem geruhsamer zu verlaufen, denn Sissys Nerven erholten sich zusehends. Nun war sie wieder auf dem Weg zu sich selbst. Sie konnte nun auch ohne Wehmut an die Hochzeit ihrer Tochter Marie-Valerie zurückdenken, bei der sie ihr Kind an Franz Salvator „verloren" hatte.

Die Ischler hatten ein Volksfest aus dieser Feier gemacht. Sie waren bei Musik und Böllerschüßen in allerbester Laune gewesen und hatten den blumengeschmückten Brautwagen, der Sissys Liebstes entführte,unter großem Hallo zum Bahnhof gebracht...

Und sie, Sissy, hatte lächeln müssen. Wie schon so oft. Und wie man es sie am Wiener Hof gelehrt hatte...

Nicht mehr daran denken, sagte sie sich. Ich bin in Korfu. Ich habe es überstanden. Es ist vorbei!

3. Eine Reise in die Vergangenheit

„Meine liebe Valerie, obwohl ich in der Welt so viel herum gereist bin und viele schöne Orte gesehen habe, – hier gefällt es mir besser, nichts ist mit Korfu zu vergleichen! Heute scheint die Sonne, das Meer ist blau, und die Insel prangt grün wie ein Smaragd nach einem warmen Regen... Wenn ihr beide und Papa doch hier wäret und dies miterleben dürftet! Ich gehe jetzt zur Messe und will für euch alle beten. Unser lieber Gott möge mein liebes, kleines Täubchen und den, den es liebt, in seinen Schutz nehmen. Und vielleicht beschert er euch auch zur rechten Zeit kleine, liebe Täubchen..."

Sissy war in sehr weicher, gelöster Stimmung, als sie diesen Brief voll Liebe und Sehnsucht an ihre Tochter Marie-Valerie schrieb. Sie dachte viel an ihr liebstes Kind. Die Trennung bei Marie-Valeries Heirat hatte ihr sehr weh getan, doch sie wußte die Tochter bei ihrem Schwiegersohn Franz Salvator in guten Händen.

Korfu löste die vielen Lasten, die auf ihrer Seele ruhten und sie niederdrückten. Sie unternahm weite Spaziergänge, badete im Meer oder ruhte einfach in der Sonne aus.

Und bei solchen Gelegenheiten tauchten aus dem Dunkel der Erinnerung Bilder empor, formten sich zu Gestalten, und Geschehnisse wurden lebendig.

Ludwig II., der Bayernkönig, der so tragisch endete, war ein Schwärmer gewesen. Auf seinem, einem weißen Schwane nachgebildeten Nachen geisterte er durch ihre Träume. Sie sah ihn, von seiner Roseninsel kommend, am Strand von Possenhofen an Land gehen, mit einem riesigen Blumenstrauß bewaffnet. Er wollte ihrer Schwester Sophie zur Hochzeit gratulieren, die er einst selbst zu heiraten begehrt hatte.

Er tat es nicht, obwohl die Brautkarosse schon wartete...

„Ich konnte es nicht, Sissy", hörte sie sein Geständnis. „In deiner Schwester habe ich ja nur dich verehrt, deine Schönheit, deinen Liebreiz. Es wäre eine Lüge gewesen. Denn nicht sie ist es, die ich liebe..."

Ach, wie hatte sie um ihn gebangt, als sein Onkel, Prinz Luitpold, den Staatsstreich unternahm und Ludwig, den Träumer, auf Neuschwanstein gefangen nehmen ließ. Den König, der die Schönheit so liebte, daß er um ihretwillen den Staatsbankrott auf sich nahm. Der Richard Wagner die Geldmittel gab, um frei von Sorgen komponieren zu können, und Schlösser baute, die in ihrer Einmaligkeit wahrhaft steingewordene Träume waren – so wie auch dieses hier, das „Feenhaus", wie Baron Nopsca das Achilleion getauft hatte.

Andrássy dagegen war ein temperamentvoller Ungar und in seinen besten Jahren ein Mann gewesen, der Frauenherzen höher schlagen ließ. Und auch Sissy war nicht nur Kaiserin und Königin...

Ach, es hatte Stunden in der Pußta gegeben, wo Andrássy kaum noch ein Hehl daraus gemacht hatte, wie sehr er es bedauert hatte, daß sie ständig von einer lärmenden Jagdgesellschaft umgeben waren.

Aber das lag ja alles weit zurück. Verklungen waren auch die Ballklänge jenes Faschingdienstags im Musikvereinssaal, als sie in Begleitung von Ida und der Kammerfrau Schmidl heimlich die Hofburg verließ, um endlich einmal, ohne als Kaiserin angestaunt zu werden, den Wiener Fasching zu erleben.

Da es ein Kostümball war, liefen die beiden Damen kaum Gefahr, als Angehörige des Hofes erkannt zu werden, selbst wenn Bekannte unter den Ballbesuchern wären. Sissy wählte das Kostüm eines Dominos; das war damals besonders modern. Auch Ida ging als Domino verkleidet, Sissy in Gelb, Ida von Ferenczy in Rot. Sissy trug eine rotblonde Perücke und eine schwarze Maske, deren langer Spitzenbesatz ihre schönen, der Öffentlichkeit wohlbekannten Züge verhüllte.

Der Ball hatte schon begonnen, als sie einem ganz gewöhnlichen Fiaker entstiegen. Aber schon im Foyer

194

fiel der prächtige Domino aus kostbarem Brokat auf.

„O je, ich glaube, ich bin doch ein bißchen zu elegant angezogen", fand Sissy.

„Nun sind wir schon da, Gabriele", sagte Ida. „Es hat keinen Sinn mehr umzukehren."

‚Gabriele' hatte Sissy sich nennen lassen, denn auch ihr wahrer Vorname Elisabeth hätte ja verräterisch sein können. Es machte ihr ungeheuren Spaß, einmal wirklich unerkannt unter der Menge zu sein. Doch – o Schreck – kaum hatten sie den Saal betreten, in dem eine bunt kostümierte, fröhliche Menge zu den Klängen von Johann Strauß' Walzerkapelle tanzte, da lief ihnen auch schon Graf Nikolaus Eszterhazy über den Weg und stutzte.

„Schnell, weg", zischte Sissy, „ich glaube, er hat etwas gemerkt…"

Das wäre kein allzu großes Wunder gewesen, denn bei den Jagden von Gödöllö hatte der Graf in letzter Zeit mehrmals als Master fungiert. Schnell flüchteten sie hinauf auf die Galerie, von wo aus sie eine gute Aussicht auf den hell erleuchteten Saal hatten, der in seinem reichen Blumenschmuck einen prächtigen und festlichen Anblick bot.

Golden schimmerte die Decke im Licht der strahlenden, großen Luster. Der Duft der Blumen und zahlloser Parfums mischte sich in schwerer Süße. Die beiden Frauen ließen sich, von der Atmosphäre dieses Ballabends gefangen, an der Brüstung nieder.

„Hier sind wir ungestört", meinte Ida.

„Ja, aber hier können wir nicht ewig sitzen bleiben. Ich möchte plaudern, tanzen…"

„Aber gewiß doch, Majestät…"

„Um Himmels Willen, verplappern Sie sich nicht, Ida! Sie müssen ‚Gabriele' zu mir sagen", erinnerte Sissy entsetzt.

Ida biß sich erschrocken auf die Lippen.

„Natürlich", entschuldigte sie sich. „Ich hätte es beinahe vergessen. Hier geht es ja lustig zu. Die vielen Masken…"

„Ja, es ist nicht so förmlich wie in der Hofburg. Und trotzdem ist die gute Wiener Gesellschaft dominierend. Aber einmal hätte ich Lust auf einen Wäschermädelball in der Vorstadt! Das muß ein rechter Spaß sein."

„Oh, Gott… Was würde seine – ich meine, der Herr Gemahl dazu sagen. Mir ist schon heute nicht ganz wohl in meiner Haut. Ob es uns gelungen ist, die Confidenten abzuhängen?"

„Hoffentlich!"

Sie saßen ein Weilchen, ließen sich von den Walzerklängen betören. Sie lenkten zwar mancherlei Blicke auf sich, blieben aber ohne Gesellschaft. Zweifellos war etwas an dem eleganten, gelben Domino, das die zahlreichen Kavaliere daran hinderte, die beiden Ballbesucherinnen anzusprechen.

„Es wird langsam langweilig", fand Sissy.

Ihre Blicke schweiften über die Menge auf der Suche nach einer passenden, unverfänglichen Gesellschaft, von der sie sicher war, nicht erkannt zu werden.

Die Zeiger auf Sissys Uhrenbrosche zeigten an, daß es bereits elf Uhr wurde.

„Dieser junge Mann, der dort an der Estrade steht – kennst du ihn?" fragte plötzlich Ida.

Sissy nahm ihr Opernglas aus der Handtasche und richtete es in die angegebene Richtung.

196

„Das Mauerblümchen?" fragte sie. „Recht nett und gänzlich unbekannt!"

„Nun, wie ein Mauerblümchen sieht er nicht gerade aus, Gabriele. Er scheint bloß noch niemanden gefunden zu haben. Was meinst du? Ich könnte ihn ja ein bißchen aushorchen."

Sie wartete die Antwort kaum ab; unternehmungslustig wagte sie sich in das Gewühl und steuerte auf den ahnungslosen Erwählten zu.

Der Unbekannte sah sich plötzlich von einer maskierten Dame okkupiert, die sich ungeniert bei ihm einhakte und ihn in scherzhafter Weise begann auszufragen.

Die Prüfung fiel zu Idas Zufriedenheit aus. Der junge Mann gehörte der unteren Adelsschicht an. Er hatte keine Bekannten hier und besuchte diesen Ball zum erstenmal.

Sissy ließ die beiden keinen Moment aus den Augen. Und dann sah sie, wie Ida ihre Eroberung zur Treppe bugsierte. Gleich würden die beiden hier sein; nun wurde es spannend.

Der fremde Ballgast blieb wie angewurzelt stehen; der gelbe Domino verschlug ihm offensichtlich den Atem.

„Meine Freundin Gabriele", stellte Ida vor. „Und dies ist Herr Pacher von Theinburg, der sich freut, deine Bekanntschaft zu machen."

„Fritz heiße ich mit Vornamen, nennen Sie mich einfach Fritz..."

Fritz machte eine unbeholfene Verbeugung; er war sich klar darüber, daß eine Frau von so hoheitsvoller Haltung und in einem so kostbaren Kostüm zweifellos den ersten Kreisen angehören mußte; er selbst war nur ein einfacher Ministerialbeamter. Auf Sissy machte er einen angenehmen, wenn auch schüchternen Eindruck.

„Ich bin fremd in Wien", erklärte sie, „und kenne niemanden – Sie sind doch Wiener?"

„Gewiß!"

„Dann müssen Sie mir eine Menge erzählen... Kommen Sie, wir wollen promenieren – und plaudern und tanzen, ja?"

Diskret überließ Ida Sissy ihre neuerworbene Bekanntschaft. Während sie sich am Buffet stärkte und hoffte, daß nirgendwo ein Confident auftauchen und die Kaiserin belauern möge, schwebte Sissy bald darauf in den Armen ihres Kavaliers im Walzerschritt über das Parkett. Was wohl Franzl dazu sagen würde! Nun, hin und wieder mußte man doch auch seinen Spaß haben und aus der Enge des höfischen Zeremoniells ausbrechen. Einmal ein bißchen Mensch unter Menschen sein. Mit ihnen reden, nicht wie es das Protokoll vorschrieb, sondern wie einem der „Schnabel gewachsen war".

„Was erzählt man sich so in Wien? Über den Kaiser und die Kaiserin zum Beispiel?"

Sissy war neugierig. Sie wollte aus dem Munde eines ahnungslosen Untertanen ein Urteil über sich und Franzl hören, ungeschminkt und offen, ohne jede Beschönigung.

Aber dieser Fritz war sehr vorsichtig. Er ahnte wohl, daß mit diesem Domino etwas nicht stimmte.

„Über den Kaiser und die Kaiserin? Nun, der Kaiser ist ein braver Mann, der sich redlich Mühe gibt und sich von früh bis spät abrackert für seine Monarchie, mit der er wahrscheinlich nicht viel Freud' hat", bemerkte er diplomatisch ausweichend. Und die Kaiserin?"

„Ja, was ist mit ihr?"

198

„Genau das fragen sich die Leut' in Wien und anderswo", antwortete der Herr von Theinburg und zog nach diesem Orakelspruch die Stirne kraus.

Nun bin ich so schlau wie vorher, sagte sich Sissy. Aber warte nur, dich bringe ich schon noch zum Reden!

„Was soll das heißen?" fragte sie denn auch sofort.

„Junger Freund, Sie sprechen in Rätseln."

„Nein, sondern die Kaiserin ist rätselhaft. Zumindest erscheint sie vielen so."

„Rätselhaft? Aber wieso denn?"

„Rätselhaft und geheimnisvoll – wenn auch sehr schön. Haargenau wie du, gelber Domino!"

Sissy erschrak. Dieser Mann ahnte doch nicht etwa, wer sie war – oder?! Schnell brachte sie das Gespräch auf ein anderes Thema.

„Und die Politik? Was hält man von der Politik?"

„Daß sie keine ist, höchstens ein Dahinwursteln", entfuhr es ihm ungewollt. „Aber solange es so bleibt", verbesserte er sich schnell, „ist es ohnedies noch am besten."

„So, so..."

„Ja", wiederum runzelte er die Stirne, „überhaupt: Seit wann interessieren sich Frauen für Politik, schöne Maske?"

„Ist das denn ungehörig?"

„Ungehörig nicht, aber ungewohnt. Es sei denn..."

„Es sei denn, was?"

„Es sei denn, sie wären mit jemandem verheiratet oder verlobt, der viel mit Politik zu tun hat. Bist du das, Gabriele?"

Der fragt mich aus, nicht ich ihn, dachte Sissy halb belustigt, halb verärgert.

„Was ich bin, geht gewisse neugierige Herren nichts an", konterte sie spitz.

„Es stimmt: Der Herr ist neugierig", gestand Fritz. „Wer bist du? Ich möchte es gar zu gern wissen...!"

Sie versetzte ihm einen leichten, warnenden Schlag mit dem Fächer und wand sich aus seinen Armen.

„Nichts da, mein Herr!"

„Wen oder was verdeckt diese Maske? Laß sehen!" drängte er und machte den Versuch, die Spitze über ihrer Maske zu lüften.

Sie schrie leise auf, und wie herbeigezaubert stand auch schon der schützende Engel Ida von Ferenczy neben ihr.

„Demaskierung ist erst um Mitternacht", erinnerte sie, „vorher gibt's das nicht, bester Herr von Theinburg – an die Spielregeln muß man sich halten!"

„Also gut, dann bis Mitternacht", seufzte er. „Obwohl ich vor Neugier fast vergehe. Übrigens, darf ich die Damen zu einem Glas Sekt einladen?"

Sissy hatte nichts dagegen einzuwenden; insgeheim aber machte sich Ida Sorgen um seine Geldbörse; für Sissy hatte Geld keine Bedeutung, er aber gab vielleicht, um heute Abend den Kavalier zu spielen, einen Teil seines Monatsgehaltes aus...

Er war offenbar stolz und glücklich über seine schöne Begleiterin, die er, Arm in Arm, zum Buffet führte, wobei sie manche Blicke auf sich zogen. Kein Zweifel, er wurde beneidet...

„Was denkst du, wie alt ich bin?" fragte ihn Sissy plötzlich.

Es war kein geringer Schock für sie, als er ihr daraufhin haargenau ihr Alter nannte...

Sissy wie auch die Ferenczy mußten annehmen, der Ballgast habe die Kaiserin durchschaut. Hatte er wirklich? Oder war er seiner Sache unsicher und wollte herausfinden, ob er sich irrte? Jedenfalls hing von dieser Minute an Sissys Inkognito nur noch an einem Faden, wenn es überhaupt noch hing...

Sissy fragte ihn nach Herkunft, Beruf, Alter und sogar nach seiner Adresse. Fritz machte keinerlei Ausflüchte. Er erzählte alles.

„Und du, schöne Maske", sagte er daraufhin, „bist ganz sicherlich ein hohes Tier..."

Das ,hohe Tier' fühlte sich nun endgültig durchschaut.

„Gehen wir", flüsterte Sissy der Ferenczy zu. „Es ist ohnehin nur noch zehn Minuten bis zur Demaskierung. Wir müssen vor zwölf aus dem Haus..."

„Unsere Zeit ist um, lieber Freund", wandte sich Ida an Fritz. „Wie – jetzt wollt ihr gehen?" fragte er schwer enttäuscht.

„Gabriele hat deine Adresse. Vielleicht schreibt sie dir. Und vielleicht wirst du sie sogar wiedersehen..."

Fritz folgte ihnen bis zur Garderobe, bis zum Fiaker. Stand sinnend im Schneegestöber, während von drinnen der Kaiserwalzer erklang.

Und Sissy schrieb ihm wirklich. Aus München, Frankfurt, London – vielleicht, um ihre Spur zu verwischen. Und sie unterzeichnete stets nur mit „Der gelbe Domino".

Seit ihrem letzten Brief waren auch schon Jahre verflossen. Und geblieben waren Träume, Erinnerungen, die hier in Korfu zu neuem Leben erwachten.

4. Stürme

„Nein, ich kann Majestät nichts mehr lehren. Ich bin unnütz und esse hier ein Parasitenbrot. Ich kann es mit meinem Ehrempfinden nicht mehr in Einklang bringen!"

Professor Rhoussopolus ereiferte sich. Baron Nopsca durchschaute ihn seufzend.

„Sagen Sie lieber: Sie vertragen die Blasen auf Ihren Füßen nicht, mein Lieber", konterte er voll Ironie. „Majestät macht nun wieder ausgedehnte Fußmärsche und rezitiert dabei Homer, und Ihre Nerven und Beine halten das nicht länger aus."

Der Professor ließ sich stöhnend in einen Lederfauteuil sinken, der glücklicherweise nicht im Stil griechischer Antike gefertigt worden war.

„Sie haben es erraten", gestand er. „Wozu soll ich es noch leugnen? Ihre Majestät hat mich und Madame von Ferenczy in den beiden letzten Tagen nahezu totgelaufen. Wo Madame Ferenczy die Kräfte hernimmt, dies durchzustehen und das noch dazu schon seit vielen Jahren, ist mir unbegreiflich. Sie muß so wie die Kaiserin ein reines Naturwunder sein. Ich für meine Person bin es leider nicht, ich streike."

„Es wird Ihrer Majestät gar nicht recht sein, daß Sie jetzt kündigen", wandte Nopsca bedenklich ein.

„Bester Baron, ich wurde als Fachexperte und nicht als Marathonläufer engagiert", entgegnete Rhoussopolus.

„Gut, ich werde es Ihre Majestät wissen lassen, daß Sie zu gehen wünschen."

„Ich wünsche eben nicht zu gehen!" meinte Rhoussopolus heftig. „Ich wünsche zu liegen, zu sitzen, alles, nur zu gehen wünsche ich nicht!"

„In Ordnung, in Ordnung."

Eine halbe Stunde später wußte es Sissy. Sie war verletzt. Es war bisher kaum jemals vorgekommen, daß jemand von sich aus den Dienst bei ihr aufgesagt hatte. Das lag auch sicher an dem Honorar, das nicht gerade kleinlich war. War sie nun schon so alt, war ihr persönlicher Zauber dahin, daß er auf den Professor nicht mehr wirkte?

„Aber ich brauche jemanden, der sich um mein Griechisch kümmert!" bedrängte Sissy den Baron.

„Wie wäre es mit einem Einheimischen aus Korfu? Wäre es nicht klug, auch all die hierorts üblichen lokalen Laute kennenzulernen?"

Der Vorschlag war nicht ungeschickt. Dialektkunde, das hatte Sissy noch nicht gehabt.

Der Mann, den Nopsca ausfindig machte, mißfiel Sissy vom ersten Augenblick an. Er war primitiv, ihren geistigen Ansprüchen nicht gewachsen und den strapaziösen Anstrengungen seines neuen Dienstes schon gar nicht. Und so trennte man sich wieder.

„Einen zweiten Thermojannis müßte man wieder haben", meinte sie, „doch einen, der nicht spinnt."

In Sissy war wieder die Unruhe erwacht. Es war, als wäre sie nicht imstande, irgendwo längere Zeit die Ruhe zu genießen.

„Und außerdem habe ich hier schon viel zu viel zugenommen", erklärte sie eines Morgens, als sie von der Waage stieg. „Ich wiege schon fast dreiundfünfzig Kilo!"

„Was ist das schon bei einer Frau, die 1.72 groß ist!" meinte nachher die Festetics.

„Aber ich will nicht, daß ich, wenn ich nach Wien komme, aussehe wie ein Faß!"

„Majestät, das ist wohl kaum zu befürchten", lächelte die Festetics kopfschüttelnd. „Übrigens möchte ich heute vor einem Spaziergang warnen. Der Himmel gefällt mir nicht, er ist wie mit lauter Spinnweben überzogen, und die Gärtner sagen, das kündigt Sturm an."

„Aber es ist doch ein strahlend schöner Sommertag", meinte Sissy verwundert.

„Majestät sollten aber doch heute lieber nicht gehen."

„Das sagen Sie doch nur, weil Ihnen Ida leid tut. Gut, sie soll daheim bleiben. Ich nehme Sarolta mit."

Hoch oben am Himmel zeigte sich tatsächlich ein feines, gespinstartiges Gewölk, das Sissy von ihren zahlreichen Seefahrten her gut genug kannte. Es kündigte tatsächlich Sturmwind an, aber Sissy glaubte, ein kleiner Rundgang müsse sich noch ausgehen.

Sie stiegen unzählige Stufen hinab bis zu einer kleinen Bucht. Hier hatte Sissy Segelleinen spannen lassen, um vor unberufenen Blicken geschützt zu sein.

„Ich nehme ein Bad", erklärte sie. „Kommen Sie mit, Sarolta."

„Oh, nein, Majestät, ich danke. Ich fürchte, das kalte Meerwasser tut mir nicht gut."

„Sie sind ein Frosch. Das Wasser ist gar nicht kalt. Sie würden sich nachher wie neugeboren fühlen!"

„Oh nein, oh nein!" Die Majlrath spreizte die Finger von sich, „ich danke ganz ergebenst!"

Sie setzte sich an den Strand und fungierte als Aufpasserin, während Sissy sich entkleidete und ins kühle Wasser tauchte. Ihr sportgestählter Körper fühlte sich wohl; doch nur kurze Zeit, dann erinnerte sie ein Schmerz in den Beinen daran, daß sie nicht mehr so kerngesund und jung war wie an jenem Ballabend in Wien, als sie diesen Fritz kennenlernte und mit ihm tanzte. Oder als sie mit Bay Middleton in England bei den Fuchsjagden um die Wette ritt.

Sie stieg ans Ufer, trocknete sich mit Saroltas Hilfe gründlich ab. Der Schmerz in den Beinen ließ sie mißmutig werden.

Beide hatten nicht auf den Himmel geachtet. Doch nun wurde es auf einmal dunkel, ein heftiger, kalter Windstoß fegte von der See her, und von weit draußen rollte ein gewaltiger Wogenkamm gegen die Insel.

„Um Himmels Willen, Majestät!" rief die Majlrath entsetzt. „Schnell, kommen Sie, wir müssen weg!"

„Aber ich habe ja noch gar nichts an", rief Sissy.

„Nur schnell, oh, nur schnell, sehen Sie doch, wie das Wasser näher kommt!"

Hastig fuhr Sissy in ihren Rock, klemmte die übrigen Wäschestücke unter den Arm und lief zur Treppe hin. Sarolta war knapp hinter ihr.

Ein Windstoß fegte über den Strand, über Gehölz und Blütengerank. So schnell sie nur konnten, kletterten die beiden Frauen die steile Stiege hinauf und gerieten ganz außer Atem.

Eine heftige Böe drückte sie fast nieder. Tief unter ihnen hörten sie das zornige Rauschen der See; nun brauste die Welle heran, setzte den Strand unter Wasser, auf dem sie eben noch gewesen waren. Der Sturm zerfetzte die Segel, die Sissy zum Schutz gegen Sicht errichten hatte lassen. Sie flatterten hoch auf, rissen sich von den Leinen und wurden fortgeweht.

„Schnell, nach oben, ins Schloß", jammerte Frau von Majlrath.

Sissy sagte kein Wort. Sie fühlte sich schuldig, weil sie Frau von Ferenczys wohlgemeinte Warnung mißachtet hatte. Die Majlrath keuchte. Sissy reichte ihr die Hand und half ihr beim Weiterkommen.

Und nun fielen auch schon die ersten schweren Tropfen.

„Das wird ein Guß. Mein schönes Achilleion wird gründlich gewaschen!"

Droben im Schloß war man schon in größter Sorge, als die beiden Frauen triefnaß ankamen.

„Sehen Sie, Sarolta, nun haben Sie doch auch Ihr Bad gehabt!" lachte Sissy erleichtert.

„Das kann man wohl sagen, Majestät", klagte die Majlrath und sagte wenig später zu Ida von Ferenczy: „Ich kann nicht begreifen, wie sie in einer solchen Situation noch Witze machen kann."

Sissy suchte ihre Zimmer auf, säuberte sich und kleidete sich um. Draußen versank der Park des Achilleion in einer Sturzflut, die vom Himmel fiel.

Sissy genoß den Blick auf das Wüten der Naturgewalten. Am liebsten wäre sie sogar hinaus auf die Terrasse gelaufen und hätte sich von neuem Sturm und Regen ausgesetzt. Sie ließ sich in einen Fauteuil fallen und starrte durch das Fenster. Und unter dem Eindruck des Regens wurde in ihr plötzlich wieder ihre Flucht nach der Hochzeit ihrer Tochter lebendig.

Diese Flucht hatte sie nach Dover, von dort nach Portugal und weiter nach Tanger geführt. Oran, Tenez, Algier waren die nächsten Stationen einer Kreuzfahrt ins Ungewisse gewesen. Dann Ajaccio, Marseille, Florenz, Pompeij, Capri und schließlich Korfu, wo sie am 25. November gelandet war und Zuflucht gesucht hatte.

Und diese Fahrt hatte sie auf einem Segelkutter zurückgelegt, den man in England gemietet hatte. Die „Chazalie" war kein schlechtes Schiff, aber was sie auf dieser Kreuzfahrt erlebte, das hatten Kapitän und Mannschaft noch nie durchgestanden.

Tatsächlich fehlte nicht viel, und der Kutter wäre mit Mann und Maus gesunken, einschließlich einer gewissen Mrs. Nicholson, als die sich Sissy auf dieser Reise ausgab.

Schon im Kanal ging es los; ein Sturm brach über die Chazalie herein, so daß der Kapitän befahl, umzukehren und wieder Dover anzulaufen. Die Verantwortung für eine Weiterfahrt bei diesem Wetter wollte er nicht übernehmen. Es sah aus, als wäre die Hölle los. Die ganze Reisegesellschaft verkroch sich unter Deck, bis auf Sissy.

„Ich möchte, daß man mich an den Mast bindet", verlangte sie, „damit ich nicht über Bord gespült werden kann. Ich möchte hier bleiben und alles miterleben!"

Der rasende Kampf der Elemente war ihr mehr als Nervenkitzel. Sie liebte die Natur. Sie sog aus dem Aufruhr um sie herum, aus den Brechern, die sie überspülten und in denen sie fast zu ersticken drohte, Balsam für ihr waidwundes Herz. Das lenkte sie ab, das tröstete sie. Der Sturm in ihrem Innern wurde vom Heulen des Seesturms übertönt. Ihr wurde wohler.

Die anderen begriffen das nicht. Die Majlrath bekreuzigte sich dankbar, als sie ihre zitternden Beine wieder auf festes Land setzen konnte, die Feifal spie noch immer, die Festetics und die Ferenczy stützten einander gegenseitig, als sie über den Landungssteg hinabwankten. Und der Baron mußte beinahe getragen werden.

Es stellte sich heraus, daß der Kutter in dem Sturm

nicht unbeschädigt geblieben war und ausgebessert werden mußte. Das war eine Galgenfrist für Sissys Reisegesellschaft. Als es dann endlich doch losging, herrschte in Spanien die Cholera.

Im Mittelmeer war das Wetter nicht besser. Die Chazalie tanzte über haushohe Wellen auf der Fahrt nach Portugal. Die ganze Reisegesellschaft war seekrank, Sissy ausgenommen, die sich von ihrem Griechisch-Studium nicht abhalten ließ. Als sie in Oporto an Land gegangen war, startete sie auch schon zu einer Stadtbesichtigung, natürlich zu Fuß.

In Lissabon dauerte der „Spaziergang" volle sieben Stunden. Danach wurde noch die Königinwitwe Pia im Schloß besucht, worauf die Festetics einen Zusammenbruch erlitt...

Und dennoch war die treue Seele in Gibraltar mit Sissy wieder unterwegs; am ersten Tag ihres Aufenthalts acht Stunden lang, am zweiten Tag zehn!

Nopsca berichtete das besorgt nach Wien: Sie bemerke oft gar nicht, was sie sehe. Sie nähme es offensichtlich gar nicht auf. Und auch die Festetics meinte, die Kaiserin ginge einfach nur um des Gehens willen, um etwas in sich totzulaufen...

Der immer noch herrschende Sturm über dem Mittelmeer zwang den Kutter, den kleinen Hafen Tenez anzulaufen und dort Schutz zu suchen. Und wieder ging Sissy an Land und lief volle zehn Stunden kreuz und quer durch das Eingeborenenviertel.

In Algier angekommen, verlangte sie, nach Korsika gebracht zu werden. „Ich will Napoleons Heimat sehen", erklärte sie, und wieder wurden die Anker gelichtet.

Aber auch Korsika vermochte Sissy nicht zu halten.

Die Hyeresinseln waren das nächste Ziel, dann Marseille, und zu Lande weiter nach Florenz ging die Odyssee.

Franzl verfolgte die Stationen dieser Reise in Wien mit größter Sorge. Er befürchtete ein Attentat.

„Mein innigstgeliebter Engel,

dein Aufenthalt in Italien ist nicht gerade günstig und auch aus politischen Gründen problematisch. Die Sicherheit ist nirgendwo gewährleistet. Ich kann von hier aus nur wenig für dich tun.

In tiefer Sorge küsse ich dich
dein armer Kleiner."

Sissy erhielt diesen Brief erst auf Capri, reiste unverdrossen nach Pompeij und bestieg in Neapel endlich die „Miramar", die sie heim hinter die schützenden Grenzen der Monarchie brachte.

Nun, diese Zeit war vorbei. Der Sturm in ihrem Inneren hatte sich gelegt. Doch der, der jetzt das Achilleion umtobte, drückte die schlanken Stämme der Palmen auf der Terrasse unter seiner Wucht nieder. Die hohen Agaven verschwanden fast in Wolken von aufgewirbeltem Staub. Die Hölle schien ausgebrochen.

Was ist eigentlich aus Marie-Valeries Schwager geworden, dem jungen Erzherzog, der sich jetzt Johann Orth nennt? Man hört überhaupt nichts von ihm! Ob er mit Milli Stubel noch in Hamburg lebt, oder ist er schon mit seinem Schiff auf den Meeren unterwegs? Er ist auch einer, den das Schicksal hart angefaßt hat, und der ihm auf seine Weise die Stirn bietet!

Sissy verdrängte den Gedanken an ihn. Franzl danach zu fragen, hätte seine Laune nicht gerade gehoben. Und auch Erkundigungen durch Baron Nopsca hätten böses Blut gemacht. Sie überließ es dem Zufall, ob und wann sie wieder von ihm hören würde.

Vielleicht, sagte sie sich, kann ich dann noch meine Notizen ergänzen, die in der Kassette in der Hermesvilla verschlossen sind. Zwischen Johann und Rudi bestand doch eine enge Verbindung!

Sissy war in tiefem Sinnen, das niemand störte, am Fenster gesessen. In irgendeinem kurzen Augenblick dieser Stunde hatten sich die Palmen des Achilleion-Parks in die Blautannen des Kronprinzengartens von Schönbrunn verwandelt. Dort hatte Rudi als Kind des Morgens exerzieren müssen. Selbst bei eisiger Winterkälte hatte ihm niemand das erspart.

Und die Mutter des Knaben hatte kein Machtwort sprechen dürfen. Dieses Recht hatte man ihr einfach verweigert...

Korfu war kein Ort, der solche Erinnerungen barg. Hier, so meinte sie, hatte sie die innere Freiheit gewonnen.

Doch dies war ein Trugschluß. Sie erkannte es bald.

5. Fanny Elßler

Franzls Briefe, die im Achilleion fast täglich eintrafen, wurden ungeduldig. Er schrieb viel über seine Stimmungen, seine Arbeit, und „die Freundin" Kathi Schratt. Sie bewohnte nun ein Haus nahe der Opernkreuzung; von dort hatte sie es nicht weit zur Hofburg, und Franzl hatte vor, ihr beim Erwerb einer Villa nahe Schönbrunn zu helfen. Dann, so schrieb er, könne er nach einem kleinen Morgenspaziergang durch den Park zu einem Frühstückskaffee mit Kipferl oder Guglhupf bei Kathi aufkreuzen, bevor er sich in seiner Kanzlei an die Arbeit mache.

Auch Gisela und Marie-Valerie schrieben häufig, und Sissys Sehnsucht, ihre Lieben wiederzusehen, wuchs. Auch wurde es nun auf Korfu schon so warm, daß Frau Feifal klagte, nachts auch bei offenem Fenster nicht schlafen zu können.

Man packte also wieder einmal die Koffer. Die ‚Miramar' lief von Triest aus, um die Kaiserin samt ihrem kleinen Gefolge nach Österreich heimzuholen.

In der Halle des Wiener Südbahnhofs stand wieder einmal das ganze „Empfangskomitee", wie sich Sissy scherzhaft ausdrückte: Franzl allen voran und die meisten Mitglieder des Erzhauses, also die nahe Verwandtschaft neben etlichen Würdenträgern und städtischen Honoratioren zum großen Empfang bereit.

Da war sie wieder, die gewohnte Geräuschkulisse der Residenzstadt, die Sissy mit geschlossenen Augen während der Fahrt zur Hofburg auf sich einwirken ließ und die so ganz anders war als das Lautbild des Achilleion auf Korfu. Dort war es Vogelgezwitscher, das Summen

211

von Insekten, hin und wieder ein griechischer Satz, fremde, rhythmische Volksmusik, das Tuten von Nebelhörnern und das Traben von Eselshufen, begleitet vom Rollen der Karren, die sie zogen. Hier hingegen war es ein vielstimmiges, dumpfes Brausen, das unverwechselbar und doch schwer zu analysieren war.

Die Räder und die sanft trabenden Hufe der Pferde, das Geräusch der vielen Fahrzeuge, Stimmengewirr der Passanten auf den Straßen, die Tram, der Gleichschritt der zur Ablösung marschierenden Burgwache auf dem Ring, die lauten, lockenden Rufe von Verkäufern, Musik aus Gaststätten und Kaffeehäusern, Klavier- oder Geigenspiel, das aus den Fenstern mancher Häuser klang, vermittelten ein eigenartiges Heimatgefühl.

Sie freute sich plötzlich wieder, da zu sein. Dachte sekundenlang, wie es wohl wäre, wenn ihr Achilleion hier irgendwo in einem der Parks oder an einem der Plätze stünde, lachte selbst über diesen verrückten, unmöglichen Einfall.

Und wozu sollte das Achilleion hier auch stehen? Hier gab es ja, draußen in Lainz, die Hermesvilla.

Immer noch hielt sie die Augen geschlossen. Man war nahe an der Oper. Das war das Lautbild des Ringstraßenkorsos, des Flanierens der eleganten Wiener Lebewelt. Und die Zurufe, die „Hoch!" und „Eljen!" mehrten sich.

Sissy öffnete die Augen. Sie konnte kein ungarisches Wort hören, ohne darauf zu reagieren. Eine sich bildende Menschenmenge säumte die breite Ringstraßenallee, es waren viele ungarische Offiziere darunter, von ihnen kam das vielstimmige „Eljen!", dem Sissy jetzt durch Neigen des Hauptes und Winken dankte.

„Ach, ich möchte so gern hier wieder einmal spazierengehen", gestand sie Franzl. „Ganz unerkannt."

212

„Du läufst mir viel zu viel spazieren, mein Engel", schmunzelte Franzl. „Die arme Festetics! Man hat mir Fürchterliches berichtet. Der Baron mußte für Ersatz sorgen – es ist eine Gräfin Mikes. Die hält deine ‚Spaziergänge' hoffentlich aus..."

„Ach, Franzl, versteh mich doch. Manchmal bin ich so verzweifelt wie nach Rudis Tod oder der Hochzeit von meinem Schwälbchen Marie-Valerie, daß ich dann Bewegung brauche, etwas, was meinen Kopf auf dem Boden festhält. Ich weiß nicht, wie ich es sonst ausdrükken soll. Kannst du das nicht verstehen, Löwe?"

Der ‚Löwe' verstand nachsichtig lächelnd und ergriff zärtlich die Hand seiner geliebten Frau.

„Ich glaube, du ängstigst dich unnötig, mein Engel. Obwohl auch mir manchmal zum Verzweifeln zumute ist."

„Du Armer! Aber hier in Wien und jetzt ist das mit mir anders. Ich möchte die Stadt wieder ganz spüren. Als das, was sie ist, als ein Gottesgeschenk."

„Nun, dann spazier halt", meinte Franzl. „Die Frau von Mikes kennt sich aus, sogar in Ottakring."

Und das wollte für eine Gräfin etwas heißen.

Die neue Hofdame, die sich in Sissys Appartement zum Dienst einfand, war ein wenig rundlich, aber offensichtlich kerngesund und auf allerhand gefaßt. Sie war mehr als tadellos angezogen und machte den Eindruck einer wohlwollenden Äpfelfrau, die sich ein übertrieben aristokratisches Gehabe zulegte und die Etikette auf die Spitze trieb, um nur ja nicht als das erkannt zu werden, was sie wirklich war: eine herzensgute und ihrem Wesen nach einfache Person, die noch dazu mit einem fabelhaften Mundwerk gesegnet war.

Sissy durchschaute sie sofort. Sie und die Mikes mochten einander vom ersten Augenblick an, und es bestand ein heimliches Einverständnis zwischen ihnen gegen eine Welt, die anders als die ihre war, in der sie aber leben mußten.

„Hören Majestät den Burgmurrer? G'rad marschiert er auf. Hören nur Majestät, wie die Leut' jubeln!"

Der Burgmurrer war die Militärkapelle, die auf dem inneren Burghof aufspielte, zur Wachablöse und auch zu Konzerten, die den Wienern große Freude machten. Sissy und die Mikes liefen zum Fenster. Ein junger Kapellmeister schwang den Taktstock.

„Den kenn' ich gar nicht", stellte Sissy fest.

„Aber dafür kennen ihn die Wiener Mäderln um so besser. Das ist der Jurek. Passen's auf, gleich werden S' ihn hören, seinen ‚Deutschmeistermarsch'."

Und da klang er denn auch auf, schneidig und fesch, wie sein Komponist und Dirigent, und in dem dichten Gedränge rund um die Musikkapelle war ein Rucken und Zucken im Takt zu sehen, so riß die Musik alle mit – die holden Damen ganz besonders.

„Die Noten von dem Marsch", berichtete die Mikes, „hat seine Majestät eines Tages in sein' Frühstückskipferl drin g'funden. Irgendwer muß sie in die Hofbäckerei und dann dort in den Teig g'schmuggelt haben."

„Da scheint mir ja allerhand entgangen zu sein, während ich nicht in Wien war", bemerkte Sissy.

„Z'erst hat's ein Mordstrumm – Verzeihung, Majestät, ein allerhöchst ungnädiges Donnerwetter gegeben, aber dann – nun, Sie sehen und hören ja selbst, was dabei herauskommen ist!"

„Es kann sich jedenfalls hören und sehen lassen, Gräfin!"

214

„Ja, das mein' ich auch. Genau so wie die Fanny Elßler vorm Künstlerhaus."

„Fanny Elßler vorm Künstlerhaus? Ist die etwa auch
von dem Jurek? Was hat er denn da komponiert?"

„Nein, Majestät, an der nackerten Tänzerin ist der Jurek ganz unschuldig. Die Nackerte ist von ganz wem an-
dern. Die hat der Freiherr von Bringktorff g'modelt,
und jetzt bringen S' ihr jede Nacht ein Ständchen, so daß
die Leut' rundum gar nimmer schlafen können."

„Wie?" staunte Sissy.

„Und weil die Nackerte g'rad visavis von der Karlskir-
chen steht, gibt's auch Leut', die sich da drüber so giften,
daß im Stadtsenat, ja sogar im Reichsrat drüber debattiert wird."

„Ich hör' wohl nicht recht? Im Reichsrat debattiert
man über Fanny Elßler? Die ist doch längst tot!"

„Die vorm Künstlerhaus aber net, Majestät. Die
schaut so lebendig aus – mein Mann, der Graf sagt, direkt zum 'neinbeißen."

„Das muß ich mir anschau'n!"

„Majestät brauchen nur zu befehlen. Es ist ja gleich
beim Naschmarkt, dort kenn' ich mich aus, denn ich geh'
selber mit mein' Dienstmädel zu den Standlerinnen ein-
kaufen, damit ich nicht ang'schmiert – verzeihen, Majestät – damit ich nicht betakelt werd'."

„Da möcht' ich auch einmal hin!"

„Auf den Naschmarkt?"

„Ja, warum denn nicht?"

„No, wenn Majestät meinen, dann geh'n wir halt ein-
kaufen, wir zwei. Und schau'n uns bei der Gelegenheit
auch gleich die Nackerte an!"

Frau von Mikes erwies sich als wahre Perle. Der

Baron strahlte förmlich auf bei der Belobigung, die er wegen ihrer Einstellung in den Dienst bei der Kaiserin erhielt. Für Frau von Mikes war dies zwar ein zweischneidiges Schwert, denn sie hatte ja Heim und Familie. Aber zugleich war es eine so hohe Auszeichnung, daß sie schon deshalb einwilligte, weil sie sich darauf freute, ihre geliebten Freundinnen vor Neid „aus den Korsetteln platzen" zu sehen.

Der legendäre Wiener Naschmarkt war zu jener Zeit noch auf dem Gelände des heutigen Resselparks, nahe der Technischen Hochschule und der Karlskirche, angesiedelt. Heute findet ihn der Wien-Besucher auf der Überbauung des Wienflußes nächst dem Theater an der Wien, wohin er als ein Provisorium verlegt wurde. Ein Provisorium, das wie viele seinesgleichen Zeiten und Stürme überdauert hat.

Damals jedoch blickten noch die strengen steinernen Mienen eines Simon Stampfer und Freiherrn von Uchatius sowie anderer Größen österreichischen Erfindergeistes von ihren steinernen Sockeln auf das bunte Gewirr von Marktständen herab, und die gewaltige kupfergrüne Wölbung von St. Karl Borromäus bildete dazu den Hintergrund von zeitloser barocker Schönheit.

Und obwohl die Wiener im Zuge der von Franz Joseph initiierten Stadterneuerung und -vergrößerung eine der ersten Stadtbahnen Europas gerade unter dem Karlsplatz durchführten, änderte dies nichts an dem Eindruck, daß hier inmitten des pulsierenden Großstadtlebens die Zeit mitunter stillstünde. Franz Joseph kaufte ein Areal am Karlsplatz und schenkte es der Stadt Wien zum Zweck der Errichtung eines städtischen Museums. Es wurde ein halbes Jahrhundert später gebaut – nach dem Zweiten Weltkrieg...

Stillvergnügt hatte Sissy mitangehört, wie die Gräfin mit einer niederösterreichischen Bäuerin um den Preis von zwei Häupteln Salat gefeilscht hatte, als hinge der Ruin oder Fortbestand ihrer Familie davon ab. Die beiden „Geheimen", die den Damen zum Schutze Sissys folgten, stießen ein Dankgebet aus, als die Einkaufstaschen endlich gefüllt waren und das Feilschen ein Ende hatte.

Mitten in das lautstarke G'schnatter der zahlreichen Sprachen – auf dem Naschmarkt wurde auf kroatisch, slowenisch, polnisch, jiddisch, ungarisch, ja sogar auf italienisch ebenso gefeilscht wie auf gut wienerisch, ober- und niederösterreichisch – fragte Sissy plötzlich die Mikes, weshalb sie denn gegenüber den armen Bäuerinnen und Händlern, die hier ihre Waren feilböten, gar so knausrig sei.

Die Mikes lachte: „Knausrig? Und die arm? Daß ich net lach', Majestät. Die Standlerin, bei der wir den Salat g'kauft haben, kenn ich seit zwanzig Jahr'. Das sind die reichsten Bauern von Großkleinkreuz. Ich war sogar mit meinen Kindern einmal im Sommer dort. Und das mit dem Feilschen, das müssen S' so verstehen: Das ist ein besonderer G'spaß, g'rad hier auf dem Markt. Die schlagen ja schon vorher was drauf, was sie dann am Preis nachlassen. Deswegen geht man ja her, wegen dem Handeln!"

Sissy kam mit Frau von Mikes in ein bedrohliches Gedränge, das von einem „fliegenden" Wettbüro verursacht wurde, das hier unter freiem Himmel Wetten für die Rennen in der Freudenau entgegennahm.

„Und jetzt zum Künstlerhaus", kommandierte Frau von Mikes energisch.

Sissy war gewohnt, daß um sie herum der Platz stets freigehalten und ein Respekt- und Sicherheitsabstand eingehalten wurde. Vor der Kaiserin wich man zurück, verneigte sich, ging im Hofknicks zu Boden. Aber hier, auf dem Karlsplatz, war Sissy bloß eine unbekannte Dame, die es sich gefallen lassen mußte, geschubst und gedrängt zu werden wie alle anderen. Unwillkürlich bekam sie Angst.

Die beiden Geheimen schoben sich von rechts und links wie zwei Eisbrecher in die Menge, und Sissy wechselte mit ihnen einen Blick dankbaren Einverständnisses. Man hatte einander erkannt, und im Moment atmete Sissy erleichtert auf, obwohl sie es sonst haßte bespitzelt zu werden.

„Uff", japste die rundliche Gräfin Mikes, „das wär' überstanden. Aber glauben S' nur ja nicht, daß es drüben, beim Künstlerhaus, besser sein wird."

Denn dort stand Fanny Elßler auf einem schneeweißen Sockel als eine grazile, schwebende Evastochter. Inmitten einer kleinen Grünfläche, die längst zertrampelt war, in nächster Nähe des Musikvereinssaales, des Musentempels großer Musik.

Man hätte fast meinen können, daß sie schwebe. Das eine Bein angehoben und im Knie gebeugt, die Arme in klassischer Pose emporgerichtet und das Köpfchen auf seinem schmalen Hals wie in Verzückung zurückgeworfen, schien sie zur Sonne emporfliegen zu wollen, die hoch über dem weiten Platz stand.

„Zauberhaft", fand Sissy staunend. „Wer hat das gemacht? Wer ist der Schöpfer dieses Kunstwerks?"

Ein Nebenstehender hatte die Frage gehört.

„Kunstwerk?!" rief er empört. „Daß ich net lach'! Eine Schand' ist das, sowas gehört verboten!"

218

Aber sogleich hatte er lebhafte Gegenstimmen heraufbeschworen.

„Wissen S' was, Herr, Sie sind ein Banause. Wenn S' Ihnen net g'fallt, dann stellen S' Ihnen net daher und stierens die Fanny an mit Ihren Glotzaugen."

„Sie haben ganz recht, g'nä' Frau, das ist a Kunstwerk. Das gehört auf'n Stephansplatz."

„Aber nein, Sie Depp, vor die Oper!"

„Sie, was versteh'n denn Sie? Die im Rathaus werden schon a Platzerl finden."

„Auf an Misthaufen, dort g'hört's hin…"

Sissy wurde wieder ein wenig ängstlich.

„Kommen S'", bat die Mikes. „G'seh'n haben Sie's, wir geh'n…"

Daß hier die Wogen der Erregung wegen eines Standbildes so hoch gingen, hatte Sissy nicht erwartet. Einerseits freute sie die Anteilnahme der Bevölkerung, andererseits aber war sie entsetzt über die Kritik und ihre Tonart.

„Von wem ist es nun?" wollte sie auf dem Heimweg von der Mikes wissen.

„Der Bildhauer ist ein gewisser Freiherr von Bringktorff. Ein steinreicher Mann. Bildhauer aus Passion. Es handelt sich um einen Entwurf, Majestät, um eine Art Probe für ein Fanny-Elßler-Denkmal, das hier zur allgemeinen Beurteilung aufgestellt ist."

„Ein Denkmal für Fanny Elßler – das ist ein guter Gedanke, finde ich. Sie würde eines verdienen! Jetzt versteh' ich! Und nun gibt hier jeder seine Meinung kund…"

„Ja, seinen Kren dazu, wie der Wiener sagt, Majestät. Jetzt, am Vormittag, ist der ganze Pofel da, und die

Leut', die nix z'tun haben. Aber am Abend, wenn die Konzerte und die Theater aus sind, da kommt ein ganz anderes Publikum. Da müßten S' die Debatten hören, Majestät."

„Und dann ist die Figur beleuchtet?"

„So ist es. Da schaut's noch viel schöner aus."

Am selben Tag, gegen zehn Uhr abends, kam Johannes Brahms aus dem Musikvereinssaal und trat noch schweißnaß vor Anstrengung eines von ihm dirigierten Konzerts wie schon mehrmals vor die Statue. Diese übte eine magische Anziehungskraft auf ihn aus. Plötzlich spürte er seine rechte Hand ergriffen. Neben ihm stand eine verschleierte Dame in Schwarz.

„Verzeihen gnädige Frau, kennen wir uns?" fragte er verdutzt.

Sie gab keine Antwort und verschwand gleich darauf in der Menge. Der Meister wußte nicht, daß ihm seine Kaiserin soeben voll Dankbarkeit die Hand gedrückt hatte.

Doch sie verließ den Platz nicht, denn vor der Elßler-Statue nahm eben der Männergesangsverein Aufstellung. Ein Ständchen für Fanny sollte es werden.

Es endete in einem Pfeifkonzert rabiater Studenten, Schönerer-Anhänger, die die weihevolle Stunde zu einer deutschnationalen Kundgebung umfunktionieren wollten.

Die Polizei griff ein. Sissy fuhr mit einem Wagen davon. Sie hatte plötzlich wieder Sehnsucht nach Korfu. Dieses Wien hatte viele Gesichter, und einige davon waren sehr, sehr häßlich.

„Ich möchte", sagte sie im Wagen zu Frau von Mikes, „den Bildhauer, diesen Freiherrn – wie heißt er doch gleich?"

„Bringktorff, Majestät."

„Den möchte ich kennenlernen. Vielleicht macht er mir was für Korfu. Ich könnte es mir vorstellen..."

„Dann werden wir ihn eben in seinem Atelier aufsuchen, Majestät. Er lebt und arbeitet in seiner Villa in-Döbling."

6. Der Freiherr

Dort, wo sich die letzten Häuser der Großstadt schon an die Hänge der Weinberge schmiegen und Kahlen- und Leopoldsberg zum Greifen nahe scheinen, hatte Karl Freiherr von Bringktorff seine Villa, die die Wohlhabenheit ihres Besitzers ausstrahlte. Zugleich aber legte sie auch Zeugnis ab vom Geschmack und Kunstsinn eines Mannes, dessen Passion es war, Granit- und Marmorblöcken Leben und Seele einzuhauchen.

In dieser Villa trafen sich kunstsinnige Freigeister mit den Spitzen der Wiener Gesellschaft, und hier war auch die Idee zu einem Fanny-Elßler-Denkmal entstanden. Doch Bringktorffs Modell war umstritten – an ihm schieden sich die Geister.

Schon mehrmals war die Statue während der Nacht beschmiert, bekritzelt, aber auch schamhaft mit Stofflappen umhüllt worden. Das seien Klerikale, die dahintersteckten, meinten die einen. Sie empfänden die Aufstellung des Modells als Provokation gegenüber der Kirche. – Das seien rückständige Philister, die noch am liebsten Metternichs Keuschheitskommission im Amte sähen, meinten die anderen. Wieder andere behaupteten, die öffentliche Schaustellung solcher Nacktheit sei eine Beleidigung der

Elßler, die nie nackt aufgetreten sei, und eine Gefährdung der Volksmoral. Dagegen wandten sich vehement jene, welche die Freiheit der Kunst forderten, und alle Ästheten, die in dieser Darstellung der Elßler etwas ganz anderes erkennen wollten – eine Lobpreisung des Schöpfers nämlich, der den Menschen als sein Ebenbild schuf.

Und Bringktorff meinte, er habe jenen heiligen Moment darzustellen versucht, in welchem der Geist im Künstler alle Erdenschwere überwindet.

Genau so hatte Sissy die Plastik verstanden. Ohne den Bildhauer bisher gekannt zu haben, sah sie in ihm eine verwandte Seele. Den Mann, der imstande war, sich so auszudrücken, wollte Sissy unbedingt kennenlernen. Und darüber hinaus hoffte sie, etwas für ihr Achilleion, das Schloß ihrer Träume auf dem fernen Korfu, zu erstehen.

Bringktorff befand sich gerade in seiner Bibliothek, als ihm der Diener eine Gräfin Hohenembs und Begleiterin meldete. Er starrte auf die Visitenkarte. Hohenembs – den Namen hatte er schon gehört... Und plötzlich fiel ihm ein, wer sich hinter diesem Pseudonym verbarg. Längst tuschelte man in der Aristokratie hinter vorgehaltener Hand und mit verständnisvollem Schmunzeln, das sei wohl das bekannteste „Inkognito" der Welt...

„Gütiger Himmel, es ist die Kaiserin", murmelte er und warf einen entsetzten Blick auf die Bücher, die er auf der Suche nach Motiven für ein weiteres Werk rings um sich aufgestapelt hatte. Und da sein Diener Johann nicht gerade sehr eifrig abstaubte, fand sich der Freiherr selbst keineswegs empfangsfähig, schon gar nicht, wenn es sich um die Kaiserin drehte.

222

„Johann, führen Sie die Damen in den Salon", befahl er dem Diener, stürzte sich ins Badezimmer, wusch sich im Blitztempo die Hände und kam außer Atem und mit wirrer Frisur in den Salon, wo ihn die ‚Gräfin Hohenembs' nebst Frau von Mikes huldvollst lächelnd erwartete.

„Gräfin, Maj – meine Damen – " stotterte er, denn selbst als Weltmann war ihm dieser Besuch doch zu unverhofft und traf ihn ohne jede innere und äußere Vorbereitung.

Die Mikes hatte damit gerechnet und beruhigte ihn augenblicklich, weil ihr sofort klar war, daß er wußte, wer sich hinter dem Namen ‚Hohenembs' verbarg.

„Ganz leger, lieber Freiherr, ganz leger", lächelte sie, „nur ganz ohne Umständ'. Wir sind gekommen, weil wir" – sie deutete auf Sissy und sich – „ganz entzückt von Ihrer Fanny Elßler sind und gern noch mehr von Ihren Sachen sehen möchten."

„Von meinen Sachen? – Aber da ist nichts, meine Damen, was Sie wirklich interessieren könnte. Und außerdem – Sie wissen – ich verkaufe ja nichts!"

„Sie verkaufen nichts?" fragte Sissy erstaunt.

„Der Freiherr meint, daß er das nicht nötig hat. Er ist sehr wohlhabend, besitzt Fabriken und ein Gut…"

„Nein", warf Bringktorff ein, „es ist auch aus einem anderen Grund. Gäbe ich so ein Stück in fremde Hände, dann wäre es mir, als müsse ich mich von meinem Kinde trennen!"

Und das gewann Sissy vollends für ihn.

„Oh, das verstehe ich sehr gut", nickte sie beipflichtend.

„Aber anschau'n dürfen wir doch wohl, was Sie in letzter Zeit geschaffen haben", drängte die Mikes, die nicht gern den Weg von der Hofburg nach Döbling vergebens gemacht haben wollte.

„Ja, bitte, wenn Sie es durchaus wünschen", zögerte der Freiherr. „Wenn ich ins Atelier vorangehen und Sie führen darf...?"

Das Atelier befand sich im Erdgeschoß. Es gab hier viel Glas, viel Licht und verhüllte, bearbeitete Steinblöcke. Die Arbeiten waren zum Teil noch unvollendet.

Zögernd entfernte Bringktorff Hülle um Hülle, und was darunter zum Vorschein kam, entlockte Sissy ehrliche Ausrufe der Bewunderung.

„Sie sind ein Genie, Meister", faßte sie ihren Eindruck zusammen.

„Aber, ich bitte ", wehrte Bringktorff bescheiden ab.

„Möchten Sie für mich arbeiten? Ich besitze ein Haus – ich meine – es ist fern von hier, auf einer Insel..."

Sissy suchte nach passenden Worten, ohne sich zu verraten. Sie sah, wie der Bildhauer zuerst höflich, dann immer mehr lächelte und die Mikes unverschämt zu grinsen begann.

„Ich sehe, der Freiherr weiß, wer Sie sind, Majestät", erlöste sie denn auch Sissy aus ihrer Verlegenheit.

„So ist es. Trotz des Schleiers. Der Name ‚Hohenembs' ist ziemlich bekannt..." erklärte Bringktorff amüsiert. „Und was das Anerbieten Eurer Majestät betrifft, ehrt es mich außerordentlich, aber ich kann es prinzipiell nicht annehmen. Ich bin kein Bildhauer, der aufgrund von Aufträgen schafft. Ich suche und wähle meine Motive selbst. Ich will..."

„Frei sein, nicht wahr, und unbeeinflußt?" fragte Sissy verständnisvoll.

„So ist es, Majestät", gab er zu.

Sissy nickte.

„Ich habe Sie ganz richtig eingeschätzt", stellte sie fest, „schon als ich die ‚Fanny Elßler' sah. Und ich freue mich aufrichtig – wir haben beide das gleiche geistige Zuhause, wissen Sie."

„Ja, ich kann es mir denken", meinte er.

„Das Achilleion – davon sprach ich – ist mehr als ein Haus. Es ist eine Idee. Oder besser: eine Vorstellung, ein Traum, der immer noch und immer mehr Gestalt annimmt. Sie müssen es sehen, ich lade Sie ein. Und dann werden Sie vielleicht selbst den Wunsch haben, etwas für Korfu zu schaffen."

„Das kann schon sein", meinte er zögernd. „Aber ich verkaufe ja nicht. Und es Majestät als Geschenk anzubieten, wäre ja wohl ganz und gar unmöglich…"

„Wieso?" fragte die praktisch denkende Gräfin Mikes. „Schenken Sie es doch nicht der Kaiserin, sondern der Gräfin Hohenembs. Die ist ja schließlich zu Ihnen gekommen, oder nicht? – Und zwischen einem Freiherrn und einer Gräfin ist der Standesunterschied nicht mehr so groß."

„Und Sie kommen mit mir nach Korfu?" drängte Sissy. „Spätestens im Herbst reise ich wieder hin!"

„Bis dahin ist ja noch eine Menge Zeit", meinte die Mikes, als sie des Freiherrn unschlüssiges Zögern sah. „Sie müssen sich ja nicht gleich entscheiden. Selbstverständlich sind Sie Ihrer Majestät Gast – oder vielmehr der der Gräfin Hohenembs, wollte ich sagen."

Sie seufzte. Sie haßte Inkognitos, weil man dabei leicht alles mögliche durcheinanderbrachte.

Der Bildhauer indessen betrachtete Sissy sinnend. Er sah nur ihre schlanke Gestalt, ihr Antlitz war ihm durch ihren Schleier verdeckt. Doch er wußte, wie sie aussah –

oder vielmehr ausgesehen hatte, von zahllosen Bildern und Fotos, die er von ihr gesehen hatte.

Und so sah er sie weit jünger vor sich, als sie war. Ihr anmutiger Gang, ihre noch immer so mädchenhafte Gestalt vereinigten sich zu einem Gesamtbild vor seinem inneren Auge, und dieses Bild wieder wurde zu einer Idee.

„Wir hören voneinander, nicht wahr?" verabschiedete sich Sissy. Und die Gräfin Mikes flüsterte dem Freiherrn vertraulich zu: „Sie sind ein Glückspilz!"

Die Damen hatten kaum ihren Wagen bestiegen, als der Meister seinen Arbeitsmantel anzog.

„Nausikaa", murmelte er dabei. „Ja, sie ist Nausikaa… Und als solche mag sie in ihrem Achilleion einen Platz finden!"

Er riß einen Leinenumhang von einem Steinblock, ergriff Hammer und Meißel und begann zu arbeiten. Er hatte das Motiv gefunden, nach dem er in der Bibliothek vergeblich gesucht hatte. Und was für eines!

„Nausikaa…"

Unterdessen fuhren die beiden Damen in die Hofburg zurück. Sissy hatte vor, am nächsten Morgen in die Hermesvilla zu übersiedeln.

„Ein interessanter Mensch, der Freiherr. Nicht wahr, Majestät?" fragte die Mikes.

„Oh ja, ein kluger und gebildeter, feinsinniger Mann. Und ein großes Talent, das er offenbar leider unter den Scheffel stellt."

„Nun, was die ‚Fanny Elßler' betrifft, so kann man das ja nicht gerade behaupten."

„Das stimmt. Aber was kann man bloß für ihn tun?"

„Nichts, Majestät. Ihr Gemahl, der Kaiser, tut ja auch nichts. Und auch nicht der Bürgermeister. Die wissen ge-

226

nau: In so einem Fall muß man die Wiener gewähren lassen. Irgendwie wird sich das Problem von selbst lösen.
Entweder, es gibt ein Elßler-Denkmal, oder es gibt keins."

„Finden Sie es wirklich so gewagt?"

„Majestät, das ist Geschmackssache. ‚Dem Reinen ist
alles rein', sagt man. Na, und dann kommt's ja wohl
auch auf das Modell an. Stellen S' Ihnen vor, Majestät,
der Freiherr hätt' mich als Nackerte auf ein Postament
vor's Künstlerhaus g'stellt. Na, da täten sich die Wiener
wohl schön bedanken!"

Sissy mußte herzlich lachen über diesen Einfall. Die
Mikes lachte selber mit. Die Pferde spitzten die Ohren
und begannen zu Wiehern.

„Da haben S' es", grinste die Mikes. „Sogar die Rös-
ser lachen darüber. Es wär' ja auch zum wiehern!"

Auf dem Weg durch die Herrengasse, vor dem Cafe
Griensteidl, bei der Einfahrt in den Burghof verteilten
Studenten Flugblätter.

„Lassen Sie halten. Ich möchte wissen, was da drauf
steht", verlangte Sissy.

Die Mikes ließ sich so ein Pamphlet durchs Wagenfen-
ster reichen und gab es Sissy.

WEG MIT DEM SCHANDFLECK
FORT MIT DER ENTWÜRDIGUNG
FÜR ORDNUNG, SITTE UND RECHT
KÄMPFT MIT DEN
DEUTSCHNATIONALEN

las sie kopfschüttelnd.

„Das geht gegen das Elßler-Denkmal", fand die Mikes.

„Wieso? Da steht doch kein Wort davon."

„Nicht? Nun, ich finde schon. Meiner Meinung nach ist von nichts anderem die Rede", sagte die Gräfin ernst. „Das zielt auf eine Demonstration hin, Sie werden sehen!"

„Aber das wäre doch wirklich eine Infamie, Gräfin!"

„Ach, denen geht's doch gar nicht um den Freiherrn oder seine Elßler. Die wollen bloß einen Vorwand haben, um Wirbel zu machen. Denen ist jede Ursach' und leider auch jedes Mittel recht. Ich find' halt, man müßt' da energischer durchgreifen."

„Ich mische mich nicht in die Politik ein, das wissen Sie ja."

„Das sollten Sie aber. Schließlich sind Sie die Kaiserin. In dem Fall blasen die Deutschnationalen in dasselbe Horn wie die Ultramontanen. Bloß, daß die einen den Kaiser Wilhelm und die anderen nur den Papst auf dem Thron sehen wollten. So oder so denken sie alle extrem. Und die Elßler vor der Karlskirch'n ist für sie Wasser auf ihre Mühlen, Sie werden sehen."

Kopfschüttelnd entstieg Sissy dem Gefährt. In ihren Gemächern angekommen, traf sie Vorbereitungen für den Umzug in die Hermesvilla. Die Mikes war für heute aus dem Dienst entlassen und fuhr erleichtert heim. Und der Bildhauer hämmerte noch bis in die späten Nachtstunden an seinem Block, der für's erste gar keine Gestalt anzunehmen schien.

Nach Schluß der Vorstellung – es war kurz vor Mitternacht – erschien eine Gruppe Mädchen aus dem Hofopernballett vor Fanny Elßlers Standbild vor dem Künstlerhaus. Zu diesem Zeitpunkt stand das Denkmal noch an seinem Platz.

Um Mitternacht wurden die Lichter gelöscht. Der Wächter in der Portierloge des Künstlerhauses sah und hörte offenbar nicht, was danach draußen geschah – oder er wollte es nicht wahrhaben.

Als der junge Tag anbrach, war der Sockel der Fanny Elßler leer. Die Skulptur selbst fand man später zertrümmert im Wienflußbett. Der „Schandfleck" war beseitigt. Und das Problem gelöst, wie Frau von Mikes vorhergesagt hatte.

Die Kunde von der Demolierung der Bringktorff-Skulptur verbreitete sich in der Stadt wie ein Lauffeuer. Sissy erfuhr davon, als sie eben dabei war, zu der Hermesvilla aufzubrechen.

„Der arme Freiherr", rief sie empört. „Dieses herrliche Kunstwerk zu zerstören – das ist Vandalenwerk!"

Noch am gleichen Vormittag trat der Vorstand der Künstlerhaus-Vereinigung zusammen. Bringktorff erschien und nahm den Bericht mit eiskalter Miene zur Kenntnis.

„Ich habe drei Jahre daran gearbeitet", sagte er düster, „und in einer einzigen Nacht wurde es zerstört..."

Er verlangte keine Entschädigung. Gab nur bekannt, daß er vielleicht für einige Zeit verreisen wolle und für niemanden zu sprechen sei. Man nahm es verstehend und mitfühlend zur Kenntnis.

Bringktorff gab vor, sich auf sein Gut Strebowitz in Böhmen zurückzuziehen, und jedermann glaubte ihm das. Nach dem, was er hier in Wien hatte erleben müssen, wunderte sich keiner, und man verstand nur zu gut, daß er dringend einen Luftwechsel wünschte.

Die Fenster der Döblinger Villa wurden verhängt. Auch Frau von Mikes hatte keine andere Nachricht als die der Abreise des Freiherrn aus Wien und gab sie an

Sissy weiter, die vorhatte, den Künstler noch einmal zu besuchen und ihm ihr Mitgefühl auszusprechen.

„Was muß er bloß denken, was muß er empfinden!" meinte sie empört.

„Was für eine entsetzliche Schande für Wien!"

Sie saß mit Franzl beim Frühstück beisammen, und sie besprachen das Ereignis.

„Es ist ein Akt der Politik gewesen", meinte jedoch Franzl genau wie Frau von Mikes. „Am besten mischt man sich da nicht ein. Der Freiherr ist klug genug, um zu erkennen, was wirklich dahintersteckt. Ich glaube nicht, daß er sich durch den Vandalenakt persönlich angegriffen fühlt – es ist nur schade um die Arbeit."

„Und leiste ihm das Künstlerhaus dafür keinen Ersatz?"

Franzl schüttelte den Kopf.

„Ersatz, wofür? Das Werk an sich ist nicht ersetzbar. Und der Mann hat genug Geld, finanziellen Schadenersatz braucht er keinen. Soweit ich unterrichtet bin, hat er es auch abgelehnt, sich entschädigen zu lassen."

„Das finde ich nobel von ihm."

„Er ist nobel. Sobald er zurück ist von seiner Erholung, lasse ich ihn zur Audienz bitten. Ich kann mir vorstellen, daß aus dem ‚Freiherrn' ein ‚Baron' werden könnte…"

„Und das wäre dann deine Antwort auf die Schandtat?"

Franzl nickte stumm.

Da stand sie auf und küßte ihn wortlos.

Der, von dem so viel die Rede war, hatte jedoch Wien gar nicht verlassen. Die Elßler war für ihn erledigt. Wie in einem wahren Schaffensrausch arbeitete er Tag und

Nacht an einem neuen Werk, zu dem ihn der Besuch einer gewissen Gräfin von Hohenembs inspiriert hatte.

Sein Atelier war durch den dicht verwachsenen, kleinen Park, der es umgab, von außen uneinsichtig. Und Johann, der Diener des Freiherrn, war schweigsam wie ein Grab.

So entstand Nausikaa.

7. Die Nacht im Heu

Natürlich kam auch Kathi wieder nach Lainz. Sie, Jovanka Mikes und auch Franzl, der, sooft er nur konnte, von Wien herauskam, leisteten Sissy gerne Gesellschaft.

„Von Ihnen möchte ich", erbat sich Sissy von Kathi Schratt, „ein sehr schönes, großes Photo, das sie in einer ihrer berühmten Rollen zeigt. Ich möchte es rahmen lassen, für mein Haus auf Korfu."

„Sehen Sie, liebste Freundin, wie sie gewürdigt werden", meinte Franzl schmunzelnd zu Kathi.

„Was spielen Sie zur Zeit? Ich war so lang nicht im Burgtheater", bekannte Sissy. „Ich muß gestehen: Auf Korfu fehlen mir die Wiener Künstler schon ein wenig, aber man kann ja nicht alles haben."

„Zuletzt spielte ich gar nicht an der Burg, sondern im Volkstheater", plauderte Kathi angeregt. „Zu Gunsten des Anzengruber-Denkmals. Wir haben alle auf unsere Gagen verzichtet; der gesamte Erlös fließt dem Denkmalfonds zu. Wir spielten ‚Die Kreuzelschreiber'".

„Das ist eine schöne und gute Idee. Und in der Burg?"

„Da gibt's wieder ein französisches Lustspiel, „Flattersucht" von Sardou. Die Leute wollen lachen."

„Irgendwann", mahnte Franzl, „sollte sich unsere liebe Künstlerin von der Bühne zurückziehen."

„Ich und abgehen? Jetzt schon?! Ich denke gar nicht daran", versetzte Kathi empört. „Das Theater ist doch mein Leben!"

„Nur das Theater?" meinte Franzl anzüglich. „Ich denk', da ist auch was anderes."

Sissy horchte auf: „Ach, ja?"

„Unsere liebe Freundin spielt nicht nur am Burgtheater, sondern auch in Monte Carlo", brummte Franzl mißvergnügt. Denn diese Leidenschaft der „lieben Freundin" hatte ihm insgeheim schon eine schöne Stange Geld gekostet.

„Man glaubt gar nicht, wen man in Monte Carlo aller am Spieltisch trifft", plauderte Kathi ungerührt. „Das ist oft allein schon ein rechtes Theater. Den Doktor Adler hat vor Schreck fast der Schlag getroffen, als ich mich neben ihn an den Spieltisch g'setzt hab. ‚Guten Tag, Herr Doktor' hab' ich g'sagt, ‚bleiben S' doch sitzen, jetzt sind S' ja schon erkannt!' Und stellt euch vor, von dem Moment an hat er s' erstemal gewonnen!"

Sie amüsierte sich noch nachträglich königlich über die unverhoffte Spieltisch-Nachbarschaft.

„Sie meinen den Arbeiterführer?" vergewisserte sich Sissy.

„Genau den", nickte Kathi. „Ich glaub' schon, daß es ihm peinlich wär', würd' man in Wien erzählen, wo er sein Geld verspielt."

„Er kann damit machen, was er will", brummte Franzl. „Wenn es ihm Freud' macht – aber Sie sollten's besser bleiben lassen."

232

„Majestät müssen mich einmal in der Gloriettegasse besuchen; das ist jetzt meine Hietzinger Adresse, es liegt ganz nahe beim Park von Schönbrunn", lud die Schauspielerin Sissy ein. „Das heißt, wenn es nicht zu viele Umstände macht. Majestät könnten dann selbst das Photo aussuchen."

Sissy warf Franzl einen prüfenden Blick zu. Sie, die Freundin, hatte also eine Villa in Hietzing neben ihrem Ringstraßenhaus. Von ihrer Gage allein konnte sie sich das nicht leisten. Und in Monte Carlo verspielte sie auch noch Geld!

Und wer kam wohl dafür auf? – Franzl, mein Oberon... Aber Titania wird schweigen. Wie sagte doch Oberon? – ‚Mit seinem Geld kann er machen, was er will, wenn's ihm Freude macht...' Und das galt nicht nur für Dr. Viktor Adler...

Aber ein bißchen weh tat's Titania doch...

Titania nannte sie sich selbst, und Franzl hatte den Spitznamen ‚Oberon' bekommen, und es gab auch schon einen neuen Griechisch-Experten.

Baron von Nopsca hatte ihn aus der Schar mazedonischer Studenten aus besten Häusern ausgewählt, die an der Wiener Universität ihren Doktor machen wollten. Der junge Mann war freilich ein sonderbarer Geselle. Eines war er gewiß nicht: eine männliche Schönheit, wie sie Sissys Ansichten vom griechischen Schönheitsideal entsprach. Aber er war sehr gescheit. Und eine recht interessante und eigenwillige Persönlichkeit.

Er hieß Konstantin-Maria Christomanos. Auch sein Bruder lebte und studierte in Wien. Sie entstammten einer schwerreichen griechischen Kaufmannsfamilie.

Wenn Konstantin Christomanos mit Sissy durch den Lainzer Tiergarten wanderte und dabei rezitierte, dann konnte man sich einen größeren optischen Gegensatz kaum vorstellen. Der Grieche war klein, bucklig und schmalgesichtig. Er hatte eine hohe, von Intelligenz zeugende Stirn und ausdrucksvolle große Augen, die vielleicht das einzig Hübsche an ihm waren; sein Blick vermochte zu fesseln, und seine modulationsfähige Stimme war von angenehmen Wohllaut. Doch seine Arme, mit denen er gestikulierend seinen Vortrag unterstrich, waren zu lang und seine Finger spindeldürr.

Wenn er neben der eleganten, majestätischen Erscheinung der Kaiserin dennoch eine halbwegs gute Figur machen wollte, dann war das ein zwar verständliches, aber vergebliches Bemühen. Er trug Anzüge nach dem neuesten Schnitt, deren Rückenpartie stark wattiert waren, um seinen Höcker auszugleichen. Dazu roch er meilenweit nach südländischen Parfums. Er war gepflegt, geputzt und poliert bis zur Lächerlichkeit und erweckte gerade darum Bedauern und Mitgefühl.

Vom ersten Tag an folgte er Sissy wie ein ergebener Schatten und suchte, ihr jeden Wunsch von den Augen abzulesen. Vom ersten Tage an war sie ihm auch der heilige Gegenstand einer schwärmerischen Verehrung, die um so größer wurde, je länger er das Glück hatte, – und für ihn war es ein echtes und großes Glück – in ihrer Gesellschaft zu sein.

Wieder eroberte und brach Sissy ein Männerherz, ohne es zu wollen. Im Falle Christomanos war dies eindeutig der Fall. Und sein Unglück war, daß er von sich glauben sollte, nicht nur erobert, sondern selbst auch Eroberer zu sein.

Noch nie hatte er seitens einer Frau so viel Mitgefühl und Verständnis erfahren; wegen seinen körperlichen

Mängel hatte er bei Frauen doch gar keine Chancen und war sich auch dessen bewußt. Umso tiefer mußte es ihn naturgemäß berühren, daß sich die Kaiserin ihm gegenüber weder herablassend verhielt noch sich über seine Mißgestalt mokierte.

Vielmehr verstand sie es, ihm verständnisvoll zuzuhören, wenn er ihr von seiner Heimat , seiner Familie, seinen Plänen und seinem Studium erzählte. Dies allein schon tat ihm unsagbar wohl. Und zudem hatte er sich eine Kaiserin in ihrem Verhalten ganz anders vorgestellt.

Sissy empfand Mitleid für ihn, aber sie ließ es ihn nicht merken, da sie erkannt hatte, daß dieser sensible – und wohl auch sensitive – Mensch sehr verletzbar war. Im übrigen war er für die Fortführung ihrer Studien hervorragend geeignet, und das gab den Ausschlag, daß sie ihn akzeptierte und behielt.

Konstantin fühlte sich wie im siebenten Himmel. So einen Platz an der Sonne, wie ihm das Schicksal jetzt zuteil werden ließ, hatte er sich in seinen kühnsten Träumen nicht erhofft. Er schwelgte förmlich in Seligkeit.

Er war zutiefst beeindruckt davon, daß unter den vielen, die dafür in Frage gekommen wären, ausgerechnet er dazu ausersehen war, die Kaiserin auf ihren Spaziergängen durch den Lainzer Tiergarten und Schönbrunner Park zu begleiten. Und wie sie sich ihm gegenüber verhielt, stand in krassem Gegensatz zu der Mißachtung, die ihm bisher von den Frauen zuteil geworden war.

Die Kaiserin wollte nichts anderes als sein Selbstbewußtsein heben. Christomanos jedoch, der von Natur aus zum Überschwang neigte, deutete dies falsch. Und ahnte nicht, daß er sich dabei innerhalb der Umgebung der Kaiserin der Lächerlichkeit preisgab.

Zunächst schien jedoch noch alles gut zu gehen. Sissy fuhr mit Franzl zur Kur nach Bad Gastein, und Konstantin durfte mitkommen.

Sissy hatte, so schien es, ihre innere Ruhe und Ausgeglichenheit wiedergefunden, und Franzl empfand es als wahre Wohltat, wieder mit ihr plaudern zu können und von ihrer Seite Interesse und Verständnis zu finden, wie dies vor der Katastrophe von Mayerling der Fall gewesen war.

„Das ist endlich wieder einmal ein Frühling nach meinem Herzen", meinte er.

„Aber es ist doch schon Sommer", meinte Sissy, als sie vor der Helenenburg in der Sonne saßen. „Wir haben Juli."

„In deiner Nähe fühle ich immer den Frühling, mein Engel", antwortete Franzl. „Morgen will ich zur Jagd."

„Und ich mache mit der Mikes und meinem kleinen Christomanos einen Ausflug", erklärte sie.

„Das ist gescheit, mein Engel. Wir wollen die wenigen freien Tage nützen. Bald genug wartet – zumindest auf mich – ja doch wieder der graue Alltagstrott in der Reichskanzlei."

Während der Kaiser am frühen Morgen des nächsten Tages mit einer kleinen Jagdgesellschaft in die Berge um Bad Gastein aufbrach und sich auf eine gute Strecke freute, spazierte Sissy, Jovanka Mikes und der kleine Grieche fröhlich drauflos, hinauf zu den Almen, wo es frische Milch und sonnige Wiesen gab, auf denen man rasten konnte.

Sissys Wandertrieb war wieder erwacht. Der kleine Grieche erwies sich als zäher, als man gedacht hatte.

236

Sissy nahm dennoch auf ihn und die rundliche Gräfin Rücksicht, so daß es tatsächlich eine angenehme, wunderschöne Wanderung wurde, und sich die Mikes darüber wunderte, wieso die Hofdamen der Kaiserin so schreckliche Dinge über Sissys strapaziöse Ausflüge erzählten.

Auf schattigen Plätzchen rasteten sie, und Konstantin Christomanos begann mit seinem Griechischvortrag. Die Gräfin verstand kein Wort davon und verdrückte sich, um Beeren zu suchen.

Später kehrten die drei in einer Almhütte ein. Eine Sennerin brachte frisches Bauernbrot, Milch und Käse, und Sissy biß herzhaft zu und bezahlte mit einem Gulden.

Die Sennerin riß entsetzt die Augen auf.

„Da müssen S' Ihnen aber irren, g'nä Frau!" rief sie erschrocken und hielt der verlegenen Sissy den Gulden wieder hin.

„Ist es etwa zu wenig?" fragte sie.

„Aber nein, viel zu viel", meinte die Mikes flüsternd.

„Sie mag den Gulden behalten", meinte Sissy jedoch gutgelaunt. „Es hat mir so herrlich geschmeckt!"

Die Sennerin starrte die Kaiserin mit offenem Mund an. Christomanos lachte und die Mikes flüsterte dem Almmädchen zu:

„Den dürfen S' ruhig behalten. Die Dame ist die Kaiserin!"

Auf diese Bemerkung ließ das Mädchen vor Schrecken den Gulden fallen und sank in die Knie.

„Jösses, Maria und Josef!" stieß sie hervor. „Dann dürft' ich ja überhaupt nix nehmen – und die Hand hat S' mir auch auch geben, die Majestät... Nein, die wasch' ich mir nimmer!"

Nun lachte auch die Mikes; Sissy aber streichelte dem Mädchen die Wangen und hieß es aufstehen.

„Das wär' aber sehr ungeschickt", meinte sie. „Merk dir, mein Kind: Eine Kaiserin ist auch nur ein Mensch wie alle anderen, und ob du's glaubst oder nicht – mir dir würd' ich auf der Stelle tauschen!"

Die Sennerin blickte auf Sissy noch immer wie auf ein Wesen aus einer anderen Welt. In der plötzlichen Stille hörte man es heftig knallen. Die Jagd war in vollem Gang.

„Es wird Zeit, daß wir an den Heimweg denken, Majestät", mahnte die Mikes.

„Oh nein, noch nicht", wehrte Sissy ab. „Ich möchte noch auf diesen Berg."

Die alte Sehnsucht nach der Ferne war in ihr wieder erwacht. Seufzend fand sich die Mikes damit ab, die Wanderung fortzusetzen. Konstantin Christomanos hingegen war sehr erfreut, denn an Sissys Seite dahingehen zu können, entschädigte ihn für jede Mühe.

Die Stunden vergingen wie im Flug. Sie erreichten ein kleines Dorf und kehrten zur Jause in einen Gasthof ein.

„Wie kommen wir von hier am besten nach Bad Gastein?" erkundigte sich die Gräfin beim Wirt.

„Nach Bad Gastein wollen S'? Heute noch? O je, zu Fuß werden S' das nimmer schaffen", kam die überraschende Antwort. „Es sind leicht sechs Stund' bis dorthin. Aber morgen früh, da geht ein Fuhrwerk hinüber, das könnt' Sie mitnehmen!"

Sissy sah ihre Begleiterin prüfend an. Die Gräfin würde keine weiteren sechs Stunden mehr marschieren können. Außerdem wären sie in die Dunkelheit hineingekommen und hätten sich vielleicht verirrt.

„Franzl wird sich Sorgen machen", meinte sie zwar. „Aber ich glaube, es wird wohl das beste sein, wenn wir morgen früh das Fuhrwerk in Anspruch nehmen."

„Ja, aber wo wollen wir denn übernachten?"

„Na, wenn'S Ihnen nix ausmacht, auf'm Heuboden halt!" meinte der vierschrötige Wirt des kleinen Dorfgasthauses, das über keine Fremdenzimmer verfügte.

Die Gräfin erblaßte.

„Aber das ist doch ganz und gar unmöglich, Maj--"

Sissy unterbrach sie schnell.

„Im Gegenteil, ich find's herrlich! Als Kind in Possenhofen hab' ich oft irgendwo im Heu geschlafen. Das ist wunderschön!"

„Tatsächlich?" fragte die Gräfin pikiert. „Und was machen wir mit ihm?"

Sie deutete vielsagend auf Christomanos.

„Na, hörn S'", brummte der Wirt, „der Boden ist groß genug. Da wird doch wohl das Mannderl noch Platz haben!"

„Unmöglich!" rief die Gräfin entsetzt. „Ein Mann, bei uns! Haben Sie denn kein Gefühl für Anstand?"

„Sie werden doch vor dem keine Angst haben?" staunte der Wirt. „Der ist ja nur a halbe Portion gegen Sie, g'nä Frau!"

Sissy konnte nur mit Mühe ihr Lachen verbeißen.

„Wir werden schon ein Arrangement treffen, Mikes", meinte sie. „Wir essen hier erst einmal gut zu Abend, und dann zeigen Sie uns die Scheune!"

Es gab ein Essen, wie sie es für gewöhnlich nur daheim, bei Mama Ludovica in Possenhofen vorgesetzt erhielt, und die Ferenczy und die Festetics hätten ihren Augen nicht getraut, wie Sissy zulangte.

Aber auch die Gräfin wußte den Schweinsbraten zu schätzen, und sie ermunterte den kleinen Griechen: „Kräftig essen, damit was wird aus Ihnen!"

Danach führte sie der Wirt hinters Haus zum Heuboden. „Die Latern' kann ich aber nicht dalassen", bedauerte er. „Sonst fangen S' am End' noch an zu brennen!"

Er wünschte noch eine gute Nacht und überließ die drei müden Ausflügler ihrem Schicksal.

„Jeder von uns sucht sich Plätzchen", schlug Sissy vor. „Und dann danken wir dem lieben Gott für diesen Tag!"

„Ob es hier Mäuse oder womöglich gar Ratten gibt?" meinte die Mikes mißtrauisch.

„Die reißen doch vor uns aus", versicherte Sissy. „Nur keine Angst!"

„Ich muß gestehen, es ist zumindest ein recht originelles Nachtquartier. Der Baron fiele wahrscheinlich in Ohnmacht, wenn er dies wüßte."

Sissy wühlte sich ins Heu und fühlte sich wohl. Der Gräfin fielen die Augen bald zu. Und sie begann zu schnarchen. Das störte Sissy, und sie stand auf, verließ den Schober und trat ins Freie. Es war eine helle Mondnacht.

Plötzlich hörte sie leise Schritte hinter sich. Sie drehte sich um, und Christomanos stand vor ihr.

„Können Sie auch nicht schlafen?" fragte Sissy.

8. Nausikaa

„Nein", gestand Christomanos, „wie könnte ich."

„Das ist aber dumm von Ihnen." fand Sissy.

„Majestät sind ja auch hier draußen."

240

„Ja, ich betrachte den Sternenhimmel. Wie anders ist er doch hier als auf Korfu."

„Ich möchte auch zu den Sternen sehen. Hier, an Ihrer Seite. Darf ich?"

„Nach den Sternen sehen dürfen wir immer, doch nach den Sternen greifen lieber nicht. Seien Sie kein Träumer. Gehen Sie schlafen."

„Sie schicken mich weg?" fragte er traurig.

„Es ist spät. Ich lege mich auch wieder hin. Wenn die Gräfin nur nicht so laut schnarchen würde!"

„Ich liege ganz oben; da hört man sie kaum."

„Nun, dann bleiben Sie nur ruhig da oben liegen", lächelte Sissy.

Er verschwand wieder im Heuschober. Nach einer Weile legte sich Sissy auch wieder nieder. Die Gräfin hatte glücklicherweise ihr „Konzert" beendet, und so schlief denn auch Sissy bald ein und erwachte erst durch das Gepolter des Wirts, der ankündigte, daß das Fuhrwerk zur Abfahrt bereit sei, und fragte, ob sie nicht noch ein kleines Frühstück wollten.

Das wollten sie alle drei. Christomanos war ziemlich verschlafen; er hatte lange kein Auge zugetan. Die Gräfin und Sissy dagegen hatten ausgezeichnet geruht, und vor allem die Gräfin staunte darüber, wie angenehm es doch auch ohne Daunen sein könnte.

In Bad Gastein war man unterdessen über die Ausflügler schon in großer Sorge.

„Nicht schimpfen, Franzl!" bat Sissy lächelnd.

Der Baron hatte gerade die gesamte Gendarmerie der Gegend mobilisiert und meinte, er wäre nun wohl knapp an einem Herzinfarkt vorbeigegangen.

Sissy hingegen berichtete frohgemut von ihren Abenteuern, und der Kaiser freute sich über ihre gute Laune.

„Daß du nur wieder da bist", meinte er erleichtert. „Du weißt, es ist nicht ganz ungefährlich, eine Kaiserin und Königin zu sein!"

Und doch gab es einen Wermutstropfen: Franzl mußte seinen Aufenthalt vorzeitig abbrechen und heute schon wieder zurück. Das schmerzte ihn, weil die Tage in Gastein so unbeschwert und glücklich gewesen waren. Sissy versprach bald nachzukommen. Und im Herbst, wenn es in Wien kalt und ungemütlich wurde, ja dann wollte sie wie ein Zugvogel wieder nach Süden – zu ihrem geliebten Korfu, wo das Achilleion sie erwartete.

Franzl war damit einverstanden. Schweren Herzens nahm er Abschied. Der Brief, den sie von ihm nach seiner Ankunft in Wien erhielt, war ein Zeugnis seiner Liebe:

> „Als ich gestern den Berg unter der Johannespromenade hinunterfuhr, und mich traurig und sehnsüchtig nach der Helenenburg umsah, glaubte ich, Deinen weißen Sonnenschirm auf dem Balkon zu erkennen, und die Tränen traten mir in die Augen. Nochmals meinen heißen Dank für deine Liebe und Güte während meines Gasteiner Aufenthaltes. So schöne Tage sind selten."

Nach Franzls Abschied war Sissys gute Laune dahin. Nicht einmal Christomanos' Griechischlektionen machten ihr Freude, obwohl er sich die größte Mühe gab.

Da kam ein Brief aus Schloß Lichtenegg, der bei Sissy einen freudigen Schreck hervorrief.

„Marie-Valerie erwartet ein Baby!" verkündete sie

242

gleich darauf entzückt der Gräfin und dem Baron. „Ein Baby! – Ob es auch der Kaiser schon weiß?"

Natürlich hatte Marie-Valerie auch ihrem Vater geschrieben. In Wien wie in Bad Gastein war die Aufregung über die frohe Kunde groß.

Sissy wurde also erneut Großmama. Ihr liebstes Kind, ihre vielgeliebte Marie-Valerie, sollte Mutter werden.

„Ob es ein Bub wird oder ein Mädel?"

Diese uralte Frage aller werdenden Mütter und Großmütter beschäftigte Sissy auch diesmal wieder, und sie stellte einen ganzen Namenskatalog zusammen, den sie postwendend mit ihren Glückwünschen und tausend Vorsichtsmaßregeln nach Lichtenegg bei Wels schickte.

Nun hielt es Sissy nicht länger in Bad Gastein aus. Es trieb sie heim nach Possenhofen, zu Mama Ludovica; auch sie sollte die frohe Kunde erfahren.

Als sie das alte Schloß wiedersah, in dem sie zur Welt gekommen war und ihre Kindheit verbracht hatte, da fühlte sie ihr Herz schwer werden. So wie immer, wenn sie dieses geliebte Plätzchen erblickte. Und sie dachte an ihr stilles, kleines Zimmer, in dem sich nichts verändert hatte, seit sie von hier fortgezogen war. Auch die alte Kuckucksuhr an der Wand schlug dort wohl noch immer mit vertrautem Pendelklang, und der Kuckuck hatte all die Stunden ausgerufen, auch jene, da sie weit weg in der Ferne war.

Als die Mutter aus dem Hause trat, um ihre Tochter zu umarmen, erschrak Sissy. Sie hatte Mühe, sich nichts anmerken zu lassen. Ludovica, die Herzogin in Bayern, war zur Matrone geworden. Sie ging nicht mehr forsch und befehlsgewohnt wie einst, voll heiterer Unternehmungslust. Sie ging auf einen Stock gestützt, ihr Haar war schlohweiß geworden, und das faltige Gesicht war krankhaft blaß.

„Mama!"

„Sissy, meine liebe Sissy!"

Mutter und Tochter fielen einander in die Arme. Unwillkürlich sah sich Sissy nach dem Vater um – doch der lebte ja nicht mehr.

Auch an Possenhofen und seinen Bewohnern war die Zeit nicht spurlos vorbeigegangen. Das Personal wies neue Gesichter auf, und Mama Ludovica klagte über Mißstände, die eingerissen waren, seit das Regiment ihres Gatten hier fehlte.

„Ich bin nicht mehr die Jüngste, und da machen die Leute, was sie wollen!"

„Nun, dann werde ich hier energisch nach dem Rechten sehen", versprach Sissy. „Doch denk dir, Mama – wir haben Nachricht aus Lichtenegg. In ein paar Monaten wirst du einen weiteren Urenkel in deinen Armen halten können!"

Mama Ludovica lächelte schwach.

„Ob ich das noch erlebe, meine liebe Sissy?"

„Nun, weshalb denn nicht? Ich wette, du überlebst uns womöglich alle."

„Davor möge mich Gott behüten", meinte Ludovica. „Das Alter ist schwer genug zu tragen, mein Kind. Doch ich freue mich über deine Nachricht. Ich werde sehr oft an Marie-Valerie denken, und wenn mir Gott das Glück schenkt, das Kleine noch eines Tages in den Armen halten zu dürfen…"

Sie brach in Tränen aus und war nur schwer zu beruhigen. Auch in den folgenden Tagen wurde es nicht viel besser, obwohl sich Sissy alle Mühe gab, ihre Mutter

244

aufzuheitern, und auch tatsächlich den Wirtschaftsbetrieb im Schloß wieder ordentlich in Schwung brachte.

Bedrückt und voll Sorgen um die Mutter und das Gut reiste sie wieder ab.

In München erwartete sie der Hofzug mit Baron Nopsca, der Gräfin Mikes und Sarolta von Majlrath. Und natürlich war auch Christomanos dabei. Der sensible junge Mann merkte sofort, daß die Stimmung der Kaiserin wieder bedrückt war, daß ein neuer Kummer auf ihrer Seele lastete.

Doch sie hatte keine Lust, sich ihm oder anderen anzuvertrauen. Sie hätten ihr ja doch nicht helfen können. Möglicherweise war Mama sehr krank; aber auf Sissys vorsichtige Fragen hatte sie diesbezüglich nur mit Kopfschütteln geantwortet.

Hier wußte vielleicht nur Franzl Rat. Der war bereit, den Leibarzt Dr. Widerhofer nach Possenhofen zu schicken; doch dazu bedurfte es natürlich der Einwilligung der Herzogin, aber diese lehnte ab; ihre Beschwerden wären altersbedingt.

Die Vorbereitungen zum Aufbruch nach Korfu brachten Sissy bald auf andere Gedanken. Das Achilleion erwartete sie. Und sie freute sich darauf, wieder dort zu sein.

Da erhielt sie aus ihrem Sekretariat die Mitteilung, daß Freiherr von Bringktorff sich danach erkundigt habe, ob und wann die Kaiserin wieder nach Wien käme.

„Bringktorff!" rief sie und beauftragte sofort die Festetics, einen Termin mit dem Freiherrn zu vereinbaren.

„Falls er sich nicht gemeldet hätte, würde ich selbst versucht haben, ihn zu erreichen", erklärte sie der Gräfin. „Denn ich habe ihn ins Achilleion eingeladen. Und vielleicht könnte er auf dieser Reise gleich mit mir kommen."

„Man erzählt, der Freiherr sei selbst fast ein halbes Jahr verreist gewesen", berichtete die Festetics, „und er wäre erst seit ganz kurzer Zeit in Wien wieder aufgetaucht."

„Das ist ja sehr interessant", fand Sissy. „Bitte, Festetics, setzen Sie sich mit ihm so bald als möglich in Verbindung!"

„Sehr wohl, Majestät, ich werde das Nötige sofort veranlassen."

Noch am gleichen Abend kam eine Nachricht aus Döbling. Der Freiherr bäte untertänigst um allerhöchsten Besuch in seinem Atelier; er habe für Ihre Majestät eine besondere Überraschung.

„Das muß ja etwas ganz Besonderes sein", rief die Mikes. „Majestät, ich bin gespannt wie ein Regenschirm!"

Ein Termin wurde vereinbart. Am nächsten Tag, zur Teestunde, fuhr Sissy mit Frau von Majlrath und Frau von Mikes nach Döbling.

Der Hausherr erwartete sie schon am Gartentor und hieß Sissy mit einer tiefen Verbeugung und einem ehrfurchtsvollen Handkuß willkommen.

„Majestät bereiten mir eine besondere Ehre und Freude... Darf ich bitten näherzutreten?"

„Sie sehen nicht gerade erholt aus, Freiherr", fand Sissy nach einem Blick auf das Gesicht Bringktorffs, der ihr bleich und abgemagert schien. „Sie sind doch nicht etwa krank? Man sagte mir, Sie wären aufs Land gefahren. Eine Kur vielleicht, oder?"

Der Freiherr lächelte verschmitzt.

246

„Majestät beglücken mich durch die Sorge um mein Wohl, die ich Ihren Worten entnehme. Doch man hat falsch berichtet. Ich habe Wien nie verlassen. Seit dem letzten Besuch Eurer Majestät stand ich Tag und Nacht in meinem Atelier; es war ein Schaffensrausch, doch nun ist das Werk vollendet..."

„Wie", staunte Sissy, „Sie haben gearbeitet?"

„So ist es. Wenn nun Majestät gütigst ein Urteil abgeben wollen?"

Sie betraten das Atelier. Es war durch elektrische Lampen erhellt. Auf einem Sockel zeigten sich die Umrisse einer noch verhüllten Figur.

Es war – das empfanden sie alle – ein feierlicher Augenblick, als der Meister jetzt das Tuch entfernte und die Plastik zum Vorschein kam – Nausikaa, die Jungfrau, die Odysseus aus den Wellen des Meeres rettete und dafür sein Herz gefangen nahm.

Betroffen standen sie und schauten; es war, als ob die auf dem Sockel hingestreckte Jungfrau lebte. Der Schleier, der ihre Gestalt verhüllt hatte, war über die Wellen gebreitet, sie warf ihn dem unsichtbaren Odysseus hin.

„Das ist herrlich", flüsterte Sissy. „Gott hat es Ihnen eingegeben!"

„Sie waren es", erklärte er, Sissy sinnend anblickend.

„Ja, tatsächlich, Majestät, sie schaut Ihnen ähnlich!" rief Sarolta aus. „Es ist ja kaum zu verkennen!"

„Wollen Sie es als mein Geschenk annehmen, Majestät? Für das Schloß, in dem Ihre Träume wohnen?"

„Aber das kann ich doch nicht", rief Sissy von tiefen Empfindungen bewegt.

„Verkaufen kann ich es nicht", warnte der Freiherr. „Majestät kennen mein Prinzip."

247

„Sie sind eine harte Nuß, Freiherr von Bringktorff",
seufzte Sissy.

„Das waren die Bringktorffs schon immer", lächelte
er vielsagend.

„Nun gut, ich nehme es an. Ich weiß auch, wo ich es
aufstellen werde. Nausikaa, ich kann es kaum fassen.
Sie haben mir eine ganz, ganz große Freude gemacht,
und ich hoffe, daß Sie Ihre Güte krönen und mich nach
Korfu begleiten werden. Dann sollen Sie selbst sehen,
daß es einen würdigen Platz findet, ihr herrliches, himmlisch schönes Werk!"

Bringktorff war tief gerührt und sagte zu, die Reise
zum Achilleion mitzumachen.

•„Wie herrlich muß es sein, wenn Sie davon so schwär-
men", meinte er. „Da wäre es wohl vermessen, es nicht
kennenlernen zu wollen. Es wird – es wird für mich eine
Art Wallfahrt sein."

„Das ist es für mich auch immer", gestand Sissy.
„Eine Wallfahrt in Demut zum schönsten Fleck der
Erde, den Gott erschaffen hat."

„Und eine Wallfahrt zum Haus der Feenkönigin",
setzte er nachdenklich hinzu.

„Nun, die Feenkönigin hat einen Mann, der sich auch
darauf freut, Sie kennenzulernen. Ich überbringe eine
Einladung zu einer Privataudienz beim Kaiser. Er hat
schon viel von Ihnen gehört. Ich glaube, lieber Freiherr,
wir sind in Ihrer Schuld…"

Sissy war selig über das Geschenk, aber sie durfte es
natürlich nicht ohne Gegengabe annehmen. Und da war
guter Rat teuer. Die Plastik war sicher ein Vermögen
wert, aber mehr noch als dieser Umstand überwog des
Freiherrn aufrichtige Verehrung, aus der heraus ‚Nausi-

248

kaa' entstand. Es war eine persönliche Gabe, darin bestand kein Zweifel, und sie weckte ein Echo.

Bringktorff erhielt einen ledernen Schrein mit dreiundzwanzig verschließbaren Fächern zugestellt; in jedem der Fächer lag eine kostbare antike Kamee, eine Sammlung, welche Sissy selbst innerhalb eines Zeitraums von mehreren Jahren zusammengestellt hatte. Es war ein kostbares Geschenk, eine Gegengabe, einer Kaiserin würdig, und Bringktorff wußte sie zu schätzen.

Noch mehr aber freute ihn beinahe die Einladung zur Privataudienz, an der auch Sissy teilnahm. Es wurde ein zwangloses Gespräch unter Menschen, die einander sehr schätzten und achteten.

„Er macht einen guten Eindruck auf mich", urteilte Franzl nachher beim Familiendiner. „Und er hat sehr gescheite Ansichten. Ich wollte, es gäbe mehr solcher kluger und begabter Leute."

„Das freut mich, Franzl, daß wir in Bezug auf den Freiherrn so einer Meinung sind. Er wird mich nach Korfu begleiten."

„Ja, ich weiß. Ich beneide ihn. Ich wollte, ich könnte mitfahren. Ich fürchte, ich werde dein Traumschloß niemals sehen!"

„Du wirst schon noch, Franzl! Bis alles fertig ist."

„Hm! Und wo gedenkst du sie aufstellen zu lassen, diese Nausikaa?"

„Kannst du es nicht erraten?"

„Nein, meine stolze Titania."

„Dann will ich es dir sagen, mein holder Oberon! Nausikaa wird ihren Platz im Achilleion in meinem Schlafzimmer finden…"

„Hm", brummte Franzl, „vielleicht kann ich es doch einmal einrichten, nach Korfu zu kommen!"

9. Die unsichtbare Kette

Die Sonne ging auf über der Höhe von Gasturi, auf der sich das Achilleion stolz gegen den Himmel erhob aus dem wallenden, emporsteigenden Nebel, den der scharfe Bug der schneeweißen Miramar schäumend durchschnitt. Da war sie, die weit ins Meer herausragende Ankermole und die Treppe für den Landungssteg.

Sie standen an Deck, während die Anker fielen: Sissy, der Bildhauer, der Baron, die vier Gräfinnen und der kleine, bucklige Grieche. Mit hungrigen Augen schaute er bald auf das Schloß im Glanz der Morgensonne, bald auf die Kaiserin.

„Wir sind am Ziel", erklärte Sissy tief aufatmend. „Dort oben seht ihr es – mein Achilleion!"

„Dann muß die holde Nausikaa aus dem Laderaum", meinte Bringktorff. „Dort hat sie die stürmische Seefahrt verschlafen. Ich fürchtete schon, sie fände ihren Aufstellplatz am Grunde des Meeres."

„Die Miramar hat schon viel schwerere Wetter überstanden", erzählte Sissy, „nicht wahr, meine Damen?"

Die Antwort war ein allgemeines, zustimmendes Seufzen.

„Wir werden Träger benötigen", meinte Bringktorff.

„Wir lassen sie vom Hafen aus nach oben schaffen. Die Treppe hier ist nur für uns. Es ist mein privater An-

250

kerplatz. Wir steigen von hier aus direkt zum Schloß", erklärte ihm Sissy.

Bald darauf sahen Bringktorff und Christomanos die Wunder des Achilleion zum ersten Mal. Christomanos war hingerissen, Bringktorff ging schweigend durch die Räume und hielt mit seinem Urteil zurück.

Und doch wartete Sissy schon voll Ungeduld auf die Meinung des Schöngeists und Künstlers.

„Sie sagen ja nichts. Wie gefällt es Ihnen?" fragte sie.

„Nun, ich finde es originell", antwortete er ausweichend.

„Originell – und nicht schön?"

„Oh ja, Majestät, dieser Erdenfleck, den Sie sich da gewählt haben, sucht seinesgleichen. Und das Haus – nun ja, es versucht, Klassik mit Modernem zu vereinen, und das ist sehr schwer, finde ich."

Es war unüberhörbar, was er damit meinte.

„Es gefällt Ihnen also nicht?" fragte sie schwer enttäuscht.

„Darauf kommt es doch gar nicht an, Majestät", sagte er ehrlich. „Es muß Ihnen gefallen, Sie wohnen darin."

Doch er wollte sie nicht verletzen. Er sah, wie sie in trauriges Grübeln verfiel, und sie tat ihm leid.

„Sehen Sie doch nur Christomanos, Majestät – er überschlägt sich ja fast vor Entzücken. Er kommt aus dem Staunen gar nicht heraus. Die kleinen Engelsfiguren, das bunte Glas..."

Und dann kam Nausikaa. Man brachte sie an ihren Bestimmungsort, Sissys Schlafzimmer. Nausikaa nahm es hin in vornehmem Schweigen und nahm sich darin wie ein Fremdkörper aus.

Nun sagte Sissy nichts mehr...

Als Bucovich ihr meldete, es bliebe nichts mehr zu tun, das Schloß sei praktisch fertig, bis auf einige Kleinigkeiten des Parks und der Plastiken – wie etwa das Heine-Denkmal, das dort noch aufgestellt werden sollte, – da lobte sie ihn sehr.

Bucovich, der in aufopfernder Arbeit das Werk Herrn von Warsbergs vollendet hatte, er hatte Lob, Dank und Auszeichnungen verdient. Seine Schuld war es wahrhaftig nicht, daß Nausikaa deplaciert wirkte.

Sissy stand vor der Plastik und hatte alle anderen fortgeschickt. Dieses vornehme Werk in seiner edlen Einfachheit war Vollendung. Und der Raum in seiner schwülstigen Pseudoantike war ein schlechter Rahmen dazu.

„Wie", überlegte Sissy, „wenn ich sie hinunter an den Strand, ans Meer stellen lasse, wo sie doch sinngemäß hingehört?"

Es mochte wohl sein, daß das Kunstwerk mit der Natur, an der von Menschenhand nichts zu verbessern war, harmonieren würde. Doch das Achilleion wurde davon nicht besser.

In ihrem Schaffensdrang hatte Sissy vieles übersehen, der Unfertigkeit zugeschrieben, war überzeugt gewesen, daß der Gesamteindruck den Ausschlag geben werde. Nun war das Achilleion fertig, und begeistert war nur Herr Christomanos…

Mit dem Bildhauer schritt sie dann in den Park hinaus, der mit blühenden Blumen zu einer Jahreszeit übersät war, zu der in Wien schon der trübe Schneematsch von den Dächern troff. Sie redete von weiteren Plänen und zeigte ihm, wo Rudolfs Standbild stehen sollte.

„Wie können Sie mir helfen?" drängte sie ihn, als sie seine Zweifel erkannte.

252

„Nun, ich könnte – vielleicht noch..."

„Ja doch, Meister ja! Schaffen Sie..." Und in Gedanken fügte sie verzagt hinzu: ‚Retten Sie mein Achilleion'!

Der kleine Grieche schien es nicht ertragen zu können, daß Sissy offenbar die Gesellschaft Herrn von Bringktorffs der seinen vorzog. Mehrmals brachte er sich unliebsam in Erinnerung und schoß giftige Blicke auf den Gast der Kaiserin.

„Es wird heute nichts mit dem Unterricht; gehen Sie, laufen Sie durch den Park, und lassen Sie alles andere sein!" wies sie ihn fort.

Traurig schlich er davon. Auch ihm schien der Glanz des Achilleion erloschen. Und es thronte doch so stolz auf seiner Höhe, weithinaus blickend auf Insel und Meer, das Schloß der Träume...

Sie tat Bringktorff leid; aber er achtete sie zu sehr, um sie zu belügen. Und ebensosehr achtete er sich selbst. Sich wie ihr war er die Wahrheit schuldig.

Daß Nausikaa nicht in das Schlafgemach paßte, lag an der mißglückten Architektur des Raumes, an seiner Pseudoantike, wie überhaupt so viel an diesem Haus pseudo war. Und sie selbst, die Kaiserin, paßte hier ebensowenig her wie seine Nausikaa.

Ja, wenn der Platz ein unberührtes Stück Natur geblieben wäre, so wie sie ihn einst vorgefunden hatte! Doch nun hatten Menschenhirne und -hände ihn mißhandelt.

So war seine ehrliche Meinung; geradeheraus sagte er sie ihr nicht, aber sie begriff auch seine Andeutungen. Sie begriff und war mißgestimmt.

Sie verließ das Schloß, brach in Gesellschaft der Festetics zu einer Wanderung auf.

Sie gelangte auf die Landstraße; hier herrschte ein fröhliches Geschnatter und lärmendes Treiben einer Menge Leute, die offenbar zum Achilleion wanderten. Als sie die Kaiserin erblickten, machten sie ihr ehrfürchtig Platz. Die Frauen machten ungeschickte Knickse, die Männer zogen ihre speckigen Hüte oder verbeugten sich.

Kolonnen von Tragtieren mit Weinschläuchen und Säcken, deren Inhalt durch das grobe Leinen hindurch nicht zu erraten war, bewegten sich bergwärts.

„Was soll das werden?" fragte Sissy.

Die Festetics hob die Schultern: „Ich glaube, man will ein Fest feiern, weil das Schloß fertig ist, Majestät."

„Aber wer hat denn die Leute dazu eingeladen?"

„Vielleicht Herr von Bucovich, vielleicht der Baron! Ich weiß es nicht, Majestät. Vielleicht kommen sie auch ganz von alleine; es mag wohl so Sitte sein, daß dergleichen gefeiert wird. Sehen Sie nur, wie sie sich freuen und wie freundlich sie sind!"

„Ja, ja, aber ein Fest? Nun ja, ich mag es den Leuten nicht verderben."

„Dann müssen wir aber bald zurück sein, Majestät."

„Ja, gewiß doch, Ach, ich sehe, daß ich einige dieser Leute kenne. Sie haben am Bau mitgearbeitet. Offenbar bringen sie ihre ganzen Familien mit!"

„Da werden sich Majestät heute abend kaum drücken können; es ist Ihr Haus, Ihr neues Heim. Sie sind die Herrin des Achilleion!"

„Ja, das bin ich nun wohl", meinte Sissy seufzend.

Die Festetics hörte den feinen Unterton wohl heraus, doch die Ursache kannte und ahnte sie nicht. Sie schob es auf eine der vielen Stimmungsschwankungen der Kaiserin.

254

Es wurde in der Tat nur ein kleiner Rundgang. Als sie heimkehrten, war der Park voller Leute, die es sich auf den Wiesen bequem gemacht hatten, ja sogar Feuer anzündeten.

Sissy war entsetzt. Der Baron rang gleichfalls die Hände.

„Sie lassen sich nicht vertreiben; was soll man nur tun? Ich verstehe kein Wort von dieser Sprache. Man hat mich sogar gezwungen, aus einem Schlauch Wein zu trinken, Majestät, und mir dabei derart auf die Schulter geklopft, daß mir alles wieder hochkam!"

„Sie Armer! Wo ist den Bucovich?"

„Der scheint an allem schuldig zu sein; der Mensch ist nirgendwo zu finden!"

Sissy fand ihn dennoch – im Park, mitten unter seinen Arbeitern. Im Laufe der Zeit war der österreichische Offizier und Adelsmann fast einer der ihren geworden.

„Majestät", empfing er sie glänzenden Auges, und man sah ihm an, daß er schon zuviel von dem griechischen Wein getrunken hatte, „Majestät, es ist ein Fest zu Ehren der Erbauerin des Achilleion. Majestät müssen verstehen – es ist Landessitte, und diese braven Menschen hier haben es wohl verdient. Es kam spontan zustande, durch das Erscheinen Eurer Majestät. Ich bitte um Verständnis. Es ist nicht zu verhindern!"

Die Griechen hielten dies für eine Festrede und fielen in spontanen Beifall ein. Musik klang auf, der Rhythmus griechischen Tanzes erfaßte alle.

Ehe sich's Sissy versah, tanzte auch sie den Sirtaki, und plötzlich war der kleine Grieche an ihrer Seite, ihre Arme trafen einander, und seine großen, dunklen Augen brannten sich in ihre Seele.

„Nein, nein!"

Sissy löste sich aus dem Reigen, als die Hora aufklang; eine Stimme sang das Hirtenlied zum sehnsüchtigen Klang einer Panflöte. Der Mond stand hoch über dem Schloß der Träume.

„Ein Telegramm – ein Telegramm, Majestät…"

Ein Diener hatte Sissy gefunden. Sie konnte den Text der Nachricht im Fackellicht kaum entziffern, dann schaffte sie es doch.

HERZOGIN IN BAYERN SCHWER ERKRANKT
BRENNMAYER

In dem Taumel der letzten Tage und Stunden hatte Sissy nicht mehr an Possenhofen gedacht.

Und auch nicht mehr an Lichtenegg… Wie, um alles in der Welt, ging es Marie-Valerie? War mit ihr wenigstens alles in Ordnung?

Christomanos tauchte zwischen den Hecken auf. Blieb vor ihr stehen: „Was haben Sie, Majestät? Kann ich etwas für Sie tun?"

„Nein, nein… Gehen Sie!"

„Ach, Sie möchten wohl lieber Herrn von Bringktorff sprechen, nicht wahr, Majestät?"

Sie sah ihn groß an: „Sie sind ein Narr. Ich sagte Ihnen schon, daß Sie gehen sollen. Muß ich es Ihnen denn befehlen?"

Christomanos schlich wie ein geprügelter Hund davon. Er umkrampfte, durch eine Hecke verborgen, eine Steinputte und schluchzte bitterlich.

Der Tanz im Park ging weiter. Feuer loderten gegen den Himmel, in ihrem Schein war das Traumschloß gespenstisch erhellt. Sissy ging ins Haus, wanderte durch die

256

Räume, kam sich in all dem kalten Prunk wie verloren vor.

Auf der Terrasse steigerte sich das Volksfest zu einem Bacchanal. Der Baron und die Hofdamen standen etwas abseits auf einem gesonderten Platz und sahen zu. Auch Bringktorff war bei ihnen. Es sah so aus, als würde ihnen diese Ovation dargebracht. Für einen Augenblick war Sissy versucht, zu ihnen zu gehen; dann aber verließ sie das Achilleion durch einen Seitenausgang.

Sie suchte die Stille und Einsamkeit der südlichen Nacht, in der die Sterne so tief am Himmel hingen, daß man glaubte, sie greifen zu können. Und doch blieben sie unerreichbar. Hatte sie zu hoch gegriffen?

Als sie zuletzt in Possenhofen gewesen war, hatte sie es schon geahnt, wenn sie es sich auch nicht eingestehen wollte: Ihre Mutter war todkrank, lag in diesem Augenblick vielleicht sogar im Sterben. Und in dem Schloß bei Wels drängte neues Leben ans Licht. In der Hofburg aber arbeitete ein einsam gewordener Mann unermüdlich für das Wohl anderer Leute, ohne daß sie an seiner Seite stand, wie dies ihre Aufgabe gewesen wäre.

Zwischen den weit geöffneten schmiedeeisernen Flügeln des Parktores hockte, an eine der steinernen Flanken des Tores gelehnt, ein alter Ziegenhirt.

Seine zwei Ziegen fraßen neben ihm das Gras am Sockel der Einfriedung ab. Von fern lauschte er der Musik; doch er hatte offenbar nicht den Wunsch, den Park zu betreten und an dem Fest teilzunehmen. Sein Verlangen stand nicht nach Speisen und der Menge, obwohl die Tore weit offen waren und immer noch vereinzelt Leute kamen.

Sissy sprach ihn in seiner Muttersprache an: „Möchtest du nicht zu den anderen, Alter? Es gibt Fleisch, Fisch, Schafkäse und Wein!"

Er sah sie groß an, forschte wohl, wer sie sein mochte. Doch im Sternenschein vermochte er nur die Umrisse ihrer Gestalt zu erkennen.

„Und du, meine Tochter?" stellte er die Gegenfrage.

„Mir steht nicht der Sinn danach."

„Auch mir nicht, meine Tochter. Ich habe, was ich brauche. Ich sitze hier und denke."

„Worüber?"

„Über die reiche, fremde Königin, die sich das Schloß hier erbaut hat. Ich habe Mitleid mit ihr."

„Mitleid?" wunderte sich Sissy. „Man beneidet sie doch wohl allgemein."

„Mag sein. Ich aber habe Mitleid. Dieses Schloß ist wie eine Kette, an der ein Felsbrocken hängt. Die Königin hat sich selbst angeschmiedet. Sie liebt die Freiheit, sagt man, sie gleicht einer Göttin aus den alten Sagen, und doch ist sie an den Fels geschmiedet, kann nicht mehr fliegen, wie einst der Göttersohn. Unfrei macht dieses Schloß und all sein Prunk. Wie sollte ich sie da beneiden?"

Sissy kauerte sich neben ihn. Der alte Mann, der nach Schweiß und scharfem Tabak roch, schien ihr ein Weiser zu sein.

„Du verstehst sie nicht", meinte sie. „Dieses Schloss ist das Ziel ihrer Träume…"

„Träume haben kein Ziel, Frau. Du meinst wohl, sie sucht das Glück? Das Glück ist stets woanders. Immer im nächsten Tal, das vor uns liegt, oder auf dem nächsten Berg, oder dahinter. Nun, da das Schloß vollendet ist, wird sie erkennen müssen, daß es auch hier nicht ist. Es war hier nur solange, als das Schloß noch ein Wunschbild war; und es wich, je höher die Mauern wuchsen."

Stille stand zwischen ihnen. Sissy war in tiefem Sinnen

versunken. Der Alte hockte in sich gekauert, als lausche er auf eine Stimme aus seinem Inneren.

„Das Glück", hörte sie ihn plötzlich weiterreden, „ist nirgends und überall. Man findet es in sich selbst – oder nie."

„Du meinst--?"

„Es ist kein Ort, sondern ein Zustand. Man muß ihm in seinem Herzen Platz machen, meine Tochter. Dann läßt es sich dort nieder, wo immer du auch sein magst, ob hier, ob anderswo, das ist ihm gleich. Ein Haus aus Stein, eine Kette aus Gold, das sind Fesseln. Um Glück zu empfinden, bedarf es dieser Dinge nicht…"

Sie sah im ungewissen Licht dieser seltsamen, unwirklichen Nacht, wie er ihr bedeutungsvoll zunickte. Eine seiner Ziegen schmiegte sich an ihn, und er streichelte sie sanft.

„Du bist ein reicher Mann", flüsterte Sissy, „viel reicher als ich!"

Sie unterdrückte den Impuls, ihm ein Goldstück zu schenken; er bedurfte dessen nicht. Sie erhob sich, legte ihm dankbar die Hand auf die Schulter als einen stummen Gruß und zum Zeichen, daß sie ihn verstanden hatte. Dann wandte sie sich um und kehrte in ihr Traumschloß zurück.

Aus den Träumen, die sie um diesen Bau gesponnen hatte, war sie erwacht. Sie hatte ihren Irrtum erkannt. Nun würde man sie wohl vollends für verrückt halten, als ein Opfer der ‚Wittelsbach'schen Krankheit' betrachten. Und doch galt es, die Konsequenz zu ziehen.

Als erste entdeckte sie die Gräfin Festetics.

„Ist das nicht ein wundervoller Abend, Majestät?" schwärmte diese. „Was für ein romantisches Fest… Als ob es Majestät selbst arrangiert hätte, um das Feenhaus einzuweihen. Aber wo stecken Sie bloß, man hat Sie schon überall gesucht!"

„Ich habe die Stille gesucht, Festetics", antwortete Sissy nachdenklich. „Es war nötig, um mich zu einem Entschluß durchzuringen."

„Zu einem Entschluß, Majestät? Zu welchem Entschluß denn?"

„Ich möchte das Achilleion – verkaufen…"

ENDE

Leseprobe zu Band V

„Sissy -
Ein Walzer
in Schönbrunn"

„Noch immer keine Nachricht von Erzherzog Johann Salvator?"

„Nein, Majestät", schluckte der Obersthofmeister der Kaiserin, Baron Nopsca.

„Aber was ist denn passiert? Hat man denn nicht nachgeforscht?"

„Man hofft noch immer, Majestät. Die letzte Nachricht des Erz- des Herrn Johann Orth stammt vom 13. Juli vergangenen Jahres; es handelt sich um einen genauen Bericht an seine Mutter über den bisherigen Verlauf seiner Reise mit der St. Margaritha. Der Brief kam aus Südamerika im Schloß Orth an."

„Und seither keine Nachricht mehr?"

„Nein, Majestät."

„Dann muß ein Unglück geschehen sein! Es handelt sich immerhin um einen Verwandten des Kaiserhauses, auch wenn der Erzherzog auf Titel und Namen verzichtet hat, weil er eine Bürgerliche heiratete."

Daß dies vielleicht auch aus anderen Gründen geschehen sein mochte, setzte Sissy nicht hinzu. Mit ihren eigenen Sorgen und dem Bau ihres Schlosses auf Korfu beschäftigt, hatte sie sich nicht weiter mit dem Problem des aus dem Erzhaus ausgeschiedenen Erzherzogs Johann von Toskana befaßt. Nun aber war sie plötzlich mit dem geheimnisvollen Verschwinden eines Mannes konfrontiert, der ihr sehr sympathisch war. Er, der „Grüne Jäger", der sie damals im Lainzer Tiergarten vor dem rabiaten Eber gerettet hatte, besaß wohl Anrecht auf ihr Interesse, auch wenn er zur Unperson geworden war und sein Name in der Umgebung des Kaisers nicht mehr genannt wurde.

„Der Brief kam am 18. August in Orth an", berichtete Nopsca verlegen. „Dem Schreiben zufolge schien alles in Ordnung. Die St. Margaritha würde in wenigen Stunden aus dem Hafen von La Plata auslaufen, berichtete der Erzherzog seiner Mutter. Doch an ihrem Zielhafen ist sie nicht eingelangt!"

„Und was vermutet man?"

„Es gibt zwei Möglichkeiten, Majestät: Entweder die St. Margaritha ist gesunken…"

„Oder?"

„Der Erzherzog hat seinen Namen neuerlich gewechselt und ist von La Plata aus ins Landesinnere von Brasilien vorgedrungen."

„Um seinen Verfolgern zu entgehen, meinen Sie. Dann muß er aber doch wohl auch seine Frau mitgenommen haben!"

„Es spricht nichts dagegen, daß er das getan haben könnte."

„Man muß alle Hebel in Bewegung setzen!"

„Das hat wohl schon seine Mutter veranlaßt! Unser Konsul in Brasilien ist in dieser Sache tätig. Es gibt verschiedene Gerüchte, wonach er gesehen worden sein soll, aber nichts Sicheres."

262

„Und was spricht für die Hypothese des Schiffsuntergangs?"

„Ein Sturm, der zur fraglichen Zeit in den Gewässern um Kap Horn tobte und dem auch andere Schiffe zum Opfer gefallen sind. Die St. Margaritha war nach einer Havarie nur unzureichend ausgebessert worden; es ist daher nicht auszuschließen, daß sie das Unwetter nicht überstanden hat."

„Und niemand ist gerettet worden? Niemand, der über das Schicksal des Erzherzogs und seiner Mannschaft Auskunft geben kann?"

Der Obersthofmeister zuckte hilflos mit den Achseln.

„Wir wissen leider tatsächlich nicht mehr, Majestät..."

„Das kann ich nicht glauben. Da steckt doch wieder etwas dahinter!"

Und sie dachte an die Rolle, welche der Erzherzog bei der Tragödie von Mayerling gespielt hatte.

Sekundenlang dachte sie an die Kassette, die sie in der Hermesvilla in einem Geheimfach ihres Sekretärs aufbewahrte und die ihre Aufzeichnungen, ihre eigenen Wahrnehmungen und Confidentenberichte zu dem geheimnisvollen Tod ihres Sohnes Rudolf enthielt.

Die Möglichkeit, daß sich der Erzherzog in La Plata abgesetzt hatte, um im Landesinneren Brasiliens unterzutauchen und so einem möglichen Anschlag gegen sein Leben zu entgehen, war nicht von der Hand zu weisen. Allerdings – irgendwelche gedungene Killer hätten es vermutlich während seines Aufenthaltes in Hamburg, wo er sein Schiff ausrüstete und die Mannschaft der St. Margaritha anheuerte, wesentlich leichter gehabt, ihn zu erledigen.

Unruhig wartete sie die Mittagsstunde ab, wo sie sich mit dem Kaiser an der gemeinsamen Tafel traf.

Der Tisch des kleinen Saales war nur für zwei Personen gedeckt, als sie eintrat. Sie würden also unter sich sein, und das war ihr sehr lieb; da konnte sie endlich wieder einmal Franzl ihr Herz ausschütten.

Mit dem Glockenschlag halb eins trat er durch die Türe. Er kam aus seinem Arbeitszimmer und sah ein wenig abgespannt aus; doch seine Augen leuchteten auf, als er sie sah. Er ging auf sie zu und drückte ihr die Hand.

„Sissy! Wie schön, dich zu sehen, mein Engel!" begrüßte er sie. „Es ist leider viel zu selten der Fall. Nun, da Marie-Valerie glücklich Mutter geworden ist, sieht deine Welt hoffentlich wieder ein wenig freundlicher aus."

Er setzte sich, und die Lakaien begannen mit dem Servieren. Der Schenk goß leichten Weißwein in die Gläser. Dann kam eine Hühnerbouillonsuppe. Franzl löffelte rasch. Essen hielt der stets gestreßte Kaiser für eine lästige Zeitverschwendung.

„Franzl", begann Sissy, „wie ich höre, gibt es eigentlich keinerlei Nachricht über Johann Salvator?"

Er sah überrascht auf. Dieses Tischthema hatte er nicht erwartet.

„Nein", antwortete er, ließ den halb leer gelöffelten Suppenteller abtragen, und schon wurde ihm der nächste Gang vorgesetzt: Rindfleisch mit Erbsen.

Unwillig schob Sissy ihren Suppenteller von sich. Sie hatte kaum erst begonnen, doch das Tempo des Servierens richtete sich nach den Eßgewohnheiten des Kaisers. Auch sie, die Kaiserin, fand hierbei keine Berücksichtigung.

„Nein", nickte er kurz und begann, sein Rindfleisch zu teilen. „Es besteht leider Grund zur Befürchtung, daß die St. Margaritha auf der Höhe von Kap Horn gesunken ist. Der Erzherzog hat im übrigen noch vor dem Auslaufen ein Testament gemacht; doch solange wir nicht sicher sind, daß er vielleicht doch noch lebt, wird keine amtliche Todeserklärung erfolgen."

„Es besteht also noch Hoffnung?" fragte sie bang.

„Unser Schicksal liegt in Gottes Hand", antwortete er orakelhaft. Und wechselte sprunghaft das Thma: „Aus deiner Reise nach Amerika wird nichts, mein Engel! Du weißt, daß ich dir in allem und jedem deinen freien Willen lasse. Aber diesmal muß ich darauf bestehen. Es ist ganz und gar ausgeschlossen."

Sissy hob müde die Schultern.

„Schon gut", nickte sie. „Sehr viel liegt mir ohnehin nicht daran. Ich gehe wieder nach Korfu!"

„Nach Korfu, das neun Millionen Goldfranken gekostet hat, und dessen du nun schon wieder überdrüssig bist", meinte er ärgerlich. „So geht es wirklich nicht, mein Engel. Für eine Weile wirst du es schon noch behalten müssen. Sonst hält man dich nämlich wirklich für verrückt..."

„Wie König Ludwig, seinen Bruder Otto und zwanzig andere aus dem Hause Wittelsbach, das wolltest du doch sagen?" rief sie und legte klirrend das Besteck beiseite.

Er legte ihr rasch die Hand auf den Arm und zwang sie durch einen stahlharten Blick seiner graublauen Augen sitzen zu bleiben.

Seine Stimme aber war seltsam weich, als er sagte: „Es sind uns doch nur wenige Stunden vergönnt, mein Engel. Und du weißt, wie sehr ich dich liebe..."

Auf dem Wege in ihr Appartement begegnete Sissy einem Lakaien, der ihr ein Billett ihrer Schwiegertochter, der Kronprinzessin-Witwe Stephanie überbrachte.

Stephanie lebte noch immer in der Hofburg. Mit sichtlicher Erleichterung über ihr Kommen empfing sie Elisabeth.

„Mama, ich muß weg, ich halte es hier nicht mehr aus", begann sie. „Ich habe eine Einladung von Tante Victoria. Du weißt, daß ich ihre Lieblingsnichte bin. Sie möchte, daß ich nach Windsor komme; ich könnte dort bei ihrer Familie bleiben!"

„Und mein Enkelkind?" fragte Sissy stirnrunzelnd. „Rudis Tochter? Du möchtest sie doch mitnehmen, oder? – Der Kaiser würde niemals einwilligen, daß sie uns verläßt und nach England geht."

„Mama, ich habe auch noch andere Gründe... Das Verhältnis meines Schwagers, des Prinzen Coburg, zu meiner Schwester Louise verschlechtert sich von Tag zu Tag. Er ist rasend vor Eifersucht, und ich fühle mich da hineingezogen, nicht nur, weil Louise meine Schwester ist, sondern weil Prinz Philipp auch der Freund meines Mannes war. Er und Rudolf..."

Sissy begann nervös auf- und abzulaufen.

„Kannst du denn nicht begreifen, Stephanie, daß du nicht einfach eine Frau bist wie jede andere? Jedermann nimmt an, daß du mehr über die Pläne, die mein Sohn hatte, weißt, als du zugibst."

„Aber ich weiß wirklich nichts Näheres, Mama. Rudolf hat mich ja kaum ins Vertrauen gezogen!"

„Das glaubt dir doch niemand, Stephanie. Irgendetwas mußt du doch wissen. Du weißt vielleicht sogar mehr über Rudolfs Tod als ich. Du kannst unmöglich nach England, Stephanie! Das kann dir der Kaiser gar nicht bewilligen."

„Dann brenne ich mit meinem Kind einfach durch", erklärte Stephanie finster.

266

INHALT

Erster Teil:

Zweiter Teil

Dritter Teil

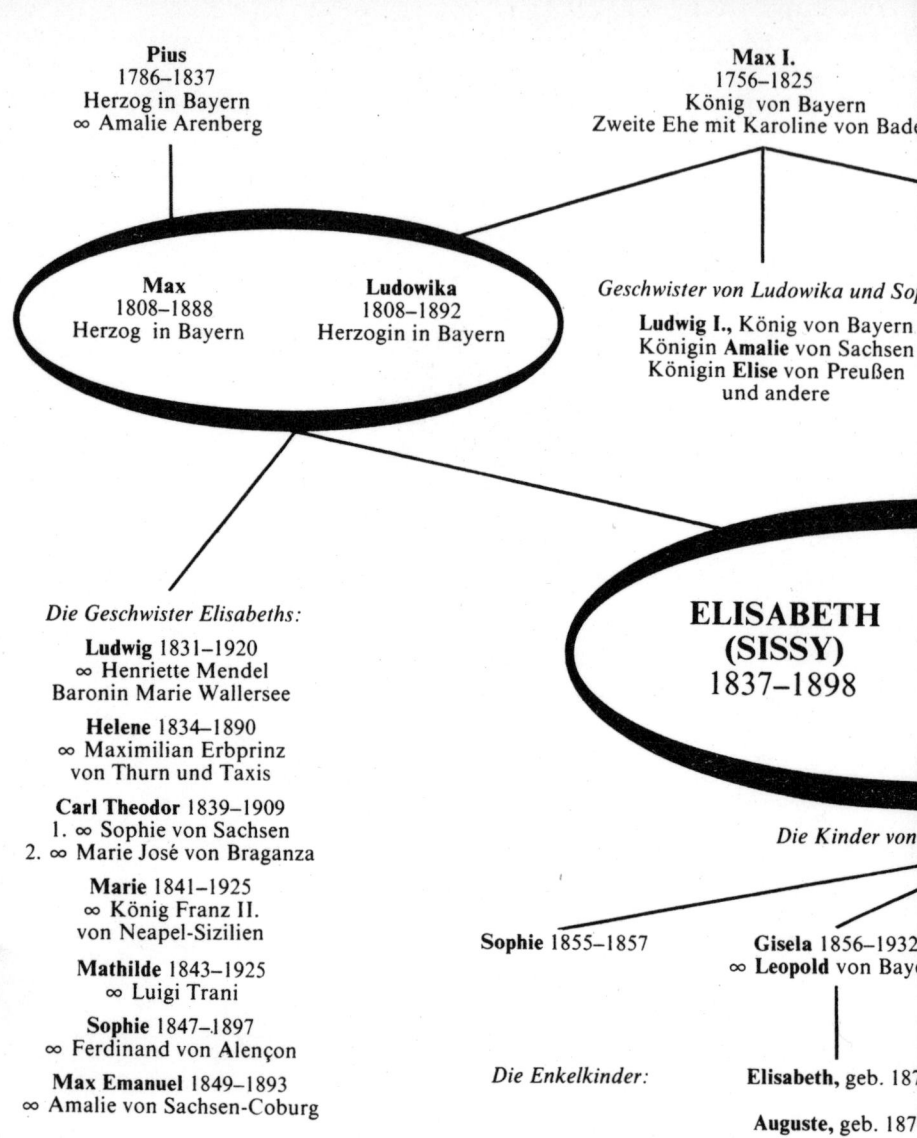

Pius
1786–1837
Herzog in Bayern
∞ Amalie Arenberg

Max I.
1756–1825
König von Bayern
Zweite Ehe mit Karoline von Bade

Max
1808–1888
Herzog in Bayern

Ludowika
1808–1892
Herzogin in Bayern

Geschwister von Ludowika und Sop
Ludwig I., König von Bayern
Königin **Amalie** von Sachsen
Königin **Elise** von Preußen
und andere

Die Geschwister Elisabeths:

Ludwig 1831–1920
∞ Henriette Mendel
Baronin Marie Wallersee

Helene 1834–1890
∞ Maximilian Erbprinz
von Thurn und Taxis

Carl Theodor 1839–1909
1. ∞ Sophie von Sachsen
2. ∞ Marie José von Braganza

Marie 1841–1925
∞ König Franz II.
von Neapel-Sizilien

Mathilde 1843–1925
∞ Luigi Trani

Sophie 1847–1897
∞ Ferdinand von Alençon

Max Emanuel 1849–1893
∞ Amalie von Sachsen-Coburg

**ELISABETH
(SISSY)**
1837–1898

Die Kinder von

Sophie 1855–1857

Gisela 1856–1932
∞ **Leopold** von Baye

Die Enkelkinder:

Elisabeth, geb. 187

Auguste, geb. 1875

Franz II. (I.)
1768–1835
Kaiser von Österreich
Zweite Ehe: M. Therese von Bourbon-Neapel

Sophie
1805–1872
Erzherzogin

Franz Karl
1802–1878
Erzherzog von Österreich

Ferdinand I.
1793–1875
Kaiser von Österreich

Marie Luise
1791–1847
∞ Napoleon I.

FRANZ JOSEPH I.
1830–1916

Maximilian
1832–1867
Kaiser von Mexiko

Karl Ludwig
1833–1886
Erzherzog von Österreich
Zweite Ehe: Maria Annunziata
von Bourbon-Neapel

Franz Ferdinand
1863–1914
Thronfolger
∞ Sophie Gräfin Chotek

Franz Joseph:

Rudolf 1858–1889
Stephanie von Belgien

Marie Valerie 1868–1924
∞ Erzherzog Franz Salvator

isabeth (Erzsi), geb. 1883

Elisabeth (Ella), geb. 1892

Franz Carl, geb. 1893

Hubert, geb. 1894

Hedwig, geb. 1896

Theodor, geb. 1899

Gertrud, geb. 1900

Marie, geb. 1901

Klemens, geb. 1904

Mathilde, geb. 1906